Prosa do mundo

FUNDAÇÃO EDITORA DA UNESP

Presidente do Conselho Curador
Mário Sérgio Vasconcelos

Diretor-Presidente / Publisher
Jézio Hernani Bomfim Gutierre

Superintendente Administrativo e Financeiro
William de Souza Agostinho

Conselho Editorial Acadêmico
Danilo Rothberg
Luis Fernando Ayerbe
Marcelo Takeshi Yamashita
Maria Cristina Pereira Lima
Milton Terumitsu Sogabe
Newton La Scala Júnior
Pedro Angelo Pagni
Renata Junqueira de Souza
Sandra Aparecida Ferreira
Valéria dos Santos Guimarães

Editores-Adjuntos
Anderson Nobara
Leandro Rodrigues

HANS ULRICH GUMBRECHT

Prosa do mundo
Denis Diderot e a periferia do iluminismo

Tradução
Ana Isabel Soares

© 2020 Suhrkamp Verlag Berlin
Todos os direitos reservados e controlados
por Suhrkamp Verlag Berlin
© 2022 Editora Unesp

Título original: *Prose of the World: Denis Diderot and the Periphery of Enlightenment*

Direitos de publicação reservados à:
Fundação Editora da Unesp (FEU)
Praça da Sé, 108
01001-900 – São Paulo – SP
Tel.: (0xx11) 3242-7171
Fax: (0xx11) 3242-7172
www.editoraunesp.com.br
www.livrariaunesp.com.br
atendimento.editora@unesp.br

Dados Internacionais de Catalogação na Publicação (CIP) de acordo com ISBD
Elaborado por Vagner Rodolfo da Silva – CRB-8/9410

G974p   Gumbrecht, Hans Ulrich

        Prosa do mundo: Denis Diderot e a periferia do iluminismo / Hans Ulrich Gumbrecht; traduzido por Ana Isabel Soares. – São Paulo: Editora Unesp, 2022.

        Inclui bibliografia.
        ISBN: 978-65-5711-136-9

        1. Filosofia. 2. Iluminismo. 3. Denis Diderot. I. Soares, Ana Isabel. II. Título.

                                                      CDD 142.7
2022-2139   CDU 140

Editora afiliada:

Karl Heinz Bohrer gewidmet:
für wen sonst hätte ich nochmal ein Buch
mit Fußnoten geschrieben?

Sumário

Entusiasmos e duas questões sobre Diderot 9

I. "Faz-se de mim o que se quer" – Um dia feliz na vida de Diderot 13

II. "Prosa do mundo" – Haverá lugar para Diderot no sistema de Hegel? 27

III. "Estou neste mundo e permaneço nele" – A ontologia da existência em *O sobrinho de Rameau* 67

IV. "Coisas bizarras escritas sobre o grande rolo" – Poderes da contingência em *Jacques, o fatalista e seu amo* 121

V. "O prodígio é a vida" – Metabolizando o materialismo em *O Sonho de d'Alembert* 185

VI. "Que quadros!" – Atos de juízo e a singularidade dos fenômenos *n'Os salões* 255

VII. "Prosa do mundo" – Quem é Denis Diderot (E o que é a *Enciclopédia*)? 331

Hans Ulrich Gumbrecht

VIII. "Não faço nada" – Os últimos três anos da vida de Diderot 359

Estou grato a 377

Referências bibliográficas 381

Entusiasmos e duas questões sobre Diderot

O ano de 1967 nunca foi particularmente emblemático. Porém, o seu clima afetivo e intelectual teve o seu quê de premonitório. Parecia que algo de grande se vislumbrava no horizonte, que antevíamos impacientemente se transformando numa "Revolução," e a minha geração, àquela altura, precisou deixar passar algum tempo até admitir que o "maio de 1968 em Paris" não o tinha sido de fato. É claro que me integrei na SDS (Associação de Estudantes Socialistas Alemães) na manhã daquele dia em meados de outubro (não recordo a data com precisão), e nessa mesma tarde me inscrevi no meu primeiro semestre na Universidade de Munique. As duas matérias, currículos e departamentos que escolhi eram "Literatura Alemã" e "Literaturas Românicas" (por essa ordem) – e escolhi-as com muito menos convicção e entusiasmo pela "Literatura" do que mostrava ter. Meu pai, em sua visão perfeita de verdadeiro cirurgião, havia me convencido de que na Medicina não existia lugar para a psiquiatria que eu sonhava vir a ter como profissão; por outro lado, seguir Literaturas Românicas (o que, naqueles anos na Alemanha, significava Literatura Francesa, com alguns apêndices de Italiana e Espanhola) me dava a ligeira ilusão de continuar vivendo em Paris, onde havia passado parte do meu último ano do ensino médio, no Lycée Henri IV, sem noção alguma da grande tradição contida nesse nome. Aquilo que eu sabia e sentia de início em relação a meus estudos era muito vago, especialmente quando comparado com o formulário que a SDS havia me dado para assinar, a fim de confirmar que eu acreditava literalmente no Marxismo como "única mundivisão Científica e Verdadeira." Tudo ficou muito decepcionante para mim nesse outono. Em todas as muitas matérias, posso dizer hoje, os tópicos "Esquerdistas," o entusiasmo e a inspiração ficaram lá no horizonte, jamais se tornando presentes, enquanto as aulas que fingiam ser politicamente neutras (um gênero quase moribundo naquela época) apenas reciclavam os velhos conceitos de flácido louvor que me eram suficientemente familiares desde os tempos do *Gymnasium*. A surpreendente exceção era um "Pró Seminar" sobre "Os Escritos Estéticos de Diderot," lecionado pela Dr.ª Ursula Schick, que assisti junto com outros três ou quatro estudantes, e que escolhi provavelmente porque na minha caminhada diária até a escola, em Paris, passava com regularidade junto da estátua de Diderot no Boulevard Saint German e gostava do sorriso no verde-luzente rosto metálico do autor setecentista. Em janeiro de 1968, apresentei na aula um trabalho sobre o "Elogio de Richardson," louvor fortemente entusiástico que Diderot fez ao romancista inglês, seu contemporâneo; e, apesar de o seu tom me ter parecido "tipicamente burguês," como critiquei, Denis Diderot começava a ganhar forma em meu pensamento. Não saberia dizer por que isso aconteceu, mas deve ter sido ele o impulso responsável por, no final do meu primeiro semestre, eu

Prosa do mundo

não ter mudado da Literatura para Direito, como julgava que deveria fazer, de acordo com todos os propósitos práticos e espirituais – e ainda por ter tornado as "Literaturas Românicas" (em vez da "Literatura Alemã") a minha principal área de estudos. Desde então, enquanto ia gradualmente abandonando os ideais da SDS lá num horizonte autoirônico, Diderot e sua prosa se têm mantido junto a mim, numa simpatia que é profunda e periférica, incondicional e arbitrária, ao longo dos meus cinquenta anos muito felizes de profissão intelectual. Quando, cerca de uma década atrás, de súbito e no tom próximo ao de uma ordem, o meu amigo Karl Heinz Bohrer disse que esperava de mim pelo menos mais um livro acadêmico sério (*wissenschaftliches*), ao invés dos inúmeros ensaios que eu vinha escrevendo, percebi na hora que teria de ser sobre Diderot, mais precisamente sobre as desconhecidas razões para aquela simpatia profunda, apesar de periférica. Foi essa a primeira questão de Diderot que alguma vez senti. Depressa ficou óbvio que eu partilhava com os mais brilhantes especialistas (e com alguns não tão brilhantes) em Diderot essa incerteza acerca dos fundamentos do meu entusiasmo. A prosa de Diderot desperta em muitos leitores a sensação de simpatia – mas, mesmo assim, parece esquivar-se a qualquer tentativa de uma descrição abrangente. Por inúmeras vezes, o problema me levou quase a desistir de um livro que eu não precisava escrever e que ninguém (a não ser Bohrer) queria particularmente que eu escrevesse. Num desses momentos de hesitação, durante um período em que ambos estávamos realizando pesquisa em Berlim, o famoso pianista Alfred Brendel fez notar, de passagem e em público, que eu lhe fazia lembrar Diderot. Era uma afirmação demasiado forte, claro, mas registrei também – e não apenas em silêncio – que Brendel havia explicitado o que eu, durante tantos anos, nem ousara sonhar. O embaraço e o orgulho que se seguiram transformaram-se no impulso para uma segunda questão de Diderot, a questão de saber se o meu mais do que cinquentenário sentido de afinidade com o escritor não se teria tornado, entretanto, num intenso caso da mais vasta – e crescente – atração dos intelectuais do século XXI por Diderot.

I
"Faz-se de mim o que se quer"
Um dia feliz na vida de Diderot

Talvez Denis Diderot tenha sido precoce em muitos aspectos. Por exemplo, enquanto jovem estudante na adolescência ou, olhando a partir da nossa perspetiva histórica, em certos modos de pensar e de escrever — mas, aparentemente, ele nunca teve pressa. O fluxo do tempo e as promessas do futuro não o distraíram dos inúmeros objetos, problemas e pessoas pelos quais se interessava. Por isso, ele parecia aos seus contemporâneos uma pessoa ativa, produtiva e generosa e quase não se preocupava em dar aos acontecimentos e às condições da sua vida formas delimitadas ou de situações claramente circunscritas.

Exatamente quando deixou sua Langres natal, na região de Champagne (uma cidade modesta, de alguns milhares de habitantes, onde seu pai era um bem-sucedido cuteleiro e seu tio integrava o alto clero), e em que data precisa Diderot saiu do mundo provinciano dos seus anos iniciais de formação — com o qual continuou sempre, inequivocamente, a preocupar-se, para prosseguir estudos em Paris — isso não é muito claro. Deve ter ocorrido em 1728 ou 1729, quando ele tinha entre quinze e

Hans Ulrich Gumbrecht

dezesseis anos de idade; e durante a década e meia seguinte apenas se conhecem os nomes de algumas instituições acadêmicas, mudanças frequentes de interesses intelectuais e orientações existenciais – que tiravam a paciência de seu pai e, depois de, por essa razão, ter cortado o apoio financeiro enviado de Langres – as múltiplas atividades que Diderot empreendia para conseguir manter-se, num ritmo de vida que seus biógrafos apelidam, algo anacronicamente, de "boêmio." Em 1743, sem a permissão familiar que era exigida, e que ele realmente procurou obter, Denis Diderot casou-se em segredo com a bordadeira Anne-Toinette Champion, uma mulher três anos mais velha do que ele, sem fortuna nem estatuto social, profundamente religiosa e, de acordo com várias fontes, muito bela. Angélique – a única e muito amada filha daquele casal que viveria junto mais de quatro décadas, infeliz a maior parte do tempo, mas sem vislumbre de separação ou distância – nasceria em 1753, de uma mãe com quarenta e três anos e de um pai com quarenta.

Só por volta de 1750, passada a metade da expectativa média de vida no século XVIII, Diderot começou a se estabelecer no mundo intelectual de Paris, surgindo como fonte de energia e sedutora presença em meio a uma forma emergente de sociabilidade, mais do que de autoridade espiritual. Desde cedo, a censura do Estado havia identificado o escritor como "um jovem muito perigoso," e em 1749 ele esteve preso três meses e meio na Fortaleza de Vincennes. O primeiro volume da *Enciclopédia, Ou Dicionário Razoado das Ciências, das Artes e dos Ofícios*, a gigantesca obra que Diderot havia começado a editar em 1747 junto com o matemático Jean le Rond d'Alembert, foi publicado três anos mais tarde e teve repercussão imediata na Europa e até mesmo na América do Norte – no entretanto, dentre seus escritos, um breve tratado epistolar sobre problemas epistemológicos, a *Carta Sobre os Cegos*,[1] de 1749, não apenas foi o motivo de sua prisão como suscitou os mais acesos debates.

Durante esses anos, Diderot conheceria algumas das mais renomadas e influentes figuras dos círculos parisienses do Iluminismo, como Voltaire e Rousseau, mas também Friedrich Melchior, Barão de Grimm, e Paul-Henri Thiry, Barão d'Holbach, dois ricos imigrantes alemães, ambos dez anos mais novos do que ele e que possuíam, nas mais variadas maneiras, a estrutura material para as conversações e os encontros que teceram uma atmosfera na qual Diderot viria a se destacar. Foi certamente nesse contexto, após 1755, que Diderot conheceu pela primeira vez Louise-Henriette Volland, que ele chamaria de "Sophie" e a quem se manteve dedicado até 1784 – ano em que os dois faleceram – com uma serenidade e uma ternura que não encontrara nem na sua esposa nem em Madeleine de Puisieux, uma escritora e filósofa polemicista de quem se tornou fervoroso amante em 1745. "Sophie" era a filha solteira de uma respeitável família burguesa e tinha quase quarenta anos quando iniciou sua relação com Diderot. Vivia com a mãe, viúva, e por vezes passava longas temporadas com a irmã, mulher casada e de quem Diderot muitas vezes manifestava sentir ciúmes. Sophie lia muito e partilhava com seu amigo as mesmas inclinações intelectuais; é provável que gozasse de uma saúde frágil: usava óculos e, conforme Diderot menciona numa carta, tinha "as mãos secas." Não existe nenhum retrato de Sophie, tampouco alguma das cartas que ela escreveu a Diderot. Ainda assim, ela

---

1 Recorreu-se ao volume dos *Textos escolhidos* de Diderot na coleção "Os Pensadores" da Editora Abril. (N.T.)

ganha perante nós uma presença viva nas cento e oitenta e sete (dentre talvez mais de quinhentas) cartas escritas por Diderot que foram preservadas. Mais do que um diário epistolar, a melhor maneira de descrever essas cartas é que elas são como vestígio do forte desejo que Diderot sentia de compartilhar com Sophie o imediatismo e a vívida experiência de seu cotidiano, em todas suas complexidades sociais, intelectuais e até sensuais. Se um relacionamento erótico fazia parte do amor deles não se sabe ao certo, mas é provável que o desejo de Sophie Volland e Denis Diderot tenha encontrado sua forma mais justa e aprazível na escrita e na leitura daquelas cartas e, até mesmo, só no impaciente aguardar por elas –; embora não mantivessem seu relacionamento estritamente secreto e o apartamento dos Volland em Paris fosse próximo à mansão dos d'Holbach, onde Diderot passava grande parte de seu tempo, eram muito raras as oportunidades para se encontrarem em presença física. Quando Sophie Volland morreu em 1784, cinco meses antes de Denis Diderot, ela deixou a ele um anel e uma edição das cartas de Montaigne encadernadas em marroquim vermelho.

Longe de Sophie Volland, como era costume, Diderot passou grande parte do verão de 1760 em La Chevrette, na periferia de Paris, num castelo que pertencia a Louise d'Epinay, a amante rica e culta do Barão Grimm. Apesar de ser um estrangeiro em Paris, desde 1753 Grimm conseguira fazer nome e fortuna como editor da *Correspondência Literária*, uma recolha regular de textos, em forma de cartas manuscritas dedicadas a novas publicações, debates, peças de teatro e exposições patentes na capital francesa, subscritos por um pequeno número de aristocratas europeus entre os quais se encontravam Catarina, a Grande, Imperatriz da Rússia, Leopoldo II, o Santo Imperador de Roma, e Gustavo III da Suécia. Durante as viagens que Grimm fazia, quase sempre a negócio, a Senhora d'Epinay assegurava a continuidade da *Correspondência* – e Diderot contribuía regularmente com seus textos, de que dependia para fonte de renda, apesar de nunca se mostrar muito preocupado com sua situação financeira.

As estadas em La Chevrette, e por vezes em Grandval, propriedade dos d'Holbach, tornaram-se, assim, uma constante na vida de Diderot. Além disso, o escritor alternava com temporadas na baixa de Paris, entre um apartamento familiar, que ocupava com a esposa e a filha, e um espaço de trabalho, alugado para ele enquanto editor da *Encyclopédie*, o que lhe permitia frequentar inúmeros salões, também ali sobretudo os de Grimm e dos d'Holbach. As cartas que escreveu a Sophie Volland e as que trocava com outros filósofos[2], como ele, muitas vezes se mostrando nervoso com o estado precário dos textos que lhe entregavam, constituíam as duas dimensões da sociabilidade intelectual de Diderot. Para além das raras visitas a Langres, o âmbito espacial da vida de um homem cujos interesses eram, literalmente, limitados só por uma vez foi alargado: quando, a convite da Imperatriz russa, e depois de anos de hesitação, Diderot viajou até São Petersburgo, em junho de 1773 – regressando a Paris no outono do ano seguinte.

Quando comparado com o de amigos como Voltaire, Rousseau ou Grimm, o âmbito da vida de Diderot era de fato particularmente restrito; mas, como sugere o caso mais radical de Immanuel Kant, provavelmente isso não era considerado bizarro

---

2 Durante o século XVIII, o sentido dessa palavra se assemelhava ao conceito que hoje conhecemos de "intelectual."

e, muito menos, incompatível com o papel de um intelectual de seu tempo. O que distinguia Diderot de Kant, pelo contrário, era a ausência de um rigoroso horário de trabalho, o que é verdadeiramente surpreendente dado o número de textos que ele escreveu e ainda mais tendo em conta a proeza verdadeiramente heroica de ter terminado em 1772, sozinho desde a saída de d'Alembert em 1758, toda a edição dos dezessete volumes que compõem a *Enciclopédia*, complementada com onze volumes de ilustrações. A força característica de Diderot, a bem dizer uma força paradoxal, pois dependia de uma disposição frequentemente apontada como prejudicial a qualquer tipo de sucesso, poderá ter consistido numa disposição de abertura ao mundo, de tal modo radical que implicava constantemente o risco de perder-se nos detalhes que o fascinavam, junto com uma intensidade verdadeiramente incomum em suas reações a todo o tipo de experiência e percepções ("entusiasmo" era a palavra que designava essa intensidade, na linguagem do século XVIII). Ao invés de ter se transformado numa forma única de força, esta sua intersecção de abertura com intensidade poderia ter sido um problema se a dimensão espacial da vida de Diderot fosse menos limitada.

Apesar de os amigos e admiradores de Diderot sempre se mostrarem desejosos de sua companhia em seus círculos, ele mesmo não se considerava alguém sociável e acreditava que possuía uma timidez natural. Assim, conforme escreveu a Sophie Volland na "segunda-feira, 15 de setembro de 1760," no castelo da Senhora d'Epinay em La Chevrette,[3] ele havia decidido

---

3 Foi o meu amigo Henning Ritter que chamou minha atenção para esta carta.

regressar a Paris para o fim de semana, porque domingo era o feriado da povoação e temia que se juntasse a habitual multidão de jovens camponesas, arrumadas para a celebração, e de damas parisienses com suas maquiagens, atraídas pela suposta singeleza do evento: "Temo a multidão desenfreada. Havia decidido passar o dia em Paris [...]. Viria uma horda mista de jovens camponesas devidamente acompanhadas e de grandes damas da cidade com seu rouge e suas moscas, seus bordões de roseira na mão, chapéu de palha na cabeça e o escudeiro pelo braço".[4] Mas quando "Grim" (sic) e a Senhora d'Epinay viram que ele estava de saída, e revelaram sua desilusão, logo conseguiram persuadi-lo a ficar, pois, conforme Diderot se queixava, ele pura e simplesmente não suportava a ideia de causar qualquer tristeza a seus amigos: "mas Grim e a sra d'Epinai me detiveram. Assim que vejo os olhos de meus amigos se fecharem e seus rostos ficarem sérios, não há repugnância que resista e fazem de mim o que querem".[5]

---

4 *Diderot's letters to Sophie Volland: a selection*, p.54-5. "Je crains la cohue. J'avais résolu d'aller à Paris passer la journée [...]. C'étoit une foule melée de jeunes paysannes proprement atournées, et de grandes dames de la ville avec du rouge et des mouches, la canne de roseau à la main, le chapeau de paille sur la téte et l'écuyer sours le bras." Diderot. *Correspondance*, v.1, p.173. Note-se que, uma vez que muitas das citações neste livro incluem elipses no texto original, para indicar excertos em falta ou pensamentos incompletos (frequentes na prosa de língua francesa), inseri entre [ ] as minhas próprias elipses (indicando omissões no texto citado) para maior clareza.

5 "Mais Grim et Mme d'Epinai m'arrêtèrent. Lorsque je vois les yeux de mes amis se couvrir et leurs visages s'allonger, il n'y a répugnance qui tienne et l'on fait de moi ce qu'on veut." (Note-se que as grafias "Grim" e "Epinai" são do próprio Diderot.)

De certa maneira, então, o domingo de meados de setembro de 1760 não poderia ter começado do pior modo para Denis Diderot, o autodeclarado amigo manso. Mas, ao invés de reagir com ressentimento ou mau humor, ele depressa esqueceu sua intenção original e a decepção consigo mesmo assim que dirigiu a atenção para o grupo reunido no castelo: "Estávamos então no triste e magnífico salão e formávamos, com ocupações diferentes, um quadro muito agradável."[6] Mesmo na situação trivial de escrever uma carta para Sophie, a linguagem de Diderot é precisa e não se esquiva, em sua precisão, de detalhes aparentemente insignificantes nem das contradições que parecem produzir. Diderot entendeu o clima do espaço onde a Senhora d'Epinay, Melchior Grimm e seus convidados se concentravam em suas "ocupações diferentes" como "magnífico" e "triste" e, embora os diferentes grupos constituíssem um "quadro muito agradável," retratou cada uma de suas interações, em sua singularidade, como uma série de esboços desenhados a contornos simples e fortes. O primeiro desses desenhos na prosa de Diderot mostra os anfitriões sendo retratados por dois artistas:

> Junto da janela que dá para os jardins, Grim se fazia pintar e a Senhora d'Epinai se apoiava sobre as costas da cadeira da pessoa que o estava pintando.
>
> Um desenhista, sentado mais embaixo, em um banquinho, fazia seu perfil a lápis. É charmoso esse perfil; não há mulher que não tenha sido tentada a ver se tem parecenças (55).[7]

---

6 "Nous étions alors dans le triste et magnifique salon, et nous y formions, diversement occupés, un tableau très agréable."

7 "Vers la fenêtre qui donne sur les jardins, Grim se faisoit peindre et Mme d'Epinai étoit appuyé sur le dos de la chaise de la personne qui le peignoit.

A Senhora d'Epinay contempla Grimm sendo retratado e, enquanto isso, ela mesma se transforma no modelo de um desenho, para o qual Diderot, presente na cena, está olhando. O que o fascina nesse ato de olhar não é tanto, como poderia pensar um leitor do século XXI, o conjunto das sucessões de autorreflexo, mas a forma complexa do grupo de figuras, vistas como se fossem uma escultura (o "quadro muito agradável"). Depois, Diderot, sendo ao mesmo tempo protagonista da cena e seu observador, reage com intensidade ao desenho da Senhora d'Epinay ("É charmoso esse perfil") e se deixa abandonar numa associação sobre o eventual ciúme de outras mulheres, que poderiam considerar demasiado lisonjeador o retrato de sua anfitriã.

A seguinte das imagens em prosa, todas separadas em parágrafos independentes, revela Monsieur de Saint-Lambert, oficial e poeta, figura onipresente nos círculos de classe alta do seu tempo, lendo "a brochura mais recente" – acrescenta Diderot, voltando-se agora para Sophie Volland, "também o havia enviado para você" (estaria se referindo ao último dos fascículos da *Correspondência*?). O próprio Diderot está jogando xadrez com a Senhora d'Houdetot, amante de Saint-Lambert, que se notabilizara três anos antes devido a uma forte atração entre ela e Jean-Jacques Rousseau.[8] Seguem-se outras seis cenas: a mãe da Senhora d'Epinay com os netos e respectivos tutores; duas irmãs do artista que pinta Grimm, trabalhando nos seus bordados; uma terceira irmã do pintor, no cravo, tocando uma

---

Un dessinateur, assis plus bas, sur un placet, faisoit son profil au crayon. Il est charmant, ce profil; il n'y a pas de femme qui ne fût tentée de voir s'il ressemble" (173f.)

8 Wilson, *Diderot*, p.292-4.

peça do compositor italiano Scarlatti; Monsieur de Villeneuve, amigo da Senhora d'Epinay, cumprimentando-a e começando a conversar com Diderot; o Senhor de Villeneuve e a Senhora d'Houdetot, reconhecendo-se mutuamente no comentário com a intuição de Diderot de que não simpatizavam nada um com o outro. O tom e a graça específicos da prosa de Diderot emergem da sobreposição de três níveis discursivos distintos: a precisão compacta, por vezes até aforística das descrições; a intensidade das reações, associações e intuições de Diderot, que ao mesmo tempo integra a cena evocada e a observa desde fora; e as transições de uma abertura concentrada em direção ao mundo que o rodeia para aqueles momentos em que Diderot se dirige a Sophie Volland, manifestando a vontade de que ela estivesse participando deles.

O modo como a abertura dele ao mundo pode se transformar numa abertura dirigida a Sophie se torna particularmente claro quando, mais tarde, Diderot discorre sobre o jantar de domingo:

> Chegou a hora do jantar. Ao meio da mesa estavam, de um lado, a Sra d'Epinai e, do outro, M. de Villeneuve; apresentaram o maior esforço e a maior graça do mundo. Jantamos esplendidamente, alegremente e durante muito tempo. Os sorvetes, ah! Meus amigos, que sorvetes! Era ali que deveria estar quem quisesse provar dos bons, vós que os amais (175).[9]

---

9 *Diderot's letters to Sophie Volland.* "L'heure du dîner vint. Au milieu de la table étoit d'un côté Mme d'Epinai, et de l'autre M. de Villeneuve; ils prirent toute la peine et de la meilleur grâce du monde. Nous dinâmes splendidement, gaîment et longtems. Des glaces; ah! Mes amies,

Provenientes de Itália, as receitas de sorvetes vinham conquistando as cozinhas régias e aristocráticas da Europa desde o começo da Modernidade e, durante o século XVIII, se transformaram nas mais populares das preferências gastronômicas. Claramente consciente de que Sophie e sua mãe partilhavam com ele esse gosto, Diderot passa mais uma vez da descrição de uma cena social para a sua própria reação sensorial, que leva até ao desejo de fazer com que as três mulheres participem dessa percepção. Sua concentração sobre um momento sensorial se transforma, assim, em generosidade e em gesto de proximidade.

O passo seguinte na evocação que Diderot faz desse cada vez mais aprazível domingo, que tanto se distanciou das más expectativas que ele tinha, se relaciona, ainda, com a percepção, mas depois se centra na "graça" enquanto modalidade de experiência estética e enquanto conceito que havia surgido por diversas vezes em sua carta. Após o jantar, Emilie, uma jovem de 15 anos que aparentemente Diderot já teria mencionado a Sophie, toca cravo e impressiona todo o grupo: "A pessoa de quem já lhe falei, que tocou cravo com tanta graciosidade, nos maravilhou a todos, a eles pela raridade de seu talento, a mim pelo charme de sua juventude, de sua doçura, de sua modéstia, de suas graças e de sua inocência."[10] Essa descrição apresenta afinidades com o famoso ensaio "Sobre o teatro de marionetes,"[11]

---

quelles glaces! C'est là qu'il fallut être pour en prendre de bonnes, vous qui les aimez." Diderot, *Correspondance*, p.175.

10 "La personne dont je vous ai déjà parlé, qui touché si légèrement le clavecin, nous étonna tous, eux par la rareté de son talent, moi par le charme de sa jeunesse, de sa douceur, de sa modestie, de ses graces et de son innocence."

11 Kleist, Sobre o teatro de marionetes. (N. T.)

Hans Ulrich Gumbrecht

no qual, algumas décadas mais tarde, Heinrich von Kleist analisaria a graça enquanto qualidade estética específica do comportamento humano, que dependia da ausência de qualquer intenção de agradar. Mas Diderot está sozinho em seu entusiasmo pela graça de Emilie. Nela, os amigos mais admiram seu "talento" técnico do que se encantam com sua inocência. E é assim que Diderot inicia com Monsieur de Villeneuve uma discussão acerca dessa diferença de opiniões – este último crê que um talento incomum deveria sempre se desenvolver através de mais instrução prática e teórica:

> Disse a M. de Villeneuve: "Quem ousaria mudar fosse o que fosse nessa obra? Ela está tão bem." Mas não partilhamos, eu e M. de Villeneuve, os mesmos princípios. Quando ele encontra inocentes, quer também os instruir; ele diz que é um outro gênero de beleza. (56)[12]

Nessa passagem não surpreende apenas a posição de Diderot sobre a graça enquanto dimensão da experiência estética, que deveria ser muito excêntrica no contexto de meados do século XVIII. Ele está também muito naturalmente disposto a "concordar em discordar" de Monsieur de Villeneuve sobre o assunto, sem sentir qualquer necessidade de chegar a um consenso – e sem parecer guardar nenhum sentimento ruim. Monsieur de Villeneuve e ele, escreve Diderot, simplesmente estão separados por "princípios diferentes." É por isso que podem mudar de assunto,

---

12 "Je disois à M. de Villeneuve: 'Qui est-ce qui oseroit changer quelque chose à cet ouvrage-là? Il est si bien.' Mais nous n'avons pas, M. de Villeneuve et moi, les mêmes principes. S'il rencontroit des innocents, lui, il aimeroit assez à les instruire; il dit que c'est un autre genre de beauté." (175)

Prosa do mundo

de modo casual, no decorrer da conversa. O novo foco acaba se centrando nos méritos intelectuais e sociais de Sophie Volland, da mãe dela e de sua irmã, que Monsieur de Villeneuve havia conhecido numa anterior estada "no campo." Uma vez mais, a prosa descritiva de Diderot se dirige a uma abertura para sua amada, desta feita sob a forma de um diálogo que começa com uma citação do Monsieur de Villeneuve (marcada em itálico):

> A Sra de Volland... é uma mulher de mérito raro. – E sua filha mais velha... Tem o espírito de um demônio. – É muito espirituosa. Mas é sua franqueza sobretudo que me agrada. Quase apostaria que ela não mentiu nunca desde a idade da razão. (56)[13]

Não fica muito claro exatamente onde o discurso de Diderot passa de uma autocitação para um elogio diretamente apontado a Sophie Volland. Podemos dizer, contudo, que a contínua duplicidade entre as descrições compactas de seu dia, nos vários estágios, e os repetidos momentos de abertura à sua amada acabam se tornando uma forma discursiva em si mesma.

O serão termina com música e dança: "Fizeram entrar os violinos e dançamos até as dez; saímos da mesa pela meia-noite; às duas horas, o mais tardar, todos nos retiramos; e o dia se passou sem o tédio que eu temera. (56)"[14]

---

13 "Mme de Volland... est une femme d'un mérite rare. – Et sa fille aînée... Elle a de l'esprit comme un démon. – Elle a beaucoup d'esprit. Mais c'est sa franchise surtout qui me plaît. Je gagerois presque qu'elle n'a pas fait mensonge volontaire depuis qu'elle a l'âge de la raison." (176)

14 "On fit entrer les violons et l'on dansa jusqua dix; on sortit de la table à minuit; à deux heures au plus tard nous étions tous retirés; et la journée se passa sans l'ennui que je redoutois." (176)

Olhando em retrospetiva para o final desse longo dia, Diderot fica feliz por admitir que o seu receio de antes não se confirmou. A fraqueza que não lhe permitiu manter o plano inicial, quando ele contrariava as expectativas de seus amigos, se revelaria uma força, a força de deixar simplesmente que o mundo acontecesse. Inesperadamente para Denis Diderot – e tipicamente para ele –, essa força fez daquele domingo, 14 de setembro de 1760, um dia feliz, pois ele pôde se concentrar na presença de pessoas, objetos, percepções e sentimentos em sua mais concreta e singular forma, sem muita direção nem propósito. "O tédio que ele temera" jamais sobreveio.

Podemos nos referir a essa abertura incondicional, que evita projeções peculiares, como "a generosidade de Diderot" – e a precisão compacta de sua prosa era o *medium* dessa generosidade. Abertura, generosidade e precisão em relação ao mundo, contudo, transformavam-se constantemente numa outra forma de generosidade que era o desejo de partilhar com sua amada tudo aquilo que a ele agradasse no e a propósito do mundo. Deixar que o mundo acontecesse acaba por explicar por que Diderot nunca ficou refém do passar do tempo. Sem qualquer obsessão ou nervosismo, ele se preocupava e confiava em ser lembrado na posteridade. E, apesar disso, queria morrer sem drama nem rituais, de supetão, em meio a seu feliz envolvimento com o acontecer do mundo.[15]

---

15 Veja-se Wilson, *Diderot*, p.714-7.

II
"Prosa do mundo" – Haverá lugar para Diderot no sistema de Hegel?

Ler Denis Diderot suscita muitas vezes sentimentos de empatia, e isso não se aplica apenas a suas cartas. Aquilo que comecei por descrever como a abertura dele ao mundo material e social, junto com um estilo específico de generosidade, sugere a presença, por vezes até mesmo a proximidade, de um indivíduo vivaz em seus textos, um indivíduo que depressa acreditamos conhecer. Deve ser esse o motivo que faz com que Diderot seja há tanto tempo um dos autores favoritos no cânone literário francês, que tão perfeitamente atravessa os séculos, desde a Idade Média, e que sobeja em brilhantes perfis de autores e de suas distintas tonalidades. Mas nos sentirmos familiarizados e até sentir simpatia por um autor assim nem sempre significa entender de maneira clara os conceitos que identificam seu estilo intelectual e literário. Diderot é um caso exemplar dessa condição.

Uma mistura estranha, mas recorrente, de fluidez e de estruturas estáveis dificulta o vislumbrar do quadro geral de como ele viveu sua vida e o desenhar dos contornos de sua obra. Como se pegasse no nosso pé, Diderot atrai nosso interesse de

Hans Ulrich Gumbrecht

modo quase irresistível, mas depois parece se retrair. Já vimos como sua vida no dia a dia era um movimento permanente, talvez mesmo inquieto, dentro de um espaço particularmente restrito, apenas interrompido por poucos, mas marcantes, eventos e acompanhado por relações de longa duração e por, uma vez mais, relações difíceis de definir com sua filha e sua mulher em Paris, seus pais severamente conservadores, o irmão, um eclesiástico, e as duas irmãs, uma das quais morreu freira em Langres, e a correspondência com sua amiga amada, Sophie Volland. De igual modo, não existe na obra de Diderot aquele texto único (ou um conjunto de pequenos livros canônicos) que pudesse se considerar o centro de gravidade – e, por isso, parece não ter um núcleo temático. Se é verdade que, apesar de entusiasta da antiga poesia e da música romanas, ele raramente recorreu a formas prosódicas, é surpreendente a versatilidade que revela em diferentes variedades de prosa: Diderot escreveu romances e contos, mais sérios, mais cômicos, e "pornográficos" (para as convenções setecentistas de gosto no gênero), duas peças teatrais cheias de *pathos* doméstico e com didascálias bem detalhadas, aforismos, fragmentos filosóficos e inúmeros tratados epistolares e em forma de diálogo, além, claro, de um número considerável de entradas da *Enciclopédia*. Sem qualquer intenção visível de seguir um programa, ele inventou também um novo discurso para a apresentação e a discussão da arte contemporânea, assim como um ímpar híbrido textual, intitulado *O sonho de d'Alembert*, que combina muitas destas tonalidades de prosa.

Durante quase metade de sua vida, desde meados da década de 1740 até 1772, o seu trabalho para publicar e completar a *Enciclopédia* permitiu a Diderot a base de uma ocupação estável, além de uma fonte de renda – mas o contributo dele para esta

Prosa do mundo

tarefa, assim como os temíveis desafios logísticos que ela implicava, foram multidimensionais e de intensidade irregular – o que os torna também difíceis de avaliar e de apreciar. D'Alembert, seu coeditor, havia redigido o prospecto e o prefácio da *Enciclopédia*, enquanto Diderot recrutou muitos dos cerca de quatrocentos autores (de que conhecemos os nomes de uns duzentos, pois não hesitaram em assinar seus artigos), revisou esses textos (mas não sabemos até que ponto exatamente ele os "revisou"), e foi ele quem levou a bom termo o projeto, através de complexas constelações contemporâneas, entre mudanças de estratégia da censura e flutuações financeiras da editora. Se a verdadeira e apaixonante iniciativa intelectual de Diderot e a sua dedicação a longo prazo com a *Enciclopédia* constituiu – talvez com surpresa – uma amostra dos ofícios e das tecnologias do seu tempo, quer no número de importantes entradas e, sobretudo, nos onze volumes ilustrados (com *Planches*), o mérito histórico único do mais volúvel e mais dedicado de todos os *philosophes* do século XVIII pode bem ter sido o vigor com que ele abraçou a tarefa de assegurar a conclusão da primeira edição do projeto.

Mas se é verdade que sua dedicação à *Enciclopédia* revela a mesma interpenetração de permanência e fluidez que atravessa seu estilo de vida e sua obra, nem mesmo uma obra daquela magnitude conseguiu impor a Denis Diderot uma identidade estável. Em 1765, apenas um ano antes de ter sido levantada uma proibição que havia interrompido a saída dos dez volumes finais de texto, e sete anos antes de estarem completas as *Planches*, seu amigo Grimm havia convencido Catarina II da Rússia a comprar a biblioteca de Diderot (permitindo-lhe a ele manter os livros em Paris até morrer) e a atribuir ao filósofo o título

Hans Ulrich Gumbrecht

de Bibliotecário, com a promessa de um salário pago durante cinquenta anos e o convite para visitá-la em São Petersburgo – onde ele só iria em 1773. A nova situação financeira permitiu a Diderot se entregar mais a fundo ainda a seus multifacetados interesses e tornou sua natureza centrífuga ainda mais evidente, pois o aliviou da necessidade de tentar a publicação de seus textos, com todos os riscos e concessões que isso sempre envolvia. Também permitiu, graças a um dote considerável, que ele acertasse para sua filha um casamento que entendia ser socialmente vantajoso.

Embora já tenha se dito que Diderot trocou sua dependência da censura francesa e do mercado livreiro por uma vida à mercê de uma monarca estrangeira, nada prova que, nas últimas décadas da existência do pensador, Catarina tenha chegado a utilizar seu potencial poder sobre ele. Para todos os efeitos práticos, e com exceção da viagem a São Petersburgo, pela qual, apesar de sua gratidão e de sua genuína admiração pela Imperatriz, Diderot não se sentiu nunca muito entusiasmado, tudo quanto ele parece ter ganhado foi liberdade intelectual e pessoal. Com a diminuição de suas obrigações institucionais, e com o verdadeiro aumento de sua independência, a vida e a obra de Diderot chegaram a um estágio final de sua forma paradoxal – uma forma sem contornos estáveis nem conteúdo definidor.

Essa forma paradoxal teve um impacto a longo prazo sobre a recepção dos textos de Diderot, assim como sobre os estudos que a eles foram sendo dedicados. Desde os finais do século XVIII, em larga medida devido à dispersão entre a França e a Rússia de seus manuscritos inéditos, e para além de um bom número de várias e muitas vezes sofisticadas edições de textos individuais, houve nada mais nada menos do que seis tentativas

Prosa do mundo

de reunir e publicar sua "obra completa," a última das quais foi iniciada em 1994. Só nos últimos quarenta anos, surgiram mais de dez grandes volumes de biografias, a maioria das quais preenchidas com detalhes, mas sem resultar num perfil distinto de Diderot, quanto mais numa impressão sobre as energias impulsionadoras por detrás de sua vida. O número de ensaios críticos dedicados a textos específicos está para além da capacidade de leitura de qualquer especialista e concedeu ao conhecimento bibliográfico relativo a Diderot o estatuto de uma área de especialização acadêmica. Nem mesmo Jean Starobinski, o mais filosoficamente sutil de todos os especialistas da história intelectual francesa do século XVIII, autor de um magistral livro intitulado *La transparence et l'obstacle* [*A transparência e o obstáculo*], que oferece uma síntese complexa da obra de Rousseau, se esquivou a tal tentativa quando, em 2012, um ano antes do segundo aniversário do nascimento de Diderot, lançou uma coleção de quinze ensaios centrados, numa impressionante convergência de rigor filológico e de intuição histórica, no complexo horizonte de aspectos maiores do pensamento e do estilo de escrita de Diderot.[1]

Porém, no prefácio a esse livro, Starobinski traça uma consequência hermenêutica decisiva a partir do estatuto paradoxal dos textos de Diderot. Mais até do que com outros clássicos, essa obra sem fulcro temático nem contornos estáveis provocou modificações dramáticas em sua compreensão e apreciação. Se apenas algumas décadas atrás o diálogo *Jacques, o fatalista e seu amo*, iniciado em 1765 e publicado na *Correspondência* de Grimm seis anos antes da morte do autor, parecia ocupar o centro do

---

1 Starobinski, *Diderot, un diable de ramage*.

interesse intelectual enquanto crítica de quaisquer noções de "destino" ou "necessidade" na existência humana, nosso presente intelectual no século XXI aparenta estar mais atraído por *O sobrinho de Rameau*, outro diálogo em que Diderot havia começado a trabalhar antes mesmo do texto de *Jacques, o fatalista*, mas que nunca viria a ser publicado em vida do autor, e cujo manuscrito original esteve perdido durante grande parte do século XIX (o que fez de uma retradução da tradução inicial de Goethe para alemão a única referência textual disponível em língua francesa). Confrontando um protagonista que se apresenta na primeira pessoa do singular e que parece corresponder a todos os requisitos de um intelectual iluminista, com "Ele", sobrinho de um famoso compositor de música que, enquanto figura histórica e verdadeira personificação do provocador, passara sua vida às margens da sociabilidade do Iluminismo, Diderot oferece uma configuração tão complexa quanto instável do sentido que hoje utilizamos para atravessar e lidar com alguns dos valores e motivos elementares que herdamos do Iluminismo. No título de seu livro, *Diderot, un diable de ramage* [*Diderot, um diabo de chilrada*], e em seu ensaio inicial, Starobinski sublinha uma característica de Diderot que, enquanto autor, ele atribuíra ao sobrinho, seu protagonista. De acordo com um sentido antigo da expressão "un diable de ramage," essa característica era a capacidade que o sobrinho tinha de copiar espontaneamente muitas e diferentes vozes humanas, capacidade associada sobretudo com certos pássaros e frequentemente só relacionada com os humanos em sentido metafórico. Podemos afirmar que "un diable de ramage" é uma pessoa com muitas vozes, no sentido literal da palavra – e sem vontade de devolvê-las a um perfil único e bem desenhado.

Assim que começamos a utilizar em nosso presente de feliz identidade a fórmula de uma "ausência de identidade convencional como configuração específica da identidade," ganham nova relevância alguns dos retratos de Denis Diderot pintados durante sua vida. O próprio Diderot estava obcecado – talvez mesmo preocupado – porque tinha a impressão de que tais imagens jamais convergiam e que, portanto, não conseguiam projetar um carácter específico.[2] Se os colocarmos lado a lado com imagens contemporâneas de Voltaire e de Rousseau, descobrimos que, mais do que serem particularmente diferentes uns dos outros, parece que todos eles estão perdidos, se esforçando por encontrar e iluminar traços fisionômicos específicos, tais como o formato oblongo do rosto de Voltaire e a sua compleição sempre emagrecida, ou o sorriso distante e benigno com que a maioria dos retratos de Rousseau cruza o olhar do observador. No caso de Diderot, nem o nariz aquilino saliente em todos os quadros que o mostram de perfil consegue deixar impressão alguma quando o vemos numa perspectiva frontal. Precisamente essa vista frontal, porém, jamais se desenvolve por completo nos retratos de Diderot, ao passo que Voltaire e Rousseau quase sempre nos olham diretamente.

Aquelas que são provavelmente as mais famosas imagens de Diderot, a de Jean-Honoré Fragonard e a de Louis-Michel van Loo (a segunda foi exibida no Salão de 1767) parecem captá-lo em movimento, olhando para cima, como que surpreendido em meio à leitura (no caso de Fragonard) ou à escrita (no de van Loo). Num outro retrato, pintado por Dmitry Levitsky

---

2 Ver as páginas iniciais do capítulo 6 para uma discussão mais detalhada dessa obsessão de Diderot.

durante a visita de Diderot à Rússia, entre o final de 1773 e o começo de 1774, e num busto de Jean-Baptiste Pigalle, feito em 1777, ele parece estar repousando (quem sabe se recuperando o fôlego depois de ter discursado e antes de retomar o discurso). Estes recorrentes gestos icônicos de movimento parecem confirmar vários testemunhos da época, que concordam em que Diderot nunca falava sem gesticular, nem sem tocar o corpo das pessoas que se encontravam em sua proximidade física (nas semanas que passou em São Petersburgo, Catarina II, com bom humor, se queixou disso mesmo). Mas sobretudo esse efeito irônico do movimento deveria frustrar qualquer potencial de iluminada monumentalidade – como era óbvio, se não mesmo predominante, em muitas das representações de Voltaire e de Rousseau. Mais do que apoiar-se em traços fortes que os artistas pudessem fixar e depois sublinhar em seus retratos, os quadros de Diderot parecem deslocar a identificação de uma personalidade específica da tela bidimensional para a presença real dele e, daí, para o espaço tridimensional onde os movimentos podem se desenrolar.

Se essa comparação entre Voltaire, Rousseau e Diderot, canonizados como os três protagonistas da época do Iluminismo francês, for transferida da História da Arte para a História das Ideias, deparamo-nos com uma relação surpreendentemente semelhante. Voltaire e Rousseau estão associados a certos conceitos-chave de suas obras, com a sua ressonância inicial na sociedade – e até mesmo com a mais completa transubstanciação desses significados e de seus valores inerentes em realidades sociais e políticas. Por sua vez, e provavelmente devido a ausência de conceitos e valores que poderiam ter se tornado canônicos, Diderot é reconhecido majoritariamente – quando não apenas – pela façanha logística de ter editado a *Enciclopédia*, ao passo que Voltaire representa o espaço público, para cuja emergência ele contribuiu de modo tão decisivo (sobretudo com suas cartas) e Rousseau tem sido visto, desde os momentos "radicais" da Revolução Francesa, como o grande defensor da igualdade.

Esses contrastes (assumidamente superficiais, mas úteis) podem ajudar a explicar por que é que, do ponto de vista da recepção e da ressonância, o século XIX, época em que se impuseram os sistemas políticos dependentes da esfera pública, foi o tempo de Voltaire, por oposição ao século XX, o qual, obcecado e encantado com a ideia de atingir a igualdade, pertenceu a Rousseau. Diferentes dos dois grandes pensadores francófonos do século XVIII, os textos de Diderot têm presença permanente, embora perifericamente presentes, num horizonte de atenção intelectual, e nunca no centro – daí que não se conectem com nenhum momento histórico ou movimento social específico. A principal questão que pretendo explorar neste livro é a de saber se o nosso século XXI poderia se tornar a época de Diderot.

Não que isso fosse por defeito, claro, ou pela lógica de um conceito banal de "justiça" histórica, de acordo com a noção de que ele "finalmente merecesse receber a atenção que sempre lhe foi negada" – mas antes porque algumas de suas obsessões, fascínios, preocupações e intuições (incluindo o equivalente vívido de tudo isso, a estrutura de personalidade paradoxal que começamos a descobrir), podem mesmo ter com nosso tempo uma afinidade específica e especificamente iluminadora. Estou lendo o capítulo inicial do livro de Starobinski, *Diderot, un diable de ramage*, como alento para seguir nessa direção. Assumir esse ponto de patrida, repito, não implica assumir quaisquer regularidades, ou mesmo "leis" da História, que revelassem "necessária" uma afinidade entre nosso presente e o lugar específico de Diderot no mapa intelectual do século XVIII. Se a causa da afinidade vier a se revelar produtiva, teremos de considerar que é efeito do acaso — o que, obviamente, não reduziria sua potencial relevância em nosso presente e em um novo entendimento de Diderot e de sua obra.

*

Nossa fórmula paradoxal, que usaremos como premissa para procurar concretizar uma descrição abrangente do estilo intelectual de Diderot e de sua vida, a fórmula de uma identidade que poderá ter emergido da ausência de uma identidade estável, tem ajudado a nos aproximarmos de um entendimento sobre qual é o estatuto de Diderot em seu próprio ambiente e desenvolver uma primeira questão, uma questão ligada com a relação específica de sua obra ao nosso presente. Mas estamos ainda longe de certos conceitos mais específicos e mais bem ajustados à análise da obra de Diderot. Os comentários de Georg Wilhelm Friedrich Hegel sobre o autor francês, que totalizam dez passagens nas *Obras completas* do filósofo alemão, podem ajudar a avançar nessa direção: talvez ajudem mesmo a dar um passo decisivo. Esses comentários se distribuem pelas três décadas de escrita hegeliana e, sempre que se tornam específicos, não mencionam os tratados filosóficos mais abstratos de Diderot, mas sim uma de suas reflexões sobre pintura, *Jacques, o fatalista* e *O sobrinho de Rameau*, sendo que esses dois últimos textos passaram a integrar o cânone literário. Tudo quanto Hegel afirma sobre Diderot tem particular interesse, porque ele parece não ter tido mesmo um lugar óbvio e sistemático no pensamento do filósofo alemão. Portanto, o estatuto desses comentários teve de se voltar àquilo que Hegel gostava de chamar de "negatividade"; ou, por outras palavras, eram observações e formas de experiência que ofereciam resistência ao pensamento de Hegel, e cujo suprassumir[3] (cuja integração na arquitetura sistemática de sua filosofia) obrigou Hegel a aguçar seus próprios conceitos e argumentos. Precisamente a partir desta perspetiva, e surpreendentemente num primeiro olhar, dado o contraste fundamental entre os modos de pensar dos dois, Diderot haveria de revelar-se importante para Hegel, e essa importância acabou por receber sua merecida atenção acadêmica.[4] Mas, para concretizar o suprassumir das ideias e das percepções de Diderot dentro de seu próprio sistema, Hegel necessitou recorrer (ou pelo menos, tacitamente, pressupor) uma série de conceitos que vão nos ajudar a descrever a obra de Diderot, até mesmo independentemente dos textos de Hegel.

---

3 Recorreu-se ao termo utilizado na tradução brasileira de *Phänomenologie des Geistes* por Paulo de Meneses (com Karl-Heinz Efken e José Nogueira Machado) para verter a expressão hegeliana "das Aufheben," que na versão inglesa de Hans Gumbrecht surge com o nome "sublation" e respectivas declinações verbais e adjetivais (veja-se G.W.F. Hegel, *Fenomenologia do espírito*, 7ª ed., Petrópolis, Vozes, 2002). (N. T.)

4 Veja-se, entre outras análises dessa constelação na história da filosofia, o segundo capítulo ("The honest soul and the disintegrated consciousness" ["A alma honesta e a consciência desintegrada"]), do livro de Lionel Trilling, *Sinceridade e autenticidade* de 1972 [Imprensa da Universidade de Lisboa, 2021]; James Hulbert, "Diderot in Hegel's text: A question of intertextuality" ["Diderot no texto de Hegel: uma questão de intertextualidade"]. In: *Studies in Romanticism* 22 (1983), p.267-91; James Schmidt, "The fool's truth: Diderot, Goethe, and Hegel" ["A verdade do louco: Diderot, Goethe e Hegel"]. In: *Journal of the History of Ideas* 57 (1996), p.625-44. De igual importância para mim foi um excelente ensaio de seminário de Nicholas Fenech, estudante de Literatura Comparada em Stanford, intitulado "The road not taken: Hegel's Diderot and the powers of prose" ["O caminho por trilhar: o Diderot de Hegel e os poderes da prosa"].

Só duas das dez ocorrências em que aparece o nome de Diderot não contêm referência textualmente específica a ele – e ambas surgem na obra tardia de Hegel. Seu livro *Vorlesungen zur Geschichte der Philosophie* [*Palestras sobre História da Filosofia*], publicado postumamente, menciona Diderot, junto com Voltaire, Montesquieu, Rousseau e d'Alembert, como representativos do que "se chamou de Filosofia francesa e mais tarde veio a ser rejeitado como ateísmo" (XX/294). Mais tarde, na mesma sequência de palestras, Diderot surge entre um pequeno número de autoridades intelectuais com quem Friedrich Heinrich Jacobi, colega filósofo de Hegel, contactara numa fase inicial de sua vida intelectual, em Genebra e em Paris (XX/315). Ainda mais interessante é uma passagem, no manuscrito que Hegel escreveu em 1807 sobre *Quem pensa abstratamente?*, no qual ele se refere a *Jacques, o fatalista* como ilustração de sua impressão proto-sociológica de que os criados franceses, aliás, como os criados em qualquer lugar, pensam sobre seus amos a um nível altamente abstrato (hoje talvez disséssemos a um nível pragmático), ao passo que, por oposição com os criados alemães, por exemplo, os aristocratas franceses têm por hábito falar a seus criados num estilo muito "familiar":

> Der vornehme Mann ist familiär mit den Bedienten, der Franzose sogar gut Freund mit ihm; dieser führt, wenn sie allein sind, das grosse Wort, man sehe Diderot's *Jacques et son maître*, der Herr tut nichts als Prisen-Tabak nehmen und nach der Uhr sehen und lässt den Bedienten in allem Übrigen gewähren. [II/580][5]

---

5 Cito o texto original de Hegel a partir de G. W. F. Hegel, *Werke in zwanzig Bänden*, Theorie Werkausgabe (Suhrkamp Verlag / auf der Grundlage der "Werke" von 1832-1845 neu edierte Ausgabe): Frankfurt 1971–. Minha tradução dessa passagem: "O nobre é familiar com o serviçal, o

Se, nesse passo, Hegel usa simplesmente um texto literário com a intenção de reforçar a comprovação de uma de suas inúmeras teses sobre o que é específico na sociedade francesa, a função e o estatuto implicitamente atribuídos às palavras de Diderot, enquanto descrição "tipicamente francesa" de cenas cotidianas, se tornam temáticos, a partir de um ângulo mais geral, num excerto das palestras de Hegel sobre *Estética*, proferidas em 1826:

> In der Poesie ist das gemeine häusliche Leben, das die Rechtschaffenheit, Weltklugheit und Moral des Tages zu seiner Substanz hat, in gewöhnlichen bürgerlichen Verwicklungen, in Szenen und Figuren aus den mittleren und niederen Ständen dargestellt. Bei den Franzosen hat besonders Diderot in diesem Sinn auf Natürlichkeit und Nachahmung des Vorhandenen gedrängt. [XIV/224-25][6]

Hegel prossegue, referindo que, em alguns dos escritos de juventude de Goethe e de Schiller, eles "haviam escolhido um caminho semelhante," mas logo começaram se desviando desse cenário

---

nobre francês é até um bom amigo dele. Quando eles estão sozinhos é o criado quem domina a discussão. É o caso por exemplo de Jacques e seu amo, de Diderot: o senhor não faz mais nada além de inalar tabaco e olhar que horas são, enquanto deixa o criado cuidar do resto." [Para a versão em língua portuguesa, recorreu-se a G. W. F. Hegel, *Quem pensa abstratamente?*, trad. de Charles Feitosa, Síntese Nova Fase, Belo Horizonte, v. 22. n. 69, 1995, p.239. Disponível em: http://www.mom.arq.ufmg.br/mom/02_babel/textos/hegel-quem-pensa-abstratamente.pdf.] (N. T.)

6 "Na poesia, a vulgar vida doméstica, que contém como substância a honestidade, a sabedoria comum e a moralidade do seu tempo, é retratada nas complicações da vulgar vida civil em cenas e figuras retiradas das classes média e baixa. No caso dos franceses, foi principalmente Diderot que insistiu nesse sentido na naturalidade e na imitação do presente." (Hegel, *Hegel's Aesthetics*, p.597-98.)

de "naturalidade e particularidade" na direção de uma "mais profunda substância." Além disso, ele indica Kotzebue, um popularíssimo autor alemão seu contemporâneo, e o ator Iffland, cujas tentativas de evocar o mundo cotidiano ele descreve como "superficiais" e causadoras de "uma moralidade filistina." Mas o que não fica claro aqui é o que se supõe nas descrições da "vulgar vida doméstica" feitas por Diderot para que elas sejam distintas das de Goethe e Schiller e tão superiores às de Kotzebue e Iffland. Tudo quanto podemos dizer é que Hegel associa à superficialidade as descrições do cotidiano feitas por Diderot, mas a uma superficialidade que parece conter uma conotação positiva ainda por explicar.

Perto do final das palestras sobre "Estética," o nome de Diderot aparece outra vez, desta feita num contexto em que Hegel se centra na "carne humana" como um dos desafios mais miméticos que se apresentam a qualquer pintor. O "sabor opaco da alma" (*glanzloser Seelenduft*) revelado na carne humana, diz ele, não pode ser captado em detalhes específicos, i.e., "em cores, pinceladas, pontos materiais," mas apenas numa "vivacidade integral" (*lebendiges Ganzes*). É então que Hegel cita Diderot, na tradução de Goethe, como autoridade capaz de confirmar seu ponto de vista:

> Schon Diderot in dem von Goethe übersetzten Aufsatz über Malerei sagt in dieser Hinsicht: "Wer das Gefühl des Fleisches erreicht hat, ist schon weit gekommen, das übrige ist nichts dagegen. Tausend Maler sind gestorben, ohne das Fleisch gefühlt zu haben, tausend andere werden sterben, ob es zu fühlen." [XV/79][7]

---

7 "Nessa conexão, Diderot diz em seu *Ensaio sobre a pintura*, traduzido por Goethe: O homem que tem o sentido da carne já chegou longe. Tudo

Prosa do mundo

Não surge nem um só conceito filosófico, nessas passagens referentes a Diderot, que possa — ao menos como tentativa — atribuir ao pensamento dele um lugar dentro do pensamento de Hegel. Porém, o comentário sobre o retrato da carne humana possibilita suplementar a única noção inventada por Hegel que, apesar de aqui estar implícita, poderá explicar seu interesse por Diderot. Anteriormente, em sua *Estética*, Hegel havia mencionado meios não ambíguos de se referir ao corpo humano e a outros fenômenos não espirituais e utilizou para eles a expressão "prosa da existência humana," que ele depois desenvolve em profusão:

> Der menschliche Organismus in seinem leiblichen Dasein fällt [...] einer Abhängigkeit von den äußeren Naturmächten anheim, und ist der gleichen Zufälligkeit, unbefriedigten Naturbedürfnissen, zerstörenden Krankheiten wie jeder Art des Mangels und Elendes bloßgestellt.
>
> Weiter herauf in der unmittelbaren Wirklichkeit der geistigen Interessen erscheint die Abhängigkeit erst recht in der vollständigsten Relativität. Hier tut sich die ganze Breite der Prosa im menschlichen Dasein auf. Schon der Kontrast der bloß fysischen Lebenszwecke gegen die höheren des Geistes, indem sie sich wechselseitig hemmen, stören und auslöschen können, ist dieser Art. Sodann muss der einzelne Mensch, um sich in seiner Einzelheit zu erhalten, sich vielfach zum Mittel für andere machen, ihren beschränkten Zwecken dienen, und setzt die anderen, um seine eigenen engen Interessen zu befriedigen, ebenfalls zu blossen Mitteln herab. Das Individuum, wie es

---

o resto nada vale em comparação. Milhares de pintores morreram sem ter chegado a senti-lo, e mais outros milhares morrerão sem o sentir." (848).

dieser Welt des Alltäglichen und der Prosa erscheint, ist deshalb nicht aus seiner eigenen Totalität tätig und nicht aus sich selbst, sondern aus anderem verständlich. [XIII/197][8]

Quero sublinhar desde já que "prosa", enquanto noção hegeliana que pretendo aplicar à obra e à vida de Diderot, não está exclusivamente relacionada àquilo que poderíamos facilmente considerar objetos em sua "materialidade" ou em sua pertença à "Natureza". "Prosa" se refere, de fato, a tudo o que não pode ser assimilado e subsumido como pensamento humano em seu caráter conceitual abstrato. Por essa razão, "prosa" também significa aleatório, dependência, desejos insatisfeitos, fragmentação (*Partikelchen des Ganzen* [XIII/198]) e singularidade, tudo aquilo que "interrompe, irrita e destrói" os voos do espírito, tudo

---

8 "O organismo humano em sua existência corpórea ainda está sujeito, embora não na mesma medida, a uma dependência semelhante dos poderes externos da natureza. Está exposto ao mesmo acaso, às mesmas necessidades naturais não satisfeitas, doenças destruidoras, e a todo o tipo de lacunas e miséria.

Se nos elevarmos, i.e., se formos até à atualidade imediata dos interesses espirituais, descobrimos que essa dependência de fato só surge aqui na mais total relatividade. Aqui se revela a amplitude completa da prosa na existência humana. Esse é o tipo de coisa já presente no contraste entre os objetivos vitais puramente físicos e os mais elevados objetivos do espírito, pois ambos podem reciprocamente se impedir, perturbar e anular um ao outro. Em consequência, para preservar a sua individualidade, o homem individual frequentemente tem de tornar-se um meio para os outros, tem de sujeitar seus objetivos limitados e do mesmo modo tem de reduzir os outros a meros meios para satisfazer seus próprios interesses. Por isso, o indivíduo, tal como surge nesse mundo de prosa e de cotidiano, não está ativo desde a totalidade de seu próprio ser e de seus recursos, e ele é inteligível não a partir de si mesmo, mas a partir de outra coisa." (149-50)

aquilo, afinal, que nem é espiritual nem é controlado por conceitos ou estruturas.

No final do complexo excerto da *Estética* que citei anteriormente, Hegel volta a usar a noção de "prosa" do mundo e acrescenta "finitude", "mutabilidade", "embaraço com o relativo", e "vivacidade" a suas componentes semânticas. Assim, a prosa se torna a dimensão central da "negatividade", pois esses fenômenos, como já afirmei, não têm lugar no sistema hegeliano e, por isso, impelem inevitável e permanentemente para o suprassumir:

> Dies ist die Prosa der Welt, wie dieselbe wohl dem eigenen als auch dem Bewußtsein des anderen erscheint, eine Welt der Endlichkeit und Veränderlichkeit, der Verflechtung in Relatives und des Drucks der Notwendigkeit, dem sich der Einzelne nicht zu entziehen imstande ist. Denn jedes sich vereinzelte Lebendige bleibt in dem Widerspruche stehen, sich für sich selbst als dieses abgeschlossene Eins zu sein, doch ebensosehr von anderem abzuhängen, und der Kampf um die Lösung des Widerspruchs kommt nicht über den Versuch und die Fortdauer des steten Krieges hinaus. [XIII/199][9]

Em um dos capítulos finais da *Estética*, Hegel regressa ao conceito de "prosa" com um sentido menos metonímico, ao distinguir a "obra de arte poética" da "prosa" enquanto seu oposto.

---

9 "Isso é a prosa do mundo tal como surge à consciência quer do próprio indivíduo quer dos outros: – um mundo de finitude e de mutabilidade, de enredamento no relativo, na pressão da necessidade de que o indivíduo não está em posição de se retirar. Porque cada coisa viva isolada está encarcerada na contradição de ser ela mesma a seus olhos essa unidade firme e, ao mesmo tempo, de estar dependente de qualquer outra coisa, e a luta para resolver essa contradição não vai além da tentativa e da continuação desse eterno combate." (151).

Hans Ulrich Gumbrecht

O objetivo que pretende atingir, aqui, é descrever aquilo que ele chama de "poético," eliminando, por serem "prosa," fenômenos e camadas ontológicas que não podem se conciliar com o espírito. Se Hegel afirma que os atos de "percepção, formação e enunciação" são "puramente teóricos," e, com isso, pertencem ao que ele chama de "poético," então, pelo contrário, tudo quanto é "prático" deve ficar do lado da prosa (XV/241), o que vale sobretudo para a natureza e para o corpo humano enquanto base e pré-condição:

> Was zunächst den Inhalt angeht, der sich für die poetische Konzeption eignet, so können wir [...] sogleich das Äußerliche als solches, die Naturdinge ausschließen; die Poesie hat nicht Sonne, Berge, Wald, Landschaften oder die äußere Menschengestalt, Blut, Nerven, Muskeln usf., sondern geistige Interessen zu ihrem eigentlichen Gegenstande. Denn so sehr wie sie auch das Element der Anschauung und Veranschaulichung in sich trägt, so bleibt sie doch auch in dieser Rücksicht geistige Tätigkeit und arbeitet nur für die innere Anschauung, der das Geistige nähersteht und gemäßer ist als die Außendinge in ihrer konkreten sinnlichen Erscheinung." [XV/239][10]

---

10 "No que diz respeito ao conteúdo, adequado à conceção poética, podemos [...] excluir imediatamente o externo como tal, as coisas naturais. A matéria propriamente dita da poesia são os interesses espirituais, não o sol, as montanhas, a floresta, as paisagens ou a forma humana externa, sangue, nervos, músculos, etc. Por mais que contenha o elemento de percepção e de visualização em si mesma, a poesia ainda é uma atividade espiritual e só funciona para a perceção *interna*, da qual o espiritual está mais próximo e é mais apropriado do que as coisas *externas* em sua aparência sensual concreta." (973)

Precisamente nesse sentido, a prosa de Diderot, com suas descrições de "matérias domésticas" e sua ausência de "profundeza" ou "profundidade," uma prosa cuja qualidade Hegel já reconhecera, um pouco surpreendentemente, na comparação que fez com tentativas semelhantes de autores e artistas alemães, essa prosa se centra em "fenômenos externos em sua aparência concreta e sensorial." Porém, no contexto da reflexão sobre "a obra de arte poética" fica claro que a palavra "prosa," associada por Hegel com "o pensamento comum" (*gewöhnliches Bewußtsein*), não só aponta para fenômenos incompatíveis com o "espírito," mas também inclui configurações e padrões específicos, nos quais esses fenômenos concretos se apresentam aos sentidos humanos. São configurações e padrões que constrangem visões mais holísticas ou orgânicas:

> Andererseits läßt das gewöhnliche Bewußtsein sich auf den inneren Zusammenhang, auf das Wesentliche der Dinge, auf Gründe, Ursachen, Zwecke usf. gar nicht ein, sondern begnügt sich damit, das, was ist und geschieht, als bloß Einzelnes, d.h. seiner bedeutungslosen Zufälligkeit nach, aufzunehmen. [...] Das Verstehen einer verständig zusammenhängenden Welt und deren Relationen ist dann nur mit dem Blick in ein Neben- und Durcheinander von Gleichgültigem vertauscht, das wohl eine große Breite äußerlicher Lebendigkeit haben kann, aber das tiefere Bedürfnis schlechthin unbefriedigt läßt. [XV/243][11]

---

11 "Por outro lado, a consciência *comum* não se envolve com o contexto interno, no essencial das coisas, nas razões, causas, propósitos, etc.; ao contrário, ela se contenta em absorver o que existe e o que acontece como mera coisa ou evento individual, ou seja, de acordo com sua contingência sem sentido. [...] A compreensão de um mundo

Uma ambiguidade atravessa estas reflexões, uma ambiguidade de que Hegel talvez esteja consciente. Aquilo que ele refere como "prosaico" se opõe, e talvez o obstrua até, ao ímpeto do espírito na direção de formas sintéticas de experiência e de compreensão – e, apesar disso, ele concede ao "prosaico," em sua concretude, singularidade e justaposição, a qualidade de uma "vivacidade exterior." Essa vivacidade deve ter sido o mais importante fundamento implícito – talvez até mesmo pré-consciente – que fez com que ele valorizasse os textos de Diderot sobre a "vida doméstica."

Duas décadas antes das palestras de Hegel sobre *Estética*, surgira uma reação muito mais violenta a uma estrutura que, de um ponto de vista epistemológico, se assemelhava à "prosa do mundo": foi em *Fenomenologia do espírito*, primeiro livro de Hegel, publicado em 1807. Já nessa altura, Hegel se referia a um texto de Diderot, mais precisamente a *O sobrinho de Rameau*, na tradução de Goethe, que saíra em 1805. Mas, diferente da distância que mantivera em 1826 entre o espírito e a obra de arte poética, por um lado, e a "prosa do mundo" por outro, o jovem Hegel optou firmemente por aquilo que talvez acreditasse ser o lado de Diderot no mesmo contraste semântico, ficcionalmente evocado em *O sobrinho de Rameau* pelo contraste entre o filósofo ("EU") e o sobrinho de Rameau ("ELE") enquanto existência socialmente marginal. A passagem de *Fenomenologia do espírito* que estou referindo é dedicada a analisar o conceito de *Bildung*.

---

inteligentemente coerente e suas relações é então apenas trocada pela visão em uma justaposição e confusão de coisas indiferentes, que pode muito bem ter grande amplitude de vitalidade externa, mas que simplesmente deixa insatisfeita a necessidade mais profunda." (976)

Prosa do mundo

Hegel entende por *Bildung* o processo existencial pelo qual a mente (o "espírito") tem de abandonar-se ("externalização") a fim de tornar-se estranha a si mesma ("alienação") e, por fim, regressar a si mesma com maior grau de individualidade, complexidade e reflexão. Não é suposto existir nenhuma mente individual que não passe por esse movimento:

> Die Welt [des] Geistes zerfällt in die gedoppelte [Welt]: die erste ist die Welt der Wirklichkeit oder seiner Entfremdung selbst; die andere aber die, welche er, über die erste sich erhebend, im Äther des reinen Bewußtseins sich erbaut. Diese, jener Entfremdung entgegengesetzt, ist eben darum nicht frei davon, sondern vielmehr nur die andere Form der Entfremdung, welche eben darin besteht, in zweierlei Welten das Bewußtsein zu haben, und beide umfaßt. [III/362f][12]

Se as palestras de Hegel sobre *Estética*, como afirmei, tendem a manter separados o "poético" e o "prosaico" e, por assim dizer, tendem a mantê-los numa relação hierárquica que conduz ao suprassumir do prosaico em direção a um enquadramento mental poético, a *Fenomenologia*, pelo contrário e de certa forma surpreendentemente, sublinha a tensão básica entre alienação e pura consciência. Essa é descrita como "consciência dividida" (*zerrissenes Bewußtsein*) e se torna no princípio positivo decisivo

---

12 "O mundo do espírito se divide no mundo duplo: o primeiro é o mundo da realidade ou de sua autoalienação; o outro, porém, é aquilo em que ele se eleva acima do primeiro, que constrói para si mesmo no éter da pura consciência. Por oposição a essa alienação, não está livre dela, mas apenas da outra forma de alienação, que consiste precisamente em ter consciência em dois mundos diferentes e englobar a ambos." (Hegel, *Phenomenology of Spirit*, p.297-98).

47

na dinâmica de *Bildung*, talvez possamos dizer até um princípio de desassossego positivo. No começo desse capítulo, Hegel cita algumas palavras (por assim dizer) da boca do sobrinho de Rameau, o escandaloso protagonista de Diderot, num comentário desdenhoso sobre seus contemporâneos que, por não serem "divididos" o suficiente, e logo, por não serem suficientemente "individuais," podem se constituir como conceitos de diferentes tipos sociais (*Arten*). Ser um tipo, afirma Hegel, é "de todos os apelidos o mais assustador; pois significa mediocridade e expressa o mais alto nível de desprezo" (III/354)[13].

Poucas páginas adiante, na *Fenomenologia do espírito*, o protagonista de Diderot, que Hegel entende como a ilustração e a encarnação ficcional da "consciência dividida," ressurge como verdadeiramente surpreendente objeto de entusiasmo e até de identificação. Num discurso que mistura palavras citadas da tradução de Goethe de *O sobrinho de Rameau* e os próprios conceitos filosóficos de Hegel, o argumento sobre *Bildung* se transforma numa diatribe contra a lhaneza da "mente quieta" e pura do filósofo ("eu") e contra sua "honestidade" bem-intencionada e unidimensional:

> Der Inhalt der Rede des Geistes von und über sich selbst ist also die Verkehrung aller Begriffe und Realitäten, der allgemeine Betrug seiner selbst und der anderen; und die Schamlosigkeit, diesen Betrug zu sagen, ist eben darum die größte Wahrheit. Diese Rede ist die Verrücktheit des Musikers, der "dreißig Arien, italienische,

---

13 "Von allen Spitznamen der fürchterlichste; denn er bezeichnet die Mittelmäßigkeit und druckt die höchste Stufe der Verachtung aus." (N. T.)

französische, tragische, komische von aller Art Charakter, häufte und vermischte, bald mit einem tiefen Baß stieg er bis in die Hölle, dann zog er die Kehle zusammen, und mit einem Fistelton zerriß er die Höhe der Lüfte..., wechselweise rasend, besänftigt, gebieterisch und spöttisch." – Dem ruhigen Bewußtsein, das ehrlicherweise die Melodie des Guten und Wahren in die Gleichheit der Töne, d.h. heißt in eine Note setzt, erscheint diese Rede als "eine Faselei von Weisheit und Tollheit, als ein Gemisch von ebenso viel Geschick, von ebenso richtigen als falschen Ideen, von einer so völligen Verkehrtheit der Empfindung, so vollkommener Schändlichkeit als gänzlicher Offenheit und Wahrheit." [III/387][14]

O pressuposto e a conclusão do capítulo sobre *Bildung* na *Fenomenologia* de Hegel são que, a fim de atingir um "nível mais elevado de consciência," o espírito precisa regressar a si mesmo, desde um estado "de confusão enquanto espírito" (*Verwirrung als Geist* [III/389]). Não só o protagonista de Diderot surge defendendo essa produtiva e necessária confusão, mas podemos

---

14 "O conteúdo do discurso do espírito acerca de e sobre si mesmo é, portanto, a perversão de todos os conceitos e realidades, o engano geral de si mesmo e dos outros; e a vergonha de dizer esse engano é, por isso mesmo, a maior verdade. Esse discurso é a loucura do músico que '[j]unta e embaralha trinta árias italianas, francesas, trágicas, cômicas, de todo tipo. Ora a voz de baixo descendo até os infernos, ora esganiçando como um falsete, rasga o alto das árias, [...] sucessivamente furioso, abrandado, imperioso, gozador.' – Para a consciência serena, que honestamente coloca a melodia do bem e da verdade na igualdade de tons, ou seja, em uma nota só, esta fala aparece como 'uma baba de sabedoria e loucura, uma mistura de tanta habilidade, de ideias tão corretas quanto falsas, de uma perversão tão completa de sentimentos, de uma vergonha tão completa quanto de uma abertura e verdade completas'." (318-19)

mesmo assumir que aqui identificamos, na perspectiva de Hegel, a razão pela qual a "prosa do mundo" de Diderot se aproximava o mais possível do estatuto de dimensão necessária e fase a caminho de *Bildung*, dimensão e fase a serem trabalhadas na direção da individualidade e de sua complexidade intelectual.

*

Apesar de tudo, não seria viável concluir de nossa leitura dessa passagem da *Fenomenologia* que existe uma afinidade geral (ou mesmo semelhança) entre o sistema filosófico geral de Hegel e o pensamento de Diderot com suas posições sempre em mudança. É que a identificação de Hegel (enquanto autor) com o sobrinho de Rameau (enquanto protagonista de Diderot) surgiu num momento inicial de sua trajetória filosófica e no contexto muito específico de um capítulo sobre *Bildung*. Ao invés de levar demasiado a sério esse momento filosófico único de proximidade e convergência, pretendo me centrar agora nos conceitos que obtivemos ao nos concentrarmos microscopicamente sobre os textos de Hegel, para descrever a diferença fundamental entre Diderot e ele. Farei isso de modo a apresentar o esquema de uma visão mais ampla da situação histórica que Diderot integrava e na qual ele ocupava um lugar intelectual difícil de identificar. Mais precisamente, tentarei demonstrar, por um lado, que a filosofia de Hegel formava parte e era uma força motriz dentro da emergência daquilo que podemos chamar de "mundivisão histórica" enquanto estrutura epistemológica predominante da cultura ocidental ao longo do século XIX e da primeira metade do século XX; e que, por outro lado, a obra de Diderot (e a obra de outros autores e artistas seus contemporâneos) pode simbolizar uma posição intelectual e epistemológica que se manteve institucionalmente periférica durante esse período, sem ter estado nunca desligada do movimento mais central nem ter sido ativamente reprimida. Ao defender esse argumento, estará implícito que a mundivisão histórica teve uma tendência inerente para identificar e canonizar, retrospetivamente, a maior parte do século XVIII intelectual com sua pré-história sob o conceito de "Iluminismo", ao passo que a obra de Diderot e seu estilo intelectual não encontram lugar adequado nesse mesmo contexto.

Começo o meu esboço de uma narrativa histórica defendendo que é possível identificar com exatidão a habitualização da posição de um observador de segunda ordem, i.e., a inevitabilidade, para um pequeno grupo social, de observar-se a si mesmo no ato de observação-do-mundo, como passo decisivo para a formação da mundivisão histórica desde o terceiro quartel do século XVIII.[15] O grupo social que estou me referindo eram os "filósofos" do século XVIII, e é importante insistir que estamos falando sobre a habitualização da observação de segunda ordem por oposição à possibilidade geral de auto-observação, que, enquanto uma das estruturas e um dos gestos definidores da mente humana, sempre existiu. Ora, um observador de segunda ordem, ao contrário de um observador externo puramente espiritual ("de primeira ordem") do mundo material, tal como vinha se tornando uma instituição desde o começo da Modernidade (sendo a filosofia de Descartes sua condensação

---

15 Desde o início do meu segundo capítulo de *Produção de Presença — o que o sentido não consegue transmitir*, já descrevi esse processo por várias vezes (espero que sempre com maior precisão e complexidade: veja-se *Depois de 1945 — latência como origem do presente*, *Nosso amplo presente* e *Zum Zeitbegriff in den Geisteswissenschaften*.

mais visível), uma observadora de segunda ordem não consegue deixar de fazer pelo menos duas descobertas que não estavam acessíveis ao observador cartesiano.

Essa observadora descobrirá, em primeiro lugar, que o resultado de cada ato de observação do mundo (ou seja, o conhecimento adquirido através dele e de sua potencial representação) dependerá de seu ponto de vista específico; e, uma vez que está consciente da potencial infinitude de tais pontos de vista, ele concluirá que também existe uma potencial infinitude de representações para cada objeto de referência. Ao invés de celebrar a riqueza concetual de um tal "perspectivismo" (conforme tendemos a fazer no século XXI, recorrendo à palavra "contingência"), muitos de nossos antecessores setecentistas ficaram confusos com esta experiência e com o medo subsequente de que objetos de referência autoidênticos pudessem, afinal, não existir por detrás de tal potencial infinitude de representações. A chamada "Kant Krise" na vida de Heinrich von Kleist, um jovem oficial de artilharia — e escritor — da aristocracia prussiana é um caso que ilustra até que ponto esse medo se tornara existencialmente real. Após ter lido apenas umas páginas dos escritos críticos de Kant, Kleist caiu num profundo estado de irritação, depressão e incerteza em relação à acessibilidade palpável do mundo material em que vivia e que, enquanto objeto de referência e descrição precisas, era fulcral para sua obra. A situação é tanto mais emblemática quanto Kleist, não muito diferente de Diderot, seria um daqueles intelectuais de seu tempo cujas obras não conseguem achar lugar óbvio dentro de nossa visão do Iluminismo.

A segunda descoberta que uma habitual observadora de segunda ordem do mundo não pôde deixar de fazer, contra a corrente da apropriação "cartesiana" do mundo exclusivamente conceitual, que chamamos de "experiência", foi a tensão, até mesmo a incompatibilidade, entre "percepção" (uma apropriação do mundo que quase não afeta os sentidos do corpo, sem a necessária participação da consciência) e a "experiência" (ou seja, objetos de percepção transformados em "objetos intencionais" e que são interpretados em nossas consciências). Essa tensão marcou o lugar epistemológico do "Materialismo" setecentista a que Diderot dedicou um bom número de reflexões e de tratados. A questão de saber se – e, em caso afirmativo, como – seria possível encontrar uma convergência ou uma compatibilidade entre a experiência e a percepção não teve até hoje qualquer resposta definitiva (talvez com a exceção da Relatividade einsteiniana) –, não apenas por conta de sua complexidade, mas também porque, por volta de 1800, essa questão começou a sumir das principais discussões intelectuais. Se os dois problemas causados pela emergência da observação de segunda ordem – ou seja, o problema do perspectivismo (da contingência) e o problema do materialismo – podem ser amplamente documentados como parte das discussões contemporâneas, aquilo que agora referirei como "soluções" não resultaram de tentativas nem de esforços individuais específicos, mas foram antes parte de uma série de transformações epistemológicas mais gerais, que eram a base da vida intelectual da época de 1800 – às quais só a partir de nossa própria retrospectiva histórica podemos atribuir a função e o estatuto de respostas para questões em aberto.[16]

---

16 A clarificação deste argumento começou num debate com Alexander Nehamas, depois de uma palestra sobre Diderot que dei na Universidade de Princeton em abril de 2015.

Já referi a primeira das "respostas" e das "soluções" não intencionais. Foi o sumiço, nas discussões intelectuais predominantes por volta de 1800, da questão relativa à compatibilidade entre "experiência" e "percepção". Também já vimos que, desde a *Fenomenologia do espírito*, o conceito hegeliano de "suprassumir" transformara-se num processo capaz de absorver essa tensão, integrando tudo o que possamos referir como "prosa do mundo" no movimento através do qual o espírito ganha total autoconsciência (provavelmente, isso acontecia mais no caso dos leitores de Hegel do que no próprio pensamento e nos escritos dele). Pelo contrário, a "solução" para o perspectivismo haveria de transformar o problema respectivo e seu potencial de irritação numa base para a mundivisão histórica emergente.

Podemos descrever essa solução como a substituição progressiva de uma forma especular de apropriação do mundo e de representação do mundo (a descrição canônica de cada fenômeno, como, por exemplo, pressupunha a *Enciclopédia*) pela forma da narrativa enquanto padrão epistemológico elementar. A partir do começo do século XIX (e por oposição com os padrões predominantes em torno de 1750), as questões sobre a identidade de um lugar ou de uma nação ("O que é a França?") eram, assim, cada vez mais respondidas através de narrativas (narrativas "históricas," como ainda hoje chamamos); do mesmo modo, as questões relacionadas com fenômenos da natureza ("O que é um cavalo?") encontrariam respostas "evolutivas," usando formas diferentes, mas estruturalmente semelhantes de narração. A *Fenomenologia do espírito* de Hegel fazia parte desse movimento, pois apresentava uma análise e uma definição do "Espírito" em forma de narrativa, com base numa longa sequência de fases pelas quais a mente humana deveria

Prosa do mundo

passar, individual e coletivamente, no seu percurso em direção ao "conhecimento absoluto" (daí o título do capítulo final).

Mas como pôde tal "narrativização," em níveis múltiplos do conhecimento, tomar conta do desafio apresentado pelo perspectivismo e pela contingência? Isso foi possível porque, enquanto forma, as narrações conseguem integrar diferentes visões de fenômenos supostamente idênticos e, logo, neutralizar a provocação intelectual específica do perspectivismo que mais justamente é captada pela palavra alemã *Kontingenz* (como explicarei no capítulo 4). Através da solução que o perspectivismo achou, por meio da narrativização, *Kontingenz*, sobretudo na filosofia de Hegel, se transformou em "necessidade." Por isso, as narrativas históricas, evolutivas e filosóficas desde começos do século XIX não apenas neutralizaram os problemas do perspectivismo e de *Kontingenz*, mas também acabaram sugerindo que o que tinha acontecido no passado não poderia ter acontecido em moldes diferentes. Consequentemente, deram à análise histórica a aura de possuir poderes de prognóstico – mais precisamente, de conseguir identificar regularidades ("leis") de transformação histórica que poderiam se projetar no futuro.

Tal como afirmei antes, essa mundivisão histórica emergente não era exclusiva do sistema filosófico de Hegel. Ela se concretizou em versões e formas muito diferentes e por vezes menos complexas. Claramente, por um lado, suas fases iniciais haviam sido condição de enquadramento para o desenvolvimento da filosofia de Hegel; enquanto, não só na forma específica do marxismo, os conceitos e argumentos hegelianos muito mais explicitamente definidos haveriam de tornar-se muito úteis para uma análise do passado e do presente orientada para a *praxis*. Com base na tendência geral para a narrativização (que Michel

Foucault chamou de *historisation des êtres*), a mundivisão histórica se tornou uma "construção social da temporalidade," específica e englobante. Emergiu, em primeiro lugar, como forma do tempo em que o passado deveria retroceder até uma distância cada vez maior em relação ao presente que estava acontecendo, e depois ir perdendo progressivamente sua capacidade de orientação. Simultaneamente, trabalhar através do passado ("entender o passado") era visto como condição no processo de ultrapassagem dos efeitos potencialmente traumáticos que poderia haver causado. Em segundo lugar, e em contraponto, dentro da mundivisão histórica, o futuro surgia como horizonte aberto de possibilidades, entre as quais poderia se escolher e dar forma ao mundo. Em terceiro lugar, entre este futuro (aberto) e aquele passado (que se afastava), o presente se contraía, tornando-se um "momento imperceptivelmente curto de transição", conforme Charles Baudelaire descreveu no seu ensaio de 1863 sobre "O pintor da vida moderna". Em quarto lugar, esse presente mínimo se tornou o lugar epistemológico para o Sujeito enquanto forma de autorreferência humana, que era visto como consciência pura (no sentido cartesiano) e que, com base na experiência extraída do passado, era realmente capaz de escolher entre as possibilidades do futuro. Isso era um comportamento que correspondia ao conceito de "ação," assim como tinha estado cada vez mais no centro das formas de autorreferência humana desde o Iluminismo. Finalmente, de acordo com a mundivisão histórica, nenhum fenômeno poderia resistir às modalidades de transformação – mais lenta ou mais rápida – ao longo do tempo.

Por volta do ano de 1830 (e até o final do século XX), essa mundivisão estava tão fortemente institucionalizada que parecia perder todas as conotações de ser algo em si mesmo "historicamente" específico, e antes era vista como parte de uma "condição humana" aparentemente eterna. Foi assim que, durante mais de um século e meio, ela constituiu não só a base do "Evolucionismo" e da "Filosofia da História," mas também, tendo por princípio as adoções conjuntas de um futuro aberto e do tempo como agente inevitável de mudança, a matriz quer do capitalismo quer do socialismo, enquanto princípios opostos de comportamento econômico e político. Foi predominante no centro do pensamento ocidental à medida que este começou a se propagar no mundo durante o século XIX com o processo de colonização.

*

Se, conforme sugeri, a filosofia de Hegel pode se entender como um desenvolvimento extremamente condensado e altamente diferenciado do potencial conceitual e epistemológico inerente à mundivisão histórica, então a reação do filósofo alemão a uma série de motivos no pensamento de Diderot confirma a impressão de que a obra do pensador francês não pode facilmente subsumir-se sob a categoria de "Iluminismo", entendida como conceito através do qual a mundivisão histórica interpretou parte da vida intelectual do século XVIII como sua própria pré-história. Ou, mais diretamente: o pensamento e a escrita de Diderot eram fundamentalmente diferentes tanto da mundivisão histórica quanto daquilo que a mundivisão histórica começou por apresentar como sua própria pré-história sob a designação de "Iluminismo". Podemos descrever essa diferença a partir de duas perspectivas, a saber: a perspectiva de como o mundo deve ter-se apresentado a Diderot e a perspectiva de como ele reagiu ao seu (nem "iluminado" nem "histórico") mundo. Ambas as perspectivas podem ser também interpretadas como reação específica de Diderot (ou como sua falta de reação enquanto busca de problemas) aos dois problemas que haviam emergido do papel da observação de segunda ordem. Portanto, meu primeiro esquema, breve e naturalmente preliminar, das bases do pensamento de Diderot – naquilo que o diferencia do Iluminismo – terá quatro partes (duas reações para cada um dos dois problemas principais), a que depois somarei um comentário sobre sua relação com o tempo e com a "História" enquanto premissa epistemológica. Porém, essas cinco observações sobre Diderot não correspondem simetricamente (nem por contraposição) aos cinco elementos através dos quais tentei antes descrever a mundivisão histórica.

Sobretudo, no pensamento e nos escritos de Diderot, o mundo tende a se apresentar como se para ele os dois problemas surgidos pela emergência da observação de segunda ordem – o perspectivismo e a tensão entre a experiência e a percepção –, que tanto impressionaram muitos pensadores seus contemporâneos, nunca tivessem existido (o que pode muito bem ser verdade). Menos ainda ele participou nas "soluções" que esses problemas mais tarde encontrariam. Ao invés de ficar irritado com a multiplicidade e a potencial infinitude de perspectivas em que supostamente fenômenos autoidênticos poderiam surgir, acolher essa complexidade tornou-se a primeira e mais definidora característica do estilo intelectual de Diderot. O seu mundo era um mundo de *Kontingenz*, um mundo em que os fenômenos sempre provocavam reações múltiplas e, por isso, exigiam uma abertura permanente. Cada vez que ele regressava a um fenômeno ou a uma questão, dentro de textos particulares e dentro de toda a obra de sua vida, Diderot conseguia sempre achar novas reações, interpretações e mais questões. Para ele, nenhuma posição intelectual era definitiva, nem se faziam afirmações sobre qualquer "necessidade" histórica ou lógica. Essa presença particular da complexidade do mundo no pensamento de Diderot foi o que suscitou, como vimos, os conceitos hegelianos de acaso, relatividade e mutabilidade (*Zufälligkeit*, *Relativität* e *Veränderlichkeit*), que Hegel utilizou para caracterizar negativamente a "prosa do mundo". Podemos ainda associar a tendência de Diderot de focar-se nos objetos do mundo em sua individualidade, até mesmo em sua singularidade, ao conceito de *Kontingenz* enquanto multiplicidade não reduzida de perspectivas.

Mas a individualidade e a singularidade, enquanto modos de atenção e premissas sob as quais o mundo se apresentava a si mesmo, convergiam também em parte, em segundo lugar, com a substância do mundo de Diderot, que podia ser ao mesmo tempo material (enquanto objeto de percepção) e espiritual (enquanto objeto de experiência). Porque, tal como vimos, não fazia parte dos gestos intelectuais de Diderot subsumir os objetos em sua materialidade sob conceitos gerais. Mais do que preocupar-se com as relações múltiplas entre matéria e espírito (i.e., com o segundo problema emergente da observação de segunda ordem), Diderot se deleitava em descrever suas configurações individuais concretas, o que tornava sua singularidade apenas mais notória. Existe uma afinidade epistemológica ainda por explorar entre o mundo de Diderot, que se apresenta a si mesmo como ao mesmo tempo material e espiritual (sem incluir uma fórmula que pudesse tornar compatíveis essas duas dimensões) e os elementos estruturais de *Abhängigkeit* ("dependência" mútua entre os fenômenos espirituais e materiais) e *Lebendigkeit* ("vivacidade") interna enquanto dimensões dentro do conceito hegeliano de "prosa do mundo".

Em terceiro lugar, em termos das reações de Diderot ao mundo, foi crucial a faculdade de julgar como operação que se tornou tão ubíqua em seus textos que corremos o risco paradoxal de negligenciá-la. Entendo "faculdade de julgar" no sentido de um gesto através do qual podemos reagir aos mundos de *Kontingenz* — sob as duas premissas de que cada situação em que julgamos é individual e que não existem princípios nem critérios gerais capazes de prometer nem garantir a qualidade da faculdade de julgar e seus efeitos benéficos. Nada estava mais distante da prática diderotiana da faculdade de julgar, ao longo da vida de Diderot, do que os programas ou "sistemas" abstratos e internamente coerentes. Porém, se um mundo de *Kontingenz* necessitava e acionava a faculdade de julgar como forma de vida intelectual, em quarto lugar, o Materialismo enquanto moldura obsessiva de reflexão reagia a uma mundivisão na qual matéria e espírito não estavam categoricamente separados. O Materialismo de Diderot se tornou obsessivo porque regressava ao mesmo tipo de problemas, isto é, ao enredamento e à dependência mútua entre espírito e matéria, num infinito de casos individuais. Ele era movido por um desejo de monismo enquanto possibilidade de ver matéria e espírito como um só — portanto, uma reflexão que procurava evitar distinções muito definidas e a que mais atraíam as nuances e as transições suaves. Mas o Materialismo também se tornava um modo específico de referir-se a si mesmo e de estar no mundo. Porque o mundo, vivido enquanto matéria e espírito, atraía (e nunca em separado) quer a mente quer os sentidos, e não permitia experiência alguma que não fosse permeada pelos vestígios da percepção. Como tal, também surgia no estilo específico de sociabilidade de Diderot.

Por fim, aquilo que ficava ausente das reações intelectuais do mundo de Diderot ao mundo era a temporalidade, ou, mais precisamente, o tempo enquanto economia, o tempo enquanto distância e o tempo enquanto meio flexível para exigências de necessidade lógica (como Hegel tão magistralmente a usou). Dedicado a tantas tarefas e com fascinações tão diferentes, Diderot, conforme afirmei, nunca parecia apressado. Talvez seja essa a base existencial para a observação epistemológica de que não existe diferença categorial discernível, em seu pensamento e em sua escrita, entre a importância das ideias, dos fenômenos e dos eventos do presente e do passado; e, sobre tal base, havia ainda menos interesse em detetar estruturas regulares sujeitas a processos de transformação ou na predição do futuro. Por isso, não é rigoroso afirmar que Diderot não possuía uma concepção do "tempo" ou da "História" diferente da de Hegel – ele simplesmente parece não ter-se jamais interessado em desenvolver essa concepção.

*

Em resultado dessa descrição ainda muito abstrata e inevitavelmente esquemática da obra e do estilo intelectual de Diderot, polemizar em voz alta contra sua identidade de manual como "intelectual do Iluminismo" seria nada mais do que um banal caso de nominalismo acadêmico. Afinal, ele se sentia confortável e muito ativo na República das Letras do século XVIII e tinha em comum com outros autores, que melhor encaixam em nossa imagem padrão de seu período histórico, várias leituras, tópicos, questionamentos e até inimigos. Aquilo que, à primeira vista, parece fazer destacar Diderot do centro do Iluminismo é uma distância em relação à "racionalidade" enquanto tendência consistente para a abstração, o argumento e a orientação para objetivos – e talvez mesmo uma ausência de paixão pela libertação de "formas de dependência autoimpostas" (no sentido da definição canônica do Iluminismo segundo Kant). Essa dupla distância pode justificar a razão pela qual, apesar de sua incomum (e até única) popularidade entre leitores intelectuais, Diderot não teve nunca um lugar estável no cânone literário e filosófico.

Existe entre os historiadores culturais uma tendência padrão de apresentar protagonistas que, tal como Diderot, parecem excêntricos em seu próprio presente, como "precursores" de seu futuro. Alguns dos escritos de Rousseau, por exemplo, são frequentemente destacados como representativos de uma "sensibilidade pré-romântica". A par do implícito efeito problemático (e talvez nem sempre não intencional) de atribuir o epíteto de "gênio" a autores e artistas que supostamente anteciparam os tópicos e o estilo de sua posteridade, isso normalmente acaba sendo só uma desculpa para a falta de explicação histórica – é, portanto, de fato uma bênção que Diderot quase nunca tenha sido associado ao Romantismo. Seus textos, afinal de contas, não têm o fascínio pelos domínios internos de sua individualidade e por aquelas formas precárias e extáticas de sua expressão que consideramos "tipicamente românticas" – ao contrário, eram casuais, por vezes distantes e por vezes mesmo irônicos a esse respeito. Em vez de ser particularmente egocêntrico, Diderot, como tentei mostrar, deve ter sido sensível ao mundo material e aberto ao mundo social que o rodeava, o que incluía ser generoso no compartilhamento de suas reações.

Por todos esses motivos, proponho que se entenda esse legado intelectual como fundacional para uma configuração epistemológica e para um estilo intelectual que seriam diferentes da mundivisão histórica, enquanto resultado centralmente institucionalizado do Iluminismo – e os quais podemos descobrir e avaliar na obra de alguns outros autores e artistas entre o final do século XVIII e o nosso presente. Georg Christof Lichtenberg, o filósofo naturalista de Göttingen, foi, creio, um desses casos, assim como foram Francisco de Goya e Wolfgang Amadeus Mozart – entre muitos outros. Nos capítulos que se seguem, referir-me-ei pontualmente às obras deles como ilustração e variação – mas também colocarei a pergunta (normalmente considerada, nos círculos acadêmicos, de mau gosto intelectual) sobre se existiam afinidades entre as situações biográficas deles e as de Diderot.

Ao longo dos séculos XIX e XX, houve certamente outros protagonistas culturais, cujo pensamento revela uma afinidade com a epistemologia não Iluminada e seus gestos intelectuais, que acabo de começar a descrever: Schelling, por exemplo, talvez tenha sido um deles, assim como Schopenhauer, Nietzsche e, mais próximo de nós, Heidegger, Bataille e provavelmente Deleuze. Não é evidente que haja neles uma tendência para se referirem às obras uns dos outros, e é certo que estão longe de constituir uma continuidade que pudéssemos tomar por "tradição" ou "genealogia." Também não se pode afirmar que suas obras tenham sido alguma vez reprimidas ou propositadamente marginalizadas. Tais autores e artistas simplesmente constituíam um potencial permanente e cumulativo de pensamento alternativo, na periferia da mundivisão histórica enquanto instituição canônica estável de séculos passados.

Se refiro essas posições em sua relação com Diderot como "potências do pensamento alternativo," não pretendo afirmar que seus elementos recorrentes alguma vez tenham se agregado sob uma forma que, retrospectivamente, poderíamos designar como "alternativa" coerente, ou mesmo como "contraprograma" para a mundivisão histórica. O pensamento de Diderot não possuía estrutura estável o bastante para tal; a produtividade dele desdobrava-se, isso sim, num movimento fluido, sem qualquer direção contínua. Era um movimento capaz de, a cada momento, originar possibilidades intelectuais surpreendentes, mais do que liderar o caminho através de argumentos ligados pela lógica, até chegar a conclusões aparentemente necessárias. Por outras palavras, o potencial intelectual que me fascina nos textos de Diderot e nas obras de alguns de seus contemporâneos pode resultar de uma mera ausência de coerência e de forma institucional imposta, o que poderá sugerir que momentos e casos diferentes dessa ausência se agregam, ao longo dos séculos XIX e XX, numa casual justaposição de semelhanças.[17]

A questão dos modos específicos em que o legado de Diderot existiu desde finais do século XVIII nos leva de novo até sua afinidade potencial com nosso presente intelectual e cultural. Para começar, pretendo sugerir que também o nosso presente poderá se encontrar num estado de entropia resultante de uma crise, ou até de uma implosão da mundivisão histórica (enquanto forma coerente), mais do que na posse de ou sob o domínio de uma nova e bem desenhada mundivisão. Porém, falar de uma afinidade entre nós e Diderot não implica, de modo algum, que o nosso presente possa ser visto como produto de

---

17 Em Stanford, num seminário sobre "Diderot e as Explosões do Iluminismo," Boris Soshtaishvili propôs o conceito de uma "barriga epistemológica" para designar esse estatuto de uma matriz intelectual sem forma institucional definitiva.

uma recepção, ou de uma continuidade que nos leve de volta a Diderot. Se existisse tal afinidade, melhor seria considerá-la como resultado casual de transformações intelectuais que têm ocorrido desde o fim do século XVIII.

No entanto, na estrutura geral deste livro, o nosso presente e sua possível relação com a obra de Diderot terão apenas um papel secundário. Na verdade, nos quatro capítulos centrais tentarei explanar a complexidade de sua obra, me centrando em quatro textos fundamentais, cada um deles representando, ainda que não exclusivamente, cada uma das quatro dimensões particulares do pensamento de Diderot. Pretendo, assim, chegar a uma descrição completa e a um retrato individual, sem seguir a convenção típica das monografias centradas num autor, que se ocupam de toda a produção autoral disponível. O capítulo 3 será sobre *O sobrinho de Rameau* e a modalidade particular como ele se revela uma autorreferência, incluindo corpo e matéria, através do diálogo entre o Sobrinho e o Filósofo. *Jacques, o fatalista e seu amo* ocupará o núcleo do capítulo 4, como ilustração do grau último de contingência e complexidade na experiência e na percepção do mundo diderotianas. O capítulo 5 tentará analisar "O sonho de d'Alembert", um texto estranhamente híbrido, cujas formas e tópicos desenvolvem o Materialismo enquanto estilo de pensamento e enquanto gesto intelectual específico; ao passo que o capítulo 6 versará os comentários de Diderot sobre exposições anuais de arte em Paris (textos que normalmente são referidos como seus *Salões*), numa prática corrente de juízo de suas ramificações discursivas.

A minha questão-chave que unirá estes capítulos andará em torno dos modos como as diferentes dimensões e práticas do pensamento de Diderot estavam ligadas em suas jamais formalizadas sobreposição e interação. Com base nisso, regressarei nos dois capítulos finais a uma versão mais desenvolvida, e mais especificamente diderotiana, do conceito de "prosa do mundo". Este haverá de permitir que articulemos algumas perspectivas novas para a descrição do potencial apelo que os textos e a personalidade de Diderot exercem sobre nosso presente.

III
"Estou neste mundo e permaneço nele"[1]
A ontologia da existência em
O sobrinho de Rameau

A razão pela qual a reação de Hegel a *O sobrinho de Rameau* e a seu protagonista obteve uma ressonância tão incomum, também em nosso presente, é porque assinala uma exceção da importância decisiva do suprassumir dentro da forma de seu pensamento, tal como emergia na *Fenomenologia*. Mais do que descrever uma "consciência dividida" como passo necessário no caminho do espírito em direção a *Bildung*, um passo cuja estranheza seria rapidamente neutralizada pelo suprassumir, vimos como Hegel sublinhou, chamando de "a maior verdade," o atrevimento com que o personagem de Diderot expõe a harmonia autossuficiente

---

1 Diderot, *Rameau's Nephew*. p.91. "Je suis dans ce monde et j'y reste." Diderot, *Le neveu de Rameau*. In: *Oeuvres Romanesques*. Texte établi avec une présentation et des notes par Henri Bénac (Paris, 1951), p.485. [Recorreu-se às traduções de Daniel Garroux para a Editora Unesp, 2019, e de Manuel de Freitas para a Imprensa da Universidade de Lisboa, 2021. Esta última inclui um prefácio de Hans Gumbrecht intitulado "*O sobrinho de Rameau*, de Denis Diderot – Irritação intelectual na fronteira do Iluminismo". As páginas das citações de *O sobrinho de Rameau* em língua portuguesa dizem respeito à edição da Unesp. (N. T.)]

ao constante suprassumir da "consciência mansa" do Filósofo com que interage em conversa. E embora essa surpreendente e de fato inovadora visão no sistema da "consciência dividida" acabasse sendo só um episódio na trajetória mais ampla da filosofia de Hegel, ele jamais revogou ou sequer modificou sua forte afirmação sobre *O sobrinho de Rameau*.

Uma vez que associamos, por um lado, a totalidade da obra de Hegel à "mundivisão histórica" emergente do século XVIII enquanto forma de pensamento institucionalmente dominante e, por outro lado, seu conceito de "prosa do mundo" a uma configuração epistemológica diferente (e periférica) ilustrada pela obra de Diderot, a "consciência dividida" de Rameau, enquanto caso notório de "prosa do mundo", não nos obriga só a imaginar um desenvolvimento diferente na filosofia de Hegel tal como nunca chegou a existir; entendida enquanto parte de uma constelação histórica específica de ideias, a reação de Hegel ao personagem de Diderot pode também obrigar-nos a especular acerca de uma forma de *Bildung* e acerca de um modo de existência daí resultante, que só recentemente conseguimos imaginar. Teria de ser um modo de existência no qual a consciência dividida (ou seja, a única condição existencial que, desde finais do século XVIII, a cultura ocidental padrão sempre procurou ultrapassar) assumisse uma função positiva e não mais uma função definida somente pela negatividade e, no final, neutralizada pelo suprassumir. Nosso ponto de fuga na leitura de *O sobrinho de Rameau*, enquanto texto maior de Diderot, é tornar visível esse tal entendimento de *Bildung* e da existência humana. Mais especificamente, pretendo me centrar sobre o modo como o mundo se apresenta a si mesmo nesse texto através da interação e do desenvolvimento de seus dois personagens. Obviamente, não podemos isolar completamente essas duas dimensões, a aparência do mundo e as formas da autorreferência humana, nem uma da outra nem da epistemologia mais alargada de Diderot, de que já sugeri uma primeira tentativa de descrição. Devido a essa complexidade, o que pode surgir perante nós é uma área dentro do pensamento de Diderot que procuro referir como uma incomum "ontologia da existência"[2] ou, nas palavras do protagonista, como uma concepção de "estar e permanecer no mundo", com implicações específicas quanto ao grau de suas afirmações de realidade (é a isso que a palavra "ontologia" se refere).

*

O estatuto filológico de *O sobrinho de Rameau* e seu lugar na vida de Diderot constituem o caso mais típico da fluidez que permeia a obra do autor, sobretudo nos anos derradeiros. A grande maioria dos acadêmicos suspeita que Diderot tenha trabalhado nesse texto entre 1761 e 1773, mas mesmo essa vaga suposição depende de se identificar o "MOI" interno ao texto, i.e., o filósofo, e algumas de suas afirmações, com o próprio Diderot histórico – o que está longe de ser consensual.[3] Além do mais, não há provas de que Diderot alguma vez tenha tentado publicar o texto, ou sequer que pretendesse que ele circulasse entre seus amigos, o que, como mencionei, era costume em seus últimos anos, especialmente desde que Catarina II começou a lhe dar apoio financeiro em 1765. Um manuscrito de *O sobrinho de Rameau*, provavelmente copiado à mão pelo autor, acabou chegando

---

2 Nova, quer no tempo de Diderot, quer nas respectivas discussões do nosso presente.

3 Para essa contextualização, beneficiei-me enormemente dos rigorosos comentários de Henri Bénac, responsável pela edição que utilizo.

até Johann Wolfgang von Goethe pouco depois de 1800, através de um amigo alemão que vivia na Rússia, onde estavam guardadas as obras de Diderot, em São Petersburgo, desde sua morte em 1784. É interessante – apesar de não ser surpreendente – que, de todos os intelectuais alemães, Goethe tenha se fascinado com esse livro o suficiente para decidir empreender e publicar uma tradução (ao mesmo tempo, teremos de considerar o fato de que, durante a vida de Diderot, se perderam todas as cópias em língua francesa e os leitores de francês dependiam de uma retradução do texto de Goethe, até 1890, quando ressurgiu um manuscrito francês).

Por fim, ainda não ficou claro quais as intenções de Diderot, se é que as teve, nas fases subsequentes de sua escrita e revisão de *O sobrinho de Rameau*. De todo um conjunto de referências a protagonistas, fatos, e muitas vezes pequenos episódios históricos no texto, que dificultam seu completo entendimento e sua leitura, por vezes congestionada, parece plausível que a princípio ele tivesse em mente uma imagem grotesca, uma sátira (no sentido atual da palavra) contra os círculos parisienses "antifilosóficos", teologicamente conservadores e intelectualmente agressivos, que dificultavam a vida aos editores e autores da *Enciclopédia*, e que o sobrinho pretendia representar como síntese literária. Mas se a versão final do texto, tal como Goethe a recebeu, não exclui tal origem, a sua complexidade e, sobretudo, a complexidade do personagem central transcendem de modo tão evidente as convenções de gênero relacionadas que alguns especialistas sugerem ler o subtítulo de Diderot (*Satire Seconde*, "Segunda Sátira") no sentido da Antiguidade clássica, ou seja, como referindo-se a uma variedade ilimitada de conteúdos da vida do dia a dia. Numa perspetiva formal, o texto é

Prosa do mundo

um monólogo que deve ser atribuído a "MOI" ("EU"), mais do que um verdadeiro diálogo entre "MOI" e "LUI" ("ELE"), pois só "EU" se dirige ao leitor e faz comentários; de modo que, em sentido estrito, as muito mais extensas passagens atribuídas a "ELE" ganham o estatuto de citações, dentro da narrativa de "EU", de sua conversa conjunta. Essa estrutura primária pode bem ser um resquício do propósito original de criticar Rameau e os antifilósofos a partir do ponto de vista politicamente contrário do "EU", que representa o pensamento de Diderot e da ortodoxia do Iluminismo.

Tudo é, porém, bem mais complicado no texto que temos. Diderot conhecia, de fato, um certo Jean-François Rameau, um homem três anos mais jovem do que ele e sobrinho de um compositor que fora muito conceituado no começo do século XVIII. Esse sobrinho de um tio famoso tinha presença notória no mundo do Palais Royal, uma praça atrás da atual Comédie Française, onde, sobretudo por causa dos cafés que ali existiam, decorria a sociabilidade do Iluminismo. Não obstante ser ele próprio um compositor talentoso, o jovem Rameau não ganhava a vida com essa atividade e, por isso, procurava e obtinha proteção entre os círculos antifilosóficos, aos quais adaptava seu estilo de vida, atuando provavelmente como espião. Mas, ao contrário de seu personagem textual, o sobrinho histórico era conhecido entre os intelectuais e artistas contemporâneos como pessoa meiga, afável e muito certamente longe do brilhantismo e da agudeza que constituem o personagem ficcional de Diderot.

Ao passo que o Rameau textual se refere várias vezes a "EU" como "Diderot, o filósofo contemporâneo", e ao passo que alguns detalhes biográficos apontados parecem confirmar essa identificação, o "EU", por outro lado, é demasiado previsível, demasiado alegórico e, no fim, mesmo paródico daquilo que a *Enciclopédia* definira como *philosophe* para nos convencer de que é uma autorrepresentação de Diderot. Se a intenção por detrás do texto tiver sido uma apresentação satírica do "verdadeiro" sobrinho, da perspectiva do "verdadeiro" Denis Diderot, a versão que chegou até nós, ao contrário, é um processo dinâmico em que os dois personagens agora ficcionais opinam sobre a autorreferência humana em sua relação com o mundo, cuja complexidade não pode se reduzir a uma nem a outra posição de onde o texto principie. Aquilo que "ELE" e "EU" claramente têm em comum é um fascínio pelo tópico da autorreferência e, como tal, uma necessidade de falar sobre eles mesmos. Nessa constelação, "EU" é um típico observador de segunda ordem, isto é, um observador do mundo que muito deliberadamente se observa a si mesmo no ato de observar o mundo. Assim as primeiras palavras do texto o mostram, quer como periférico em relação ao centro energético do mundo social, quer como alguém que deixa seus pensamentos se refletirem sobre o que quer que ele esteja vivenciando. Recorrendo a conceitos filosóficos convencionais, "EU" pretende ser um "Sujeito" em relação com o mundo que analisa e ao qual ele atribui sentido enquanto "Objeto":

> Faça bom ou mau tempo, tenho o hábito de ir passear às cinco horas da tarde no Palais-Royal. Sempre só, sou visto sonhando sobre o banco da alameda d'Argenson. Entretenho-me comigo mesmo a respeito de política, amor, gosto ou filosofia. Abandono meu espírito a sua mais completa libertinagem. Deixo a seu encargo seguir a primeira ideia sábia ou louca que se apresente, tal como vemos, na alameda de Foy, nossos jovens dissolutos seguirem os passos de uma

cortesã de ar jovial, de rosto alegre, de olhos espertos, de nariz arrebitado, abandonarem esta por uma outra, assediando todas e não se prendendo a nenhuma. Meus pensamentos são minhas rameiras. Se o tempo está muito frio, ou muito chuvoso, refugio-me no Café Regência; lá me divirto vendo partidas de xadrez. Paris é o lugar do mundo, e o Café Regência, o lugar de Paris, onde melhor se joga esse jogo. (29-30)[4]

"ELE" não partilha com ninguém essa autoimagem tão central no âmbito da mentalidade do Iluminismo, o que só o torna mais flexível, menos preconceituoso e mais agressivo nas verdadeiras prática e linguagem da auto-observação. A constelação que acaba por emergir implicitamente no decorrer da interação assimétrica e produtivamente instável entre "EU" e "ELE" equivale, em estrutura, à dialética que Dieter Henrich, um dos eminentes especialistas atuais da filosofia europeia da época de 1800, sobretudo da obra de Hegel, considerou recentemente como o centro do Idealismo alemão, ou seja, uma mundivisão enfocada na individualidade:

Em todo o seu comportamento orientado para o mundo, o ser humano se refere inevitavelmente a si mesmo. Não consegue desenvolver nenhuma imagem do mundo sem inscrever-se a si mesmo nela. Se

---

4 "Qu'il fasse beau, qu'il fasse laid, c'est mon habitude d'aller sur les cinq heures du soir me promener au Palais Royal. C'est moi qu'on voit toujours seul, rèvant sur le banc d'Argenson. Je m'entretiens avec moi mème de politique, d'amour, de goût ou de philosophie. J'abandonne mon esprit à tout son libertinage [...]. Si le temps est trop froid ou trop pluvieux, je me réfugie au café de la Régence; là, je m'amuse à voir jouer aux échecs. Paris est l'endroit du monde, et le café de la Régence est l'endroit de Paris où l'on joue le mieux à ce jeu." Diderot, *Le neveu de Rameau*, p.395.

lhe falta a certeza sobre si mesmo, sua orientação no mundo também se torna precária. E sempre que se abre para ele uma nova experiência do mundo, ele se descobre em uma vida diferente.[5]

*

Do mesmo modo, o diálogo que constitui a obra de Diderot *O sobrinho de Rameau* não é nem exclusivamente acerca do mundo tal como ele se apresenta a "EU" e a "ELE" nem exclusivamente acerca das duas formas de autorreferência através das quais eles se envolvem com o mundo e projetam sobre ele (produzindo exatamente o mesmo efeito que o século XX designou como "construtivismo"). Mais do que emergir da predominância do Sujeito ou do Mundo no texto, a energia da interação entre "ELE" e "EU" parece vir de sua abertura gradual para a relação sempre instável entre os vestígios não espirituais em sua percepção de si mesmos e do mundo. "Prosa do mundo", conforme vimos, é o conceito e a concepção da vida que recusa eliminar esses componentes da realidade.

Por isso sugeri ligá-lo ao motivo da autoalienação da "consciência dividida" do espírito e por isso concordo com Hegel ao associar a "consciência dividida" a *O sobrinho de Rameau*. Conforme prometi, ao tentar ler o texto como um impulso para imaginar uma nova "ontologia da existência", destacarei seus motivos de externalização, alienação e realidade – sinonímia da recusa de avançar, através do suprassumir, para uma conceção puramente espiritual da vida e para a existência humana como parte dela. Talvez seja essa a razão pela qual, a certa altura, o

---

5 Henrich; Bulucz, *Sterbliche Gedanken*. p.XX. Devo essa referência a meu amigo Lorenz Jäger.

sobrinho afirma que "est[á] neste mundo e [permanece] nele" (144: "je suis dans ce monde et j'y reste"). O personagem de Diderot se transforma num emblema de quaisquer que sejam os elementos do mundo que continuam inacessíveis a se tornarem espírito através do suprassumir – e, assim, se torna um ponto de resistência a partir do qual poderá emergir uma ontologia da existência.

O desenrolar do tópico filosófico do texto, com sua complexidade espantosa, encontra sua forma específica na reversão dupla da relação entre "EU" e "ELE", uma forma que, de novo, Diderot pode ter ou não intencionado.[6] O primeiro parágrafo vem precedido por uma expressão retirada da Segunda Sátira de Horácio, "*Vertumnis, quotquot sunt, natus iniquis,*" ("Nascido sob a influência caprichosa de todos os Vertunos reunidos"[7]) e retoma o conteúdo dela, afirmando como o clima inconstante nunca haverá de demover o Filósofo de suas caminhadas indolentes, de fim de tarde, pelo Palais Royal. Em sua convergência, as aberturas latina e francesa de *O sobrinho* introduzem e colocam em cena a descrição meio divertida e meio condescendente que o Filósofo faz de Rameau enquanto homem cuja vida parece dividida e instável em meio a toda a sorte de atitudes e condições extremas em sua tensão mútua, o que, como é óbvio, implicitamente estabelece um contraste inicial com a estabilidade na vida do Filósofo:

---

6 Roger Laufer analisa a estrutura textual seguindo argumentos semelhantes. Ver: Laufer, "Structure et signification du *Neveu de Rameau* de Diderot", In: Schlobach (ed.), *Denis Diderot. Wege der Forschung*, p.196-214.

7 p.151. (N. T.)

É uma mistura de altivez e de baixeza, de bom senso e desatino. As noções de honestidade e desonestidade devem estar estranhamente misturadas em sua cabeça, pois ele mostra as boas características que a natureza lhe conferiu sem ostentação e as más, sem pudor. [...] Diríamos que ele não come há vários dias, ou que saiu da abadia de la Trappe. No mês seguinte está gordo e satisfeito, como se tivesse passado muito tempo à mesa de um financista, ou enfurnado em um convento de cistercienses. Hoje, com a roupa suja, os fundilhos rotos, coberto de trapos, quase descalço, vai de cabeça baixa, esgueira-se, sentiríamos a tentação de chamá-lo para dar-lhe esmola. Amanhã, empoado, calçado, penteado, bem-vestido, anda de cabeça erguida, exibe-se e quase o tomaríamos por um homem honesto. Vive sem pensar no amanhã. (30-31)[8]

Porém, na página final do texto de Diderot é Rameau que, interrompendo subitamente o fluxo da conversação com o filósofo, obliquamente se refere a seu próprio hábito constante e diário de assistir a uma performance na Ópera às seis da tarde e, como de passagem, pronuncia estas palavras de despedida:

---

8 "C'est un composé de hauteur et de bassesse, de bon sens et de déraison. Il faut que les notions de l'honnête et du déshonnête soient bien étrangement brouillées dans sa tête, car il montre ce que la nature lui a donné de bonnes qualités sans ostentation, et ce qu'il a reçu de mauvaises, sans pudeur. [...] On dirait qu'il a passé plusieurs jours sans manger, et qu'il sort de la Trappe. Le mois suivant, il est gras et replète, comme s'il n'avait pas quitté la table d'un financier, ou qu'il eût été renfermé dans un couvent de Bernardins. Aujourd'hui en linge sale, en culotte déchirée, couvert de lambeaux, presque sans souliers, il va de tête basse, il se dérobe, on serait tenté de l'appeler pour lui donner l'aumône. Demain, poudré, chaussé, bien vêtu, il marche la tête haute, il se montre, et vous le prendriez à peu près pour un honnête homme: il vit au jour la journée." Diderot, op. cit.,p.396.

"Adeus, senhor Filósofo, não é verdade que continuo sendo o mesmo?" (151)[9]. A essa altura, o Filósofo parece ter olvidado a sua impressão inicial de Rameau como ser humano pleno de mudanças e contradições e visivelmente o acompanha em seu apelo casual pela constância, mas com um lamento final sobre a direção da nova posição de Rameau: "Sim, infelizmente." (152). Rameau prossegue, mantendo a distância amigável, e ironicamente utiliza a expressão usada pelo filósofo para articular sua desaprovação como autodescrição positiva: "Que eu tenha essa infelicidade ainda por mais quatro décadas: ri melhor quem ri por último" (152).[10]

Enquanto a atitude do Filósofo em relação a Rameau passa por essa alteração profunda, o próprio Rameau jamais se afasta de um tom casual de ironia. Usando de uma generosidade que parece inconsciente de si mesma, ele vai seguindo, durante as partes iniciais da conversação, enquanto "ELE" lhe dá lições, numa atitude de autoridade superior e com um gesto pedagógico acerca da noção de "genie": "Mas você não percebe que com tal raciocínio você inverte a ordem geral?" (41).[11] Essa condescendência passa a franca admiração, por parte do Filósofo, no final do diálogo, uma admiração que apenas acentua o quanto ele lamenta aquilo que interpreta como uma ausência absoluta de princípios morais de Rameau: "Como é possível que, com um tato tão fino, uma sensibilidade tão grande para as belezas da

---

9 "Adieu, monsieur le philosophe, n'est-il pas que je suis toujours le même?" Ibid, p.492.

10 "Que j'aie ce malheur-là seulement encore une quarantaine d'années: Rira bien qui rira le dernier" Ibid.

11 "Mais ne voyez-vous pas qu'avec un pareil raisonnement vous renversez l'ordre general?" Ibid., p.405.

arte musical, você seja tão cego para aquilo que é belo em moral, tão insensível aos encantos da virtude?" (129)[12].

A mudança mais óbvia dentro deste jogo de reversões entre "ELE" e "EU" vem numa dupla referência a Diógenes, que se relaciona com a figura simbólica e histórica do cinismo enquanto atitude paradoxal que transforma o minimalismo ético na exigência ética geral de não ceder à exigência de exigências da moralidade. Se, no começo do texto, é Rameau quem fala com orgulho de uma afinidade entre sua própria fisionomia e uma tradição cínica de apresentar a forma de vida de Diógenes como dedicação incondicional aos prazeres sensuais (p.39), no final o Filósofo há de referir-se a Diógenes como o maior e mais admirável predecessor de uma abstenção monástica das alegrias do mundo: "a veste do cínico era, antigamente, nossa veste monástica, com a mesma virtude. Os cínicos eram os carmelitas e os franciscanos de Atenas." (148).[13]

Qualquer que tenha sido a intenção de Diderot com esse texto, existem motivos mais estruturais para afirmar que a narrativa ocorre num movimento de quiasma: ao passo que a sólida identidade do Filósofo vai progressivamente enfraquecendo, a inicial ausência de identidade de Rameau, sobretudo devido a fricções entre interior e exterior e tensões com o mundo material, se torna uma forma complexa e coerente de inegável beleza.

---

12 "Comment se fait-il qu'avec un tact si fin, une si grande sensibilité pour les beautés de l'art musical, vous soyez aussi aveugle sur les belles choses en morale, aussi insensible aux charmes de la vertu?" Ibid., p.473.

13 "L'habit du cynique était, autrefois, notre habit monastique avec la même vertu. Les cyniques étaient les carmes et les cordeliers d'Athènes." Ibid., p.489.

Para descrever esse desenvolvimento da forma de existência de Rameau a partir de quatro perspectivas diferentes, deixarei de seguir as linhas narrativas do texto – porque esse desenvolvimento funciona segundo um princípio que é mais da ordem da lógica do que da ordem da narrativa. Ele se revela na descrição que Rameau faz da consciência dividida enquanto premissa de seu estado de espírito. Quando ele fala, pela primeira vez e de modo explícito, sobre sua necessidade – que nasce de sua falta de sucesso e de sua pobreza – de "beijar a mão" (50) [*baiser le cul* (411)] de alguns antifilósofos e de suas amantes, Rameau admite – duas vezes em menos de duas páginas – que esse modo fácil de sobreviver não é, de fato, fácil de aceitar para sua autoestima:

> É duro ser miserável quando há tantos tolos opulentos à custa dos quais se pode viver. Além disso, o desprezo de si, isso é insuportável. (50)[14]
>
> De todo modo, eis aí o texto de meus frequentes solilóquios que você pode parafrasear à vontade, desde que conclua que conheço o desprezo de mim mesmo, ou esse tormento da consciência nascido da inutilidade dos dons que o Céu nos concedeu; é de todos o mais cruel. Seria quase desejável que o homem não tivesse nascido. (53)[15]

---

14 "Il est dur d'être gueux, tandis qu'il y a tant de sots opulents aux dépens desquels on peut vivre. Et puis le mépris de soi; il est insupportable." Ibid., p.411.

15 "Quoi qu'il en soit, voilà le texte de mes fréquents soliloques, que vous pouvez paraphraser à votre fantaisie, pourvu que vous en concluiez que je connais le mépris de soi-même, ou ce tourment de la conscience qui naît de l'inutilité des dons que le ciel nous a départis; c'est le plus cruel de tous. Il vaudrait presque autant que l'homme ne fût pas né." Ibid., p.413.

Esse autodesprezo que emerge da consciência de Rameau pelo contraste entre seu talento e sua falta de sucesso é muito diferente de muitos outros momentos em que, antes dessa parte do diálogo com o Filósofo, ele admite possuir todo o tipo de vícios e não ter uma série de virtudes: "Você sabe que sou um ignorante, um tolo, um louco, um impertinente, um preguiçoso, isso a que nós borgonheses chamamos um rematado vadio, um trapaceiro, um comilão..." (46)[16]. Conforme explicará mais adiante, Rameau crê que escolheu "descer de [sua] dignidade" (79) – e não vê problema nessa perda deliberada de estatuto: "Aceito me rebaixar, mas não quero ser obrigado a isso. Aceito descer de minha dignidade..." (79).[17] Em contraponto, a tensão entre uma consciência interior de seu talento (acima de tudo como músico) e a necessidade, imposta pelos mecanismos físicos de sobrevivência no mundo exterior, de adaptar-se às pessoas ricas, sobre cujas qualidades ele não tem qualquer ilusão, essa é uma tensão que o aflige.

Porém, sob a premissa desse sofrimento e suas consequências práticas, Rameau desenvolveu um estilo de vida coerente sem nenhum conceito, nem nenhum programa, e do qual ele tem uma consciência agudíssima sem ciclos luxuosos de auto-observação e autorreflexão. Ao contrário do seu interlocutor, Rameau sabe, por exemplo, que para ele uma vida despojada é motivação boa o suficiente para viver. A diferença entre viver e não viver,

---

16 "Vous savez que je suis un ignorant, un sot, un fou, un impertinent, un paresseux, ce que nos Bourguignons appellant un fieffé truand, un escroc, un gourmand..." Ibid., p.408.

17 "Je veux bien être abject, mais je veux que ce soit sans contrainte. Je veux bien descendre de ma dignité..." Ibid., p.435.

para ele, é infinitamente mais relevante do que a diferença entre uma vida despojada e uma vida perfeita:

> O ponto importante é que você e eu sejamos, e que sejamos você e eu. De resto, que tudo siga como for possível. A melhor ordem das coisas, na minha opinião, é aquela em que eu deveria estar; e dane-se o mais perfeito dos mundos, se não estou nele. Prefiro ser, e mesmo ser um pensador impertinente, do que não ser. (42)[18]

Adaptar seu comportamento e bajular aqueles que despreza, enquanto eles vão tornando possível sua sobrevivência (podendo, a qualquer momento, deixar de fazê-lo) obriga Rameau a viver debaixo de uma máscara, no papel que a si mesmo se impôs. É esta, exatamente, a técnica, conforme diz ao Filósofo, que aprendeu de Molière, ao invés de retirar do seu teatro a conclusão banal – e moralista – de querer simplesmente ser diferente dos personagens monomaníacos: "quando leio *O avarento*, digo a mim mesmo: seja avarento se quiser, mas evite falar como o avarento" (95).[19] Desta prática não resulta qualquer tensão, nem qualquer má consciência, porque Rameau pode afirmar que, por razões muito boas e obviamente práticas, ele escolhe ser ganancioso, hipócrita ou hipocondríaco. Apenas tem de esconder isso mesmo sob um discurso diferente e sob um comportamento

---

18 "Le point important est que vous et moi nous soyons, et que nous soyons vous et moi. Que tout aille d'ailleurs comme il pourra. Le meilleur ordre des choses, à mon avis, est celui où j'en devais être, et loin du plus parfait des mondes, si je n'en suis pas. J'aime mieux être, et même être impertinent raisonneur, que de n'être pas." Ibid., p.405.

19 "Quand je lis l'Avare, je me dis: Sois avare si tu veux, mais garde-toi de parler comme l'avare." Ibid., p.448.

aparente. Como a única dimensão que ele tem de controlar sobre a qual quer pensar é esse comportamento aparente e os efeitos dele, temos a impressão de que Rameau, ao contrário da autoimagem do Filósofo, não tem "profundidade", o que resulta de sua habitual auto-observação ou, numa metonímia diferente, que a vacuidade faz parte de sua distintiva inteligência.

Se as necessidades de vida e sobrevivência são o que determina o comportamento de Rameau (tanto mais que, no momento da conversa, seus protetores antifilosóficos estão aborrecidos com ele e ele precisa recuperar-lhes a simpatia), é natural que Rameau tenha desenvolvido e continue a manter uma consciência ativa de sua constituição física e de seus sentidos, quer do ângulo das mínimas necessidades deles, quer do ângulo da sua exuberante intensidade, sobre a qual ele vai discorrendo uma e outra vez. O propósito mais elevado na vida, responde Rameau à pergunta do Filósofo acerca de um eventual programa educativo para crianças, tem de ser "o gozo de todo tipo de coisas").[20]

Ao mesmo tempo, Rameau vive com uma consciência simultaneamente incomum e relaxada de seu corpo e de seus órgãos em sua materialidade. Não só sua voz forte é incomodativa para quem quer que se aproxime dele, mas ele também assusta o Filósofo quando, propositadamente, faz um ruído seco com os ossos das mãos e os nós dos dedos: "pegava com a mão direita os dedos e o punho da esquerda, e os virava para baixo, para cima, a

---

20 "Qu'est-ce qu'une bonne éducation, sinon celle qui conduit à toutes sortes de jouissances sans peril et sans inconvénient?" Ibid., p.479. [Garroux traduziu como "toda a sorte de prazeres sem perigo e sem inconveniente" (136). (N. T.)]

Prosa do mundo

extremidade dos dedos tocava o braço, as juntas estalavam, temi que os ossos acabassem deslocados" (55).[21]

Quanto às capacidades intelectuais de Rameau, o leitor pressente logo após as primeiras páginas que a versatilidade e a força dele dominarão com facilidade o Filósofo. Parte dessa força vem da recusa de Rameau de envolver-se em qualquer tipo de abstração, quer ao nível de conceitos gerais, quer ao nível de procedimentos universais em seus modos de apropriação do mundo e de pensamento. Sempre que ele critica o filósofo pela tendência para a abstração, Rameau indiretamente descreve esse hábito:

> E o método, de onde nasce? Veja, meu Filósofo, enfiei na cabeça que a física será sempre uma ciência pobre, uma gota d'água retirada do oceano com a ponta de uma agulha, um grão que se desprendeu da cadeia dos Alpes. E as razões dos fenômenos? Na verdade, valeria tanto ignorar tudo quanto saber tão pouco e tão mal. (62-63)[22]

Por seu lado, a recusa do método e da abstração explica um dos traços mais evidentes da linguagem de Rameau. Sempre que ele descreve partes do mundo social ou do mundo material, em vez de conceitos gerais, surgem longas listas de nomes e palavras

---

21 "De la main droite, il s'était saisi les dogts et le poignet de la main gauche et il les renversait en dessus, en dessous; l'extrémité des doigts touchait au bras; les jointures craquaient; je craignais que les os n'en demeurassent disloqués." Ibid., p.415.

22 "Et la méthode, d'où naît-elle? Tenez, mon philosophe, j'ai dans la tête que la physique toujours sera une pauvre science, une goutte d'eau prise avec la pointe d'une aiguille dans le vaste océan, un grain détaché de la chaîne des Alpes! Et les raisons des phénomènes? En vérité, il vaudrait autant ignorer que de savoir si peu et si mal." Ibid., p.422.

individuais que se referem a fenômenos específicos.[23] Olhando para o comportamento de Rameau a longo prazo, essa mesma recusa fundamental da abstração explica sua imprevisibilidade e a falta de "consequência" em que ele várias vezes insiste. Portanto, é interessante notar que, em uma dessas passagens, Diderot deixa que seu protagonista use quase exatamente as mesmas palavras que ele mesmo usara para se descrever a si próprio numa carta a Sophie Volland em setembro de 1760: "[...] sou inconsequente. Faz-se de mim, comigo, na minha frente, tudo o que se bem entender e não fico chocado" (47).[24] Se é verdade que muito provavelmente não haveria qualquer intenção detrás desta convergência textual, conseguimos ver como, em ambos os casos, Diderot associa aquilo que pode ser identificado como sintoma de fraqueza a um grau particular de liberdade e de abertura ao mundo.

Porém, sem "consequência" no comportamento e na ação, os perfis individuais não conseguem emergir. E sem haver tais perfis como fundação existencial não é possível haver autoconhecimento nem profundidade pessoal. Mas a consequência de uma tal ausência de consequência é a franqueza sem limites:

---

23 A forma dessas listas pode ser descrita como "negação recorrente", i.e., como uma negação (ou um "desfazer") da negação das diferenças que é condição para subsumir fenômenos específicos sob conceitos gerais. Ver: Gumbrecht, "Literarische Gegenwelten, Karneval und die Epochenschwelle zwischen Spätmittelalter und Renaissance." In: Gumbrecht (ed.). *Literatur in der Gesellschaft des Spätmittelalters*, p.95-149. Também é possível explicar a "franqueza" de discurso típica de Rameau – e elogiada pela palavra da Antiga Grécia, "parresia" – como efeito da negação recorrente.

24 "Moi, je suis sans conséquence. On fait de moi, avec moi, devant moi tout ce qu'on veut sans que je m'en formalise." Diderot, *Le neveu de Rameau*, p.409.

Prosa do mundo

Que o diabo me carregue se eu sei o que sou no fundo. No geral, tenho o espírito claro como o dia e a personalidade franca como o vime. Nunca falso, por menos interesse que tenha em ser verdadeiro, nunca verdadeiro, por menos interesse que tenha em ser falso. Digo as coisas como elas surgem para mim: se sensatas, tanto melhor; se impertinentes, ninguém se importa. Faço um uso irrestrito de minha franqueza. Nunca em minha vida pensei antes de falar, nem enquanto falava, nem depois de ter falado [...] (90-91)[25]

A franqueza, como Rameau a entende e pratica, nada tem que ver com a verdade nem com a mentira. É a ausência de qualquer controle no limiar entre o pensamento individual em todas as suas dimensões e a exterioridade da esfera pública. A franqueza como modo de abertura ao mundo, que depende de se estar livre do autocontrole, converge com uma abertura na percepção do mundo de Rameau, que o Filósofo muito admira: "Está atento a tudo" (145).[26] E todos esses traços de seu carácter, para os quais Rameau recusa achar um conceito abrangente, acabam por convergir na própria vivacidade ("Lebendigkeit") que Hegel deteta na "prosa do mundo": "Nunca me canso" (57),[27] diz Rameau, de passagem – e não sem algum orgulho.

---

25 "Que le diable m'emporte si je sais au fond ce que je suis. En général, j'ai l'esprit rond comme une boule, et le caractère franc comme l'osier; jamais faux, pour peu que j'aie d'intérêt d'être vrai, jamais vrai, pour peu que j'aie d'intérêt d'être faux. Je dis les choses comme elles me viennent; sensées, tant mieux; impertinentes, on n'y prend pas garde. J'use en plein de mon franc parler. Je n'ai pensé de ma vie, ni avant que de dire, ni en disant, ni après avoir dit." Diderot, *Le neveu de Rameau*, p.444.

26 "Il est attentif à tout." Ibid., p.486.

27 "Je ne me fatigue jamais." Ibid., p.416.

Existe um aspecto final que merece ser mencionado na identidade paradoxal de Rameau, que não está ciente de si mesmo e
que deriva precisamente de sua estrutura paradoxal. Ele revela
uma sensibilidade particular para a atrocidade, ou, em outras
palavras: ele tem uma reação específica à crueldade física e psí-
quica, que provavelmente não existia antes de finais do século
XVIII. A passagem relevante do texto aparece, com alguma surpresa, lá para o fim de uma história que se conta a propósito
do "Renegado de Avignon". Descreve um esquema de crueldade
infligido a um judeu bem-intencionado por um Renegado cuja
maquiavélica inteligência prática é usada por Rameau como
exemplo — deliberadamente chocante — quando ele tenta demonstrar ao Filósofo o tipo de comportamento que admira. Ao
afirmar que gostaria de ser capaz de praticar semelhante atitude
a sangue-frio, Rameau fala da "atrocidade da ação" (113),[28]
o que denota que ele não está apenas falando a partir de uma
perspectiva unilateral de identificação, que pode interromper
ou suspender qualquer potencial crítica da violência. O antis-
semitismo, por exemplo, daria uma perspectiva assim neutra-
lizadora, do lado moralmente oposto, de uma crença na mais
perfeita eficiência da justiça divina. Só sem mundivisões assim
estáveis (que Rameau não possui) é que a crueldade pode aparecer como crueldade nua e crua, isto é, como atrocidade.

Neste momento final de minha tentativa de reunir alguns
aspectos do comportamento de Rameau, ao mesmo tempo
grosseiro e ágil, gostaria de sublinhar, uma vez mais, que esses
aspectos não convergem numa autoimagem bem desenhada. Ao
contrário, o texto de Diderot apresenta um protagonista que só

---

28 "l'atrocité de l'action." Ibid., p.462.

pode afirmar que é "sempre o mesmo" porque existe uma recorrência palpável em suas formas de comportamento e de ação. Esse é também o motivo pelo qual a transição de nossa imagem de Rameau para a contingência, como segunda dimensão em sua existência, parece surgir de maneira muito natural. Lidar livremente com a contingência é uma premissa do comportamento de Rameau, que pertence ao mesmo nível de conversação com o Filósofo sobre quem o seu personagem se desenvolveu. A sua mais clara expressão se encontra numa passagem em que o Filósofo tenta convencer Rameau da validade universal inerente a certos valores morais, enquanto Rameau questiona a possibilidade de qualquer universal:

> Acreditam que a mesma felicidade foi feita para todos. Que visão estranha! Sua felicidade supõe certo pendor romanesco que nós não possuímos, uma alma singular, um gosto particular. Vocês enfeitam essa bizarrice com o nome de virtude e chamam a isso filosofia. Mas a virtude, a filosofia, são feitas para todo mundo? Tem-na quem pode. Conserva-a quem pode. Imagine o universo sábio e filosófico, convenhamos que ele seria triste como o diabo. Escute, viva a filosofia, viva a filosofia de Salomão: beber um bom vinho, empanturrar-se de pratos refinados, rolar sobre belas mulheres, dormir em camas bem macias. Fora isso, o resto é apenas vaidade. (72)[29]

---

29 "Vous croyez que le même bonheur est fait pour tous. Quelle étrange vision! Le vôtre suppose un certain tour d'esprit romanesque que nous n'avons pas, une âme singulière, un goût particulier. Vous décorez cette bizarrerie du nom de virtue, vous l'appelez philosophie. Mais la virtue, la philosophie sont-elles faites pour tout le monde? En a qui peut, en conserve qui peut. Imaginez l'univers sage et philosophe; convenez qu'il serait diablement triste. Tenez, vive la philosophie, vive la sagesse de Salomon: boire de bon vin, se gorger de mets délicats, se rouler sur

O principal ponto de resistência de Rameau (mais do que seu "argumento") chega, uma vez mais, sob a forma de paradoxo. Assumir que pudesse existir algo como a felicidade universal pressupõe uma disposição peculiar e um gosto moral particular. Rameau insiste em que nada existe de real e de incontroverso, exceto para os prazeres sensoriais – em sua singularidade. E, conforme prossegue na conversação com o Filósofo, ele dirige essa sua visão a cada um dos valores específicos apresentados pelo "EU":

> EU: O quê? E defender sua pátria?
>
> ELE: Vaidade. Não existe mais pátria. De um polo a outro, vejo apenas tiranos e escravos.
>
> EU: Ajudar os amigos?
>
> ELE: Vaidade. E nós lá temos amigos? Se os tivéssemos, seria preciso torná-los ingratos? Preste atenção e você verá que é sempre isso que se recebe pelos serviços prestados. A gratidão é um fardo, e todo fardo deve ser jogado fora. (72)[30]

Claro que Rameau não defende que comprovou que suas próprias reações estão universalmente corretas. Para provar isso mesmo,

---

de jolies femmes, se reposer dans les lits bien mollets. Excepté cela, le reste n'est que vanité." Ibid., p.428-29.

30 "MOI: Quoi, défendre sa patrie?
LUI: Vanité. Il n'y a plus de patrie; je n'y vois d'un pôle à l'autre que des tyrans et des esclaves.
MOI: Servir ses amis?
LUI: Vanité. Est-ce qu'on a des amis? Quand on en aurait, faudrait-il en faire des ingrats? Regardez-y bien, et vous verrez que c'est presque toujours là ce qu'on recueille des services rendus. La reconnaissance est un fardeau; et tout fardeau est fait pour être secoué." Ibid., p.429.

bastará simplesmente não partilhar da apreciação do Filósofo de certos valores individuais e, assim, mostrar que não têm validade universal. Com efeito, é suficiente demonstrar que cada "valor" e cada "virtude" dependem de modos específicos de apreciação da vida e de premissas individualmente específicas. Nesse contexto, Rameau acrescenta uma dimensão existencial à sua mais lógica crítica das reivindicações de universalidade moral. Não só seu estatuto epistemológico parece insustentável, transformado em horizontes de necessidade e de obrigação ética, mas essas reivindicações também se revelam dolorosas para aqueles que delas não comungam espontaneamente: "a necessidade é sempre um sofrimento" (74).[31]

Se no mundo de Rameau a perceção, a interpretação e a apreciação das coisas e das pessoas acontecem sob a premissa da contingência, se são como compensações da franqueza e da liberdade da vida dele de que nada jamais surge sob a reivindicação de ser necessário, então para ele o juízo tem de ser a operação comportamental central. Tal como ficou dito no capítulo anterior, entendo por "faculdade de juízo" uma escolha dentre uma pluralidade de perspectivas ou opções, uma escolha que não pode se basear em nenhuma lógica indutiva ou dedutiva, e que, portanto, tem de focar-se nos fenômenos ou nas situações em sua singularidade. Após o perfil de Rameau e após a contingência como pressuposto geral, a faculdade do juízo é a terceira dimensão através da qual podemos descrever o protagonista do título da obra de Diderot. Na verdade, são tão ubíquos os momentos de juízo nas intervenções e nos monólogos de Rameau, que quase nem necessitam ser explicitados. Existe, porém, uma

---

31 "Le besoin est toujours une peine." Ibid., p.431.

passagem, na qual "ELE" invoca o juízo como prática e estratégia social em que é exímio:

> Mas é preciso não aprovar sempre do mesmo modo, seríamos monótonos, teríamos um ar de falsidade, ficaríamos insípidos. Só evitamos esse risco por meio do juízo, da fecundidade: é preciso saber preparar e posicionar os tons maiores e peremptórios, agarrar a oportunidade e o momento. Quando, por exemplo, os sentimentos estão divididos, a disputa atingiu o ápice da violência, ninguém mais se escuta, todos falam ao mesmo tempo, é preciso ter-se colocado de fora, no ângulo do aposento mais afastado do campo de batalha, ter preparado sua explosão por um longo silêncio e despencar subitamente, como uma bomba Comminge, em meio aos contendores: ninguém conhece essa arte como eu. Mas onde sou surpreendente é fazendo o contrário: tenho pequenos tons que acompanho de um sorriso, uma variedade infinita de expressões de aprovação [...] (83).[32]

Parece que, na visão de Rameau, o consenso não é nem esperado nem particularmente desejável. Mas, mal uma variedade de

---

32 "Mais il ne faut pas toujours approuver de la même manière; on serait monotone, on aurait l'air faux, on deviendrait insipide. On ne se sauve de là que par du jugement, de la fécondité; il faut savoir préparer et placer ces tons majeurs et péremptoires, saisir l'occasion et le moment. Lors, par example, s'il y a partage entre les sentiments, que la dispute s'est élevée à son dernier degré de violence, qu'on ne s'entend plus, que tous parlent à la fois, il faut être placé à l'écart, dans l'angle de l'appartement le plus éloigné du champ de bataille, avoir préparé son explosion par un long silence, et tomber subitement, comme un comminge, au milieu des contendants. Personne n'a eu cet art comme moi. Mais où je suis surprenant, c'est dans l'opposé: j'ai des petits tons que j'accompagne d'un sourire, une variété infinie de mines approbatives." Ibid., p.438.

opiniões se transforma na violência de uma "disputa," torna-se importante capturar tais situações em suas estruturas e circunstâncias específicas. E aquilo que Rameau descreve como a base de sua respectiva maestria é uma estratégia de sutileza e de "pequenos" tons e gestos. Na verdade, muito frequentemente a premissa da contingência e a prática do juízo seguem a par com um registro comportamental de nuances.

Ao mesmo tempo, o juízo enquanto prática de nuances transforma-se na base do desejo que Rameau sente de ser diferente dos outros, não melhor do que os outros, ou mais valioso, ou de respeito social mais elevado, mas apenas individualmente diferente (a palavra *singulier* surge com muita frequência nessas passagens) – e, como tal, insubstituível: "EU: Por mais sublime que você seja, outro pode substituí-lo. / ELE: Dificilmente." (48).[33] Esta afirmação da singularidade depende dos múltiplos registros de nuance no comportamento social com que Rameau sabe lidar – e ele insiste mais na variedade interna deles do que nas exigências de invenção e inovação:

> Tenho mais de cem maneiras de iniciar a sedução de uma jovem ao lado da mãe, sem que esta perceba, e até mesmo de torná-la cúmplice. Mal havia ingressado na profissão e já desdenhava todas as maneiras vulgares de passar um bilhete galante. Tenho uma dúzia de maneiras de fazer que ele me seja arrancado e ouso gabar-me de que algumas dentre essas maneiras são novas. [...] Se isso estivesse por escrito, creio que me atribuiriam algum gênio. (86-87)[34]

---

33 "MOI: Quelque sublime que vous soyez, un autre peut vous remplacer. LUI: Difficilement." Ibid., p.410.

34 "J'ai plus de cent façons d'entamer la séduction d'une jeune fille, à côté de sa mère, sans que celle-ci s'aperçoive, et même de la rendre complice.

No final, Rameau se sente permitido a crer que de fato ele conquistou uma distinção singular e que, portanto, consegue escapar a qualquer pré-determinação inerente a grupos ou situações sociais: "Sou raro em minha espécie, sim, raríssimo" (101).[35] Com maior confiança, com um tanto de autoironia provavelmente proposital por Diderot, termina por afirmar: "Sou, contudo, bem subalterno em música, e bem superior em moral" (134).[36]

Falta uma última dimensão em nossa descrição do sobrinho de Rameau. "ELE" se refere a essa dimensão várias vezes ao longo do texto, quando chama a si mesmo um "mascate," alguém que copia e propaga discursos, descrições e narrativas sem nada lhes acrescentar: "No mais, não inventei nenhuma dessas historietas maldosas: limito-me ao papel de mascate." (108).[37] Esse papel é contíguo à especial capacidade que Rameau tem, sublinhada por Jean Starobinski, de imitar vozes, de copiar os movimentos corporais de outras pessoas e, sobretudo, de incorporar o que quer que ele tenha em sua própria mente. Não sabemos se terá sido o Rameau histórico que inspirou essa característica tão evidente no Rameau ficcional – mas, sempre que ela surge, o Filósofo fica profundamente impressionado.

A peine entrais-je dans la carrière, que je dédaignai toutes les manières vulgaires de glisser un billet doux; j'ai dix moyens de me le faire arracher, et parmi ces moyens j'ose me flatter qu'il y a eu de nouveaux. [...] Si cela était écrit, je crois qu'on m'accorderait quelque genie." Ibid., p.441.

35 "Je suis rare dans mon espèce, oui, très rare." Ibid., p.452.

36 "Je suis pourtant bien subalterne en musique, et bien supérieur en morale." Ibid., p.477.

37 "Au demeurant de ces mauvais contes, moi, je n'en invente aucun; je m'en tiens au rôle de colporteur." Ibid., p.456.

Prosa do mundo

A "pantomima" de Rameau ocorre pela primeira vez logo após a cena em que ele produz um ruído com os ossos e as articulações de suas mãos:

> Ao mesmo tempo, assume a postura de um violinista, cantarola um *allegro* de Locatelli, seu braço direito imita o movimento do arco, sua mão esquerda e seus dedos parecem passear pela extensão do braço. Se uma nota desafina, ele para, aperta ou relaxa a corda, pinça-a com a unha, para assegurar-se de que está afinada. Retoma a peça no trecho em que que havia interrompido, marca o compasso com o pé, sacode a cabeça, os pés, as mãos, os braços, o corpo. [...] Em meio a suas agitações e seus gritos, se aparecia uma nota suspensa, um desses trechos harmoniosos em que o arco se move lentamente sobre várias cordas ao mesmo tempo, seu rosto assumia uma expressão de êxtase e sua voz se tornava delicada, escutava-se arrebatado. Certamente os acordes ressoavam em seus ouvidos e nos meus. Em seguida, recolocando seu instrumento sob seu braço esquerdo, do mesmo modo que o segurava, e deixando cair sua mão esquerda [sic], com o arco, dizia: E então, o que pensa disso? (55-57)[38]

---

38 "En même temps il se met dans l'attitude d'un joueur de violon; il fredonne de la voix un allegro de Locatelli; son bras droit imite le mouvement de l'archet, sa main gauche et ses doigts semblent se promener sur la longueur du manche; s'il fait un ton faux, il s'arrête, il remonte ou baisse la corde; il la pince de l'ongle pour s'assurer qu'elle est juste; il reprend le morceau où il l'a laissé; il bat la mesure du pied, il se démène de sa tête, des pieds, des mains, des bras, du corps. [...] Au milieu de ses agitations et de ses cris, s'il se présentait une tenue, un de ces endroits harmonieux ou l'archet se meut lentement sur plusieures cordes à la fois, son visage prenait l'air de l'extase, sa voix s'adoucissait, il s'écoutait avec ravissement. Il est sûr que les accords résonnaient dans ses oreilles et dans les miennes. Puis remettant son instrument sous son bras gauche de la même main dont il le tenait, et laissant tomber sa

É difícil imaginar no mundo real o próprio grau de complexidade que essa performance musical sem instrumento alcança na descrição do Filósofo (e na de Diderot), pois ele implica não apenas complexos movimentos do corpo, mas também, ao mesmo tempo, a reprodução de uma peça de música clássica através da voz de Rameau. Quanto mais o texto avança, mais frequentemente Rameau parece recorrer a tais momentos de virtuoso – até que progridem de uma performance solo para a ainda mais impossível imitação de uma orquestra inteira. Nas palavras do filósofo:

> Mas vocês não teriam segurado uma gargalhada diante do modo como ele arremedava os diferentes instrumentos: com as bochechas inchadas e cheias de ar, e um som rouco e taciturno, fazia as cordas e os fagotes; o som brilhante e anasalado do oboé; lançando sua voz com uma velocidade inacreditável ao fazer instrumentos de corda, para os quais procurava os sons mais aproximados; assobiava os flautins, arrulhava as flautas transversais, gritando, cantando, debantendo-se como um condenado; fazendo sozinho os bailarinos, as bailarinas, os cantores, as cantoras, uma orquestra inteira, todo um teatro lírico, dividindo-se em vinte papeis diferentes [...] (123-124)[39]

---

main droite avec son archet: Eh bien, me disait-il, qu'en pensez vous?" Ibid., p.415-16.

39 "Mais vous vous seriez échappé en éclats de rire à la manière dont il contrefaisait les différents instruments. Avec des joues renflées et bouffies, et un son rauque et sombre, il rendait les cors et les bassons; il prenait un son éclatant et nasillard pour les hautbois; précipitant sa voix avec une rapidité incroyable pour les instruments à corde dont il cherchait les sons les plus approchés; il sifflait les petites flûtes, il recoulait les traversières; criant, chantant, se démenant comme un

Prosa do mundo

Esses momentos não estão limitados à reprodução e à produção de música. Contando ao Filósofo uma história sobre um abade que, à entrada da Académie Française, sentiu o – metafórico – desejo de arrombar a porta com a cabeça, Rameau oferece sua própria – corpórea – interpretação da imagem em causa:

> Depois dessa historieta, meu homem se pôs a andar de cabeça baixa, de ar pensativo e abatido; ele suspirava, chorava, desolava-se, levava as mãos e os olhos aos céus, batia o punho contra a cabeça a ponto de quebrar a testa ou os dedos, e acrescentava: "Parece-me que ainda há algo lá dentro; mas não adianta bater, sacudir, não sai nada". Então recomeçava a sacudir a cabeça e a bater na testa com ainda mais força, e dizia: "Ou não tem ninguém lá dentro, ou não querem responder." (138)[40]

Proponho que se chame de "metabólico" esse verdadeiramente singular comportamento, provavelmente nascido da imaginação de Denis Diderot. "Metabólico" porque consiste numa contiguidade e numa troca entre a mente humana e o mundo material, uma contiguidade dentro da qual a mente se alimenta de corporealidade, com o efeito de ganhar uma vida física e de

---

forcené, faisant lui seul les danseurs, les danseuses, les chanteurs, les chanteuses, tout un orchestre, tout un théâtre lyrique, et se divisant en vingt rôles divers." Ibid., p.469.

40 "Après cette historiette, mon homme se mit à marcher la tête baissée, l'air pensif et abattu; il soupirait, pleurait, se désolait, levait les mains et les yeux, se frappait la tête du poing à se briser le front ou les doigts, et il ajoutait: 'Il me semble qu'il y a pourtant là quelque chose; mais j'ai beau frapper, secouer, il ne sort rien.' Puis il recommençait à secouer sa tête et à se frapper le front de plus belle et il disait: 'Ou il n'y a personne, ou l'on ne veut pas répondre'." Ibid., p.481.

devolver sua energia espiritual condensada em vida física para o mundo material. É difícil imaginar uma visualização e materialização mais intensa da inseparabilidade entre a autopercepção humana e a percepção humana do mundo físico. No texto de Diderot, ela vai de passo com inúmeros momentos em que "ELE" se refere a si mesmo ou a outras pessoas através de metáforas de animais, tal como lobos e tigres, por exemplo (92), macacos (175), cachorros (85) e gatos (103). Mais interessante ainda, nesse contexto, é o estatuto específico da música enquanto meio através do qual o sobrinho de Rameau dirige sua vida. Porque a música é um outro caso – e nada ficcional – de uma relação metabólica entre a mente e seu ambiente material. Na música, a mente se alimenta do som como dimensão primária do mundo físico, por assim dizer, como sua matéria-prima, para se tornar-se vida material e, então, devolver sua própria energia ao mundo material em formas canônicas, como canções ou sinfonias.

*

Hegel não foi o único grande pensador a considerar fascinantes e filosoficamente desafiadores o texto de Diderot e seu protagonista. Mais recentemente, Michel Foucault dedicou um capítulo inteiro de sua *História da loucura*[41] a *O sobrinho de Rameau*.[42] Não surpreende, portanto, dado o seu tópico, que tenha partido do foco sobre a "loucura" como uma de tantas etiquetas que o sobrinho utiliza para se descrever a si mesmo. Segundo Foucault, uma modalidade específica de loucura, a

---

41 Foucault, *História da loucura na Idade Clássica*. (N. T.)

42 O texto foi escrito em 1969. Veja-se: Schlobach, *Denis Diderot*, p.214-31.

ficcionalidade corporizada por Rameau, "flui de regresso à racionalidade", mais precisamente se torna parte de uma racionalidade do Iluminismo, "que só contra o pano de fundo da loucura consegue estar segura de si mesma".[43] Mas, se essa leitura é solidamente baseada no texto de Diderot, ela não localiza com precisão o que é epistemologicamente específico no diálogo entre "EU" e "ELE". Foucault talvez se aproxime do centro de energia dessa dinâmica intelectual com a fórmula de um "delírio de realidade" que ele associa aos momentos metabólicos de Rameau, interpretando-os como sintomas de uma posição radicalmente "anticartesiana". Se algum problema subsiste, ele tem a ver com a vontade de sugerir uma fórmula única que haverá de congregar os múltiplos aspectos que constituem o sobrinho de Rameau como personagem ficcional. Até mesmo Jean Starobinski, apesar de geralmente hesitar em desenhar uma abordagem abrangente à obra de Diderot, acaba por cair no feitiço dessa vontade quando se refere, a certa altura, a uma *esthétization à outrance* capaz de descrever Rameau desse modo amplo.

Claro que é verdade que as "pantomimas" de Rameau, enquanto prática de um personagem ficcional, marcam um possível contraponto com relação a uma filosofia que defina a ontologia da existência humana enquanto sinônimo de consciência. Porém, intrinsicamente, a tendência de Rameau para incorporar tudo que não lhe esteja materialmente presente parece ser apenas uma zona de intensidade dentro de uma identidade paradoxal a que, entre tantas dimensões, falta um centro. Até mesmo a prática metabólica de Rameau é escandida e fragmentada em sua ilimitada abertura ao mundo, e em sua recusa de

---

43 Foucault, op. cit., p.218.

alguma vez assentar sobre uma premissa comportamental única. O jogo permanente entre a contiguidade metabólica de Rameau com o mundo e seu perfil ao mesmo tempo complexo e nada estável, permeado por impulsos energéticos que tomam direções opostas, de algum modo se assemelha à figura do diabo – que a filosofia do século XVIII tanto se orgulhava de ter ultrapassado e que, simultaneamente, teve um forte e fascinante regresso com a figura de Mefistófeles no *Fausto* de Goethe.[44] Não creio que Diderot tivesse em mente esta potencial semelhança entre Rameau e o diabo, mas, por outro lado, é interessante ver que a palavra "diabo" tem presença constante (apesar de sempre casual) na linguagem de Rameau – e, tanto quanto sabemos, o mesmo se passava nas conversas cotidianas de Diderot.[45]

No entanto, a impressão de uma identidade de contornos sempre mutáveis na interação dos dois protagonistas se aplica à relação entre Diderot e seus personagens. Suas proporções são diferentes, em diferentes dimensões, e o que sobretudo torna Rameau parecido a seu inventor é a abertura dele, a generosidade e o desejo de partilhar com outros seus momentos individuais de fruição sensorial. Dito isso, imagino que Diderot não tivesse resposta clara à pergunta sobre se ele se identificava mais com o Filósofo ou com Rameau. Mas poderemos afirmar que, tal como Diderot, o Rameau ficcional jamais parece estar apressado. Pelo contrário, o "EU" ficcional insiste, com orgulho, que a caminhada de fim de tarde pelo Palais Royal faz parte de sua rotina diária.

---

44 Devo esta intuição a uma carta do meu amigo filósofo, José Luis Villacañas.

45 De acordo com sua filha Angélique, a última frase que o pai disse na vida começava com as palavras "quel diable" (veja-se o capítulo 8).

Prosa do mundo

*

Procurei argumentar que a configuração epistemológica que atribui a Denis Diderot e a suas obras um lugar excêntrico em nossa retrospectiva rumo ao final do século XVII e ao começo do XIX parece não ter sido um exclusivo de seu quadro mental. Talvez nem devêssemos falar de "configuração", pois esse quadro mental pode muito bem ter resultado de um estilo intelectual sem intenção de contornos, produto de uma permanente prática sem "consequências", mais do que um gesto intelectual consistente. Com certeza encontraremos aspectos e efeitos semelhantes a essa prática — e até estruturas mais complexas, através das quais eles convergem em novas combinações — nas obras de um pequeno grupo de autores e artistas contemporâneos, um grupo que não teria nem consciência dessa potencial afinidade. Uma figura eminente nesse contexto é Francisco de Goya, que tinha 38 anos quando Diderot morreu e que sobreviveu o escritor em 44 anos. Em fevereiro de 1799, um anúncio num jornal diário de Madrid divulgava que uma coleção de 80 gravuras de Goya sobre "tópicos excêntricos" ("asuntos caprichosos") estava para venda numa loja de "bebidas alcoólicas e perfumes" no centro da cidade. O texto breve que acompanhava, descrevendo a coleção, era do mais convencional que se poderia imaginar (e talvez até mais oportunista do que o habitual) na capital de uma monarquia que procurava desesperadamente parecer "iluminada":

> Persuadido o autor de que a censura dos erros e dos vícios humanos (ainda que pareça peculiar à eloquência e à poesia) pode também ser objeto da pintura: escolheu para temas proporcionados para sua obra, entre a multiplicidade de extravagâncias e desacertos comuns a

toda a sociedade civil, e entre as preocupações e embustes vulgares, autorizados pelos costumes, a ignorância ou o interesse, aqueles que acreditou estarem mais aptos a lhe fornecer material para o ridículo, exercitando ao mesmo tempo a fantasia do artífice.[46]

A afirmação de que as técnicas artísticas podem ser utilizadas para ridicularizar os vícios predominantes na sociedade contemporânea, a consequência de que essa função crítica pode ir de par com a exibição da imaginação artística, e a educada e modesta hesitação sobre a eficiência das obras de arte em comparação com textos satíricos, todas essas três premissas se incluem em velhas tradições poetológicas. Se, por um lado, não existe uma forte razão biográfica para suspeitar do ceticismo de Goya em relação a essas declarações, por outro lado há duas características de um certo grau de nervosismo que pode ter acompanhado a publicação dos *Caprichos*.

Poucos dias antes de as gravuras serem colocadas à venda, Goya passou a que tem a legenda "El sueño de la razón produce monstruos" (hoje a mais famosa), de uma potencialmente programática posição inicial na série para o n° 43. Em seguida, pouco tempo depois da publicação do anúncio, e com nada mais que 27 exemplares vendidos, retirou a coleção do mercado. Isso não significa necessariamente que Goya estivesse mentindo sobre suas intenções por haver uma função diferente — politicamente provocatória — a esconder. Creio em vez disso que, à semelhança de Diderot, ele tinha uma vaga consciência de um potencial de provocação inerente à sua obra — embora esse potencial não resultasse de uma estratégia deliberada.

---

46 *Diario de Madrid*. 6 fev. 1799. Tradução minha.

Prosa do mundo

Especialmente na primeira metade da coleção, prevalecem imagens e tópicos referentes a inquietações pertencentes à agenda geral do Iluminismo. As situações relacionadas à educação são as que, entre elas, mais proeminentemente figuram, junto com cenas representando o hábito de casar moças bonitas e jovens com homens ricos e velhos (e muitas vezes feios). Esse era um motivo que, sob o lema "El sí de las ninas" ("O sim das meninas," a partir de uma peça teatral de Fernando de Moratín, amigo de Goya), ecoava com particular força na sociedade espanhola. Mas as verdadeiras gravuras quase nunca correspondem às expectativas iluminadas que talvez tenham começado por evocar. A educação, por exemplo, jamais aparece como prática generosa que facilita o desenvolvimento de personalidades autônomas e moralmente responsáveis. Sequer os *Caprichos* nos deixam a impressão inequívoca de serem vítimas aquelas moças à beira de desposar velhos maridos ricos. O Capricho 2 já se distancia da perspetiva convencional: a legenda "El sí pronuncian y la mano alargan" ("Pronunciam o sim e estendem a mão") parece atribuir ao menos uma parte da responsabilidade dessa relação assimétrica à moça jovem a que se refere, porque a máscara que ela está usando deve ser vista como estratégia para esconder sua própria identidade e suas intenções. Deveria afinal considerar-se como vítimas os dois homens velhos que ela tem à direita e à esquerda?

Poderemos colocar uma pergunta semelhante perante o Capricho 14, com sua legenda "Que sacrificio!" Ali, o homem velho tem uma corcunda — o que, segundo padrões da atual sensibilidade, naturalmente atribuiria a ele o papel de vítima. E, mesmo no contexto do século XVIII, o contraste entre a expressão de entusiasmo no rosto dele e o gesto de hesitação da moça, junto com as obscuras figuras que a rodeiam, causam interpretações ambíguas sobre a relação dos dois. Para toda a coleção dos *Caprichos*, conservou-se uma série de três reações contemporâneas diferentes para cada uma das gravuras; essas reações documentam a confusão que deverão ter produzido tais distanciamentos das perspetivas esperadas em várias imagens de Goya. No caso do Capricho 14, dois desses comentários se apercebem da distribuição mais ou menos igual das vantagens e desvantagens por ambos os protagonistas. Se a deformação física do noivo é entendida como repugnante, uma conclusão mais abrangente estabelece que enquanto ele sacrifica o dinheiro pelo privilégio de partilhar sua cama com uma bela jovem, as moças alcançam uma situação econômica melhor, para elas e para suas famílias: "Como há der ser isso! O noivo não é dos mais desejáveis; mas é rico e, à custa da liberdade de uma garota infeliz, às vezes uma família faminta compra sua ajuda. Assim vai o mundo."[47] O terceiro comentário, pelo contrário, corresponde a uma perspectiva mais convencional sobre esse tópico, que identifica uma ligação entre noivos, famílias e a Igreja, contra o interesse de jovens moças, assim reduzindo a ambiguidade das legendas, que deixam em aberto qual dos dois protagonistas faz o verdadeiro "sacrifício": "O vil interesse obriga os pais a sacrificarem uma linda filha casando-a com um velho corcunda, e não falta um padre para patrocinar esses casamentos."

A afinidade entre os *Caprichos* de Goya e o horizonte epistemológico que começamos por identificar em alguns textos de Diderot depende da perspectiva do observador, perspectiva inerente à maioria das gravuras e que muitas vezes transforma situações, emblemáticas para as bem instaladas posições morais,

---

47 Helman, *Trasmundo de Goya*, p.219-41. Tradução minha.

em cenas de provocatória contingência. Assim, as gravuras de Goya terão dado aos observadores contemporâneos a oportunidade e o desafio de confrontarem-se com uma complexidade subitamente acrescida do mundo – levando-os para situações nas quais eles tiveram de ajuizar, sem qualquer orientação pré-definida (o que explica os comentários tantas vezes hilariantes).

O contraste entre as expectativas padrão e as imagens de Goya talvez tenha sido ainda mais intenso em suas gravuras sobre a educação. Elas revelam pais mentindo a seus filhos para mantê-los em sossego (2), filhos tão mimados pela educação que são incapazes de abandonar a infância (4), burros no lugar de instrutores e de estudantes (37-41). Esses efeitos drásticos são muitas vezes produto de sutis distâncias e alterações entre as opiniões da moralidade convencional e cada uma das imagens de Goya. Tal como nos textos de Diderot, produzir efeitos de contingência tem a ver com nuances, mais do que com distinções muito claras.

Essa mesma técnica é bem visível no Capricho 43, e talvez tenha sido essa a razão para Goya originalmente colocá-lo abrindo a coleção – e a mesma que o levou a mudar seu lugar justo antes da publicação. O Capricho 43 também é a única imagem da série que inclui a sua própria legenda: "El sueño de la razón produce monstruos". Nessa legenda convergem os três comentários, numa leitura que compreende o sono (ou sua ausência) da razão como condição na qual surgem "fantasias" ou "visões" perturbadoras – e uma das reações acrescenta que tais fantasias podem também tornar-se a "mãe da arte" e a "origem de maravilhas". Porém, de um ponto de vista puramente gramatical, e por conta do duplo sentido do nome espanhol "sueño" ("sono" e "sonho"), a legenda pode também ser entendida no sentido contrário – e, nesse caso, diretamente anti-iluminado: "o sonho da razão produz monstros". Nunca saberemos se Goya estava ciente dessa ambiguidade, ou se desejou que ela existisse – se bem que o reposicionamento do Capricho 43 parece sugerir que ele tenha antevisto a possibilidade – e o perigo – de uma leitura não ortodoxa.[48] Aqui, o aspecto verdadeiramente interessante é a tendência, característica dos *Caprichos* e de sua perspectiva implícita do observador, para uma desestabilização interpretativa e para efeitos de contingência com base em desvios mínimos em relação às convenções icônicas. Para além de sua legenda ambígua, os "monstros" retratados no Capricho 43 são menos assustadores do que poderíamos imaginar. Eles se assemelham a corujas de rostos humanos e amigáveis – e sua plumagem parece tão suave que quase desperta o desejo de ser tocado por elas.

Na sequência do Capricho 43, somos confrontados com algumas imagens que não produzem efeitos de contingência, por apresentarem certos motivos sem aspectos de ambiguidade ou oscilação. Muitas dessas gravuras apresentam aspectos de uma relação metabólica com o mundo, acima de tudo e com maior agudeza o perturbador Capricho 69, em que se mostram cinco velhos nus ou seminus em contato físico com quatro crianças despidas. Um dos velhos está segurando uma das crianças pelas pernas, junto de um fogo, o que pode explicar por que sai um

---

48 Hans Martin Gauger, eminente especialista na história das línguas ibéricas, me forneceu diversos argumentos para comprovar que, de um ponto de vista tanto gramatical quanto histórico, o primeiro – iluminado – sentido da legenda é a leitura mais provável dessa frase. Concordo – mas não creio que o sentido contrário possa ser definitivamente eliminado.

sopro do ânus da criança. "Sopra" é o título – que pode ser lido como "sopra!" ou como "está soprando".

No entanto, o motivo predominante na segunda parte dos *Caprichos* integra figuras humanas ou híbridas sendo carregadas pelo ar, flutuando ou voando. Podemos interpretar esses corpos flutuantes e voejantes como mais uma modalidade da relação metabólica entre humanos e o mundo. Porque flutuar e voar – enquanto condições que claramente não estão acessíveis aos humanos – podem ser entendidos (conforme demonstrou Heinrich von Kleist, em seu ensaio "Sobre o teatro de marionetes") como símbolos de um equilíbrio entre o efeito de gravidade, através do qual as figuras se ligam à terra, e um efeito contrário de elevação (que Kleist relaciona a uma dimensão religiosa apenas vagamente invocada, enquanto Goya o associa com bruxaria e outras tradições folclóricas).

Os comentários contemporâneos parecem desesperados na tentativa de resgatar a possibilidade de sentidos coerentes ou mesmo edificantes. O Capricho 65, com a legenda "Onde vai mamãe?", mostra uma velha mulher obesa, levada pelo ar e abraçada por várias figuras folclóricas de rostos muito masculinos. Os comentários (nesse caso, apenas dois) dizem:

> – Madama está com hidropisia e mandam-na passear. Deus queira que se alivie.
> – A lascívia e a embriaguez nas mulheres trazem consigo infinitas desordens e verdadeira feitiçaria.

Nenhuma das duas reações parece concordar com o sentido a atribuir à gravura. Na impossibilidade de encontrar uma interpretação convencional, ou pelo menos plausível, a primeira refere-se à estrutura institucional de um tratamento médico (segundo os padrões profissionais da época de Goya), ao passo que a segunda reverte para um gesto moralista, pois pertence ao gênero satírico.

Para nós, o entendimento que verdadeiramente interessa parece ser o de que a arte de Goya começa a imaginar relações diferentes entre os seres humanos e seu entorno material, para cujas formas muito literalmente metabólicas ainda não possuímos conceitos suficientemente diferenciados. A outra afinidade entre os *Caprichos* de Goya e *O sobrinho de Rameau* de Diderot se encontra num efeito de abertura semântica e de abertura ao mundo. Ele emerge da estrutura do texto e da estrutura serial da coleção, que não tem uma fórmula, nem um ponto de fuga que reúnam os fenômenos referidos numa condensação, ou numa síntese. Tanto no final do texto de Diderot quanto no final dos *Caprichos*, sentimos que estivemos perante um desmantelamento do mundo tal como o conhecíamos, um desmantelamento que se transforma na pré-condição de uma explosão em perspectivas centrífugas, e para a emergência de um metabolismo novo, mas ainda desconhecido, entre corpos humanos e o mundo material que é seu ambiente ao redor.

*

Se, pelo menos na primeira metade dos *Caprichos*, Goya tende a nos confrontar com figuras que a uma primeira vista parecem genéricas, para transformá-las em cenas de contingência, o cientista e filósofo da natureza alemão Georg Christof Lichtenberg tem em comum com Denis Diderot, que morreu quando ele tinha 42 anos de idade, uma insistência na singularidade, que ele orquestra rumo a uma multiplicidade de perspectivas conceituais e práticas diferentes. Isso não sucede logo em seus escritos acadêmicos, que lhe granjearam um professorado na Universidade de Göttingen, grande respeito na República das Letras e um lugar na História da Ciência, mas sim em seus *Cadernos de Anotações* (*Sudelbücher*), cadernos de notas breves que ele foi registrando desde 1765 até a sua morte em 1799. Os *Cadernos de Anotações* conferiram a Lichtenberg, até hoje, o estatuto permanente de um autor popular entre os intelectuais.

Numa das reflexões dos anos iniciais desses *Cadernos*, Lichtenberg atalha por uma tendência para referir-se a seu próprio tempo a partir de um "ângulo totalizante" (como hoje diríamos, com igual tom crítico), assim trazendo para diante a dimensão da singularidade:

> A História de cada século é formada pelo conjunto das Histórias de cada ano. Para retratar o espírito de um século não se pode apenas costurar uns aos outros os espíritos de cada ano; porém, é sempre útil para aqueles que desejam imaginá-lo, conhecê-los também. [49]

Nessas palavras breves, Lichtenberg desenvolve uma visão complexa de nossa relação intelectual com o passado. Em primeiro lugar, ele não exclui categoricamente a possibilidade de "retratar o espírito de um século". O que para ele é implausível

---

49 "Die Geschichte eines Jahrhunderts ist aus den Geschichten der einzelnen Jahre zusammengesetzt. Den Geist eines Jahrhunderts zu schildern, kann man nicht die Geister der einzelnen Jahre zusammenflicken, unterdessen ist es dem, der ihn entwerfen will, allemal nützlich auch die letzteren zu kennen, sie können ihm immer neue Punkte darbieten, seine steten Linien dadurch zu ziehen." Lichtenberg, *Sudelbücher*, B 18, 35. Tradução minha.

é apenas um processo indutivo que fosse dirigido a partir do conhecimento de anos individuais, para um panorama abstrato de um período temporal. A esse processo ele se refere – criticamente – usando a metáfora de "costurar uns aos outros" (*zusammenflicken*). Pelo contrário, Lichtenberg sugere que se desenhem "linhas estáveis" (*stete Linien*) – e essa expressão deve referir-se a conceitos gerais que não se obtêm por indução – através de anos individuais, pois essa prática "produziria sempre novos aspectos". À redução concetual Lichtenberg parece preferir que se ergam anos individuais contra o fundo de conceitos abstratos, para que esses anos revelem sua complexa singularidade.

Esse desejo intelectual de complexidade deve ter estado na origem e deve ter sido o ponto de fuga de suas infindáveis anotações sobre a natureza e as funções da linguagem. Seu motivo recorrente é o sublinhar de uma assimetria entre o mundo dos objetos e a linguagem, ou, mais precisamente, de a incapacidade de a linguagem corresponder ao mundo em sua variedade infinita de formas e nos modos específicos através dos quais essas formas se combinam com coerência. Perante tal premissa, palavras diferentes jamais poderão ser verdadeiramente sinônimas: "Não existem sinônimos. As palavras que consideramos para eles certamente não expressam monotonia para seus inventores, mas presumivelmente espécies".[50] Para Lichtenberg, *Einerlei* se refere à singularidade, na medida em que permanece inacessível aos conceitos abstratos, e em seu uso da palavra *Species* encontramos a mesma reserva contra tudo o que seja genérico, tal como

---

50 "Es gibt keine Synonyma, die Wörter die wir dafür halten haben ihren Erfindern gewiss nicht Einerlei sondern vermutlich Species ausgedruckt." Ibid., A 30, 15. Tradução minha.

Prosa do mundo

víramos no comentário irônico de Rameau sobre o conceito de *espèce*. Ao mesmo tempo, as palavras, em sua fundamental separação, nunca poderão capturar o modo específico pelo qual fenômenos diferentes, especialmente fenômenos pertencentes à "alma" humana, relacionam-se uns com os outros:

> É um erro inevitável de todas as línguas que elas expressem apenas gêneros de termos e raramente digam o que querem dizer. Pois, se compararmos nossas palavras com as coisas, descobriremos que as últimas procedem em uma ordem bem diferente das primeiras. As propriedades que notamos em nossa alma estão tão juntas que não é fácil definir uma fronteira que existisse entre duas, as palavras com que as expressamos não o são, e se tornam duas propriedades sucessivas e relacionadas expressas por signos que nos mostram nenhum relacionamento.[51]

Através da fenomenologia da alma humana, usada como exemplo por Lichtenberg, esta reflexão nos leva de volta à dimensão de "nuance" que também permeia a percepção que Rameau tem do mundo e dos gestos com os quais ele reage a esse mundo. E, uma vez que, de acordo com Lichtenberg, nenhuma palavra poderá alguma vez fazer justiça ao fenômeno a que alude, uma outra semelhança entre a personagem de Rameau e o autor Lichtenberg reside na tendência persistente que ambos têm

---

51 "Es ist ein ganz unvermeidlicher Fehler aller Sprachen, dass sie nur genera von Begriffen ausdrücken, und selten hinlänglich das sagen, was sie sagen wollen. Denn wenn wir unsere Wörter mit den Sachen vergleichen, so werden wir finden, dass die letzteren in einer ganz anderen Reihe fortgehen als die ersteren." Ibid., A 109, 24. Tradução minha.

para gerar longas listas de palavras que parecem ser – mas de fato não são – sinônimas:

> Troveja, *uiva*, *late*, sibila, assobia, ruge, corre, zumbe, zune, estoura, *chia*, *geme*, *canta*, chocalha, estala, sacoleja, crepita, chacoalha, *rosna*, *estrepita*, *lamenta*, *choraminga*, *soa*, *murmura*, racha, *gorgoleja*, tine [...] Essas palavras e outras que imprimem sons não são meros signos, mas uma espécie de escrita pictórica para o ouvido.[52]

Nem todos estes verbos são claramente onomatopaicos, como Lichtenberg parece deixar implícito ("escrita pictórica para o ouvido"), mas, em sua acumulação, eles se tornam um sintoma do prazer que o autor experiencia em seu ser material enquanto sons e enquanto marcas sobre o papel.

Se os *Caprichos* de Goya constituem a produção de contingência como processo e a contiguidade metabólica com o mundo físico enquanto tópico na justaposição de 80 gravuras, também ocorrem ao longo das reflexões de Lichtenberg momentos metabólicos sobre a singularidade, a nuance e a materialidade da linguagem. Observamos uma obsessão com beijar, morder e comer e o estatuto de tais atos nem sempre é inequivocamente metafórico: "Ele não tinha apetite para nada e ainda assim comia

---

52 "Es donnert, *heult*, *brüllt*, zischt, pfeift, braust, saust, summet, brummet, rumpelt, *quäkt*, *ächzt*, *singt*, rappelt, knallt, rasselt, knistert, klappert, *knurret*, *poltert*, *winselt*, *wimmert*, *rauscht*, *murmelt*, kracht, *gluckset*, *roecheln* [sic], klingelt, [...] Diese Wörter und noch andere, welche Töne ausdrucken, sind nicht blosse Zeichen, sondern eine Art von Bilderschrift für das Ohr." As referências de Lichtenberg são a onomatopeias nos verbos alemães, nem sempre detectáveis nas formas verbais noutras línguas, devido ao caráter culturalmente específico e de difícil transposição entre idiomas. (N. T.)

Prosa do mundo

de tudo". "Um rosto não é para beijar, mas para morder."[53] Essa obsessão é o que mais se aproxima das "pantomimas" de Rameau (sem, é claro, lhes ser totalmente equivalente), quando Lichtenberg descreve as reações fortes de seu corpo a momentos de emoção, mesmo quando a intensidade dessas emoções é suscitada através da mediação da linguagem:

> Também li muitas vezes prosa que descreve minhas sensações com um deleite que cobriu meu mortal manto de arrepios voluptuosos: acreditei [...] ouvir os passos do Todo-Poderoso enquanto ouvia música sacra e o trovão da tumba, e chorei lágrimas de devoção. Com uma luxúria inexprimível, ainda penso no dia passado em que, na Abadia de Westminster, caminhando sobre a poeira de reis, eu rezava para mim mesmo as palavras, Antes de existirem as montanhas e de serem criados a terra e o mundo, você era para Deus desde a eternidade até à eternidade.[54]

Apesar de toda sua distância em relação às convenções acadêmicas, a maioria das anotações de Lichtenberg vão atrás de

---

53 "Er hatte zu nichts Appetit und ass doch von Allem." Lichtenberg, op. cit., B 3, 34. "Ein Gesichtchen nicht zum Küssen, sondern zum Hineinbeissen." Ibid., L 16, 475. Tradução minha

54 "Auch ich habe meine Empfindung beschreibende Prosa oft mit einem Entzücken gelesen, das meine sterbliche Hülle mit einer wollüstigen Gänsehaut überzog: ich habe [...] bei heiliger Musik und unter dem Donner der Pauken die Tritte des Allmächtigen zu hören geglaubt und Tränen der Andacht geweint. Mit unaussprechlicher Wollust denke ich noch an den Tag zurück, da ich in Westminster Abbey, über den Staub der Könige wandelnd, bei mir selber die Worte betete, Ehe denn die Berge worden und die Erde und die Welt geschaffen worden bist du Gott von Ewigkeit zu Ewigkeit." Ibid., E 191, 207. Tradução minha.

questões filosóficas canônicas, e deve ser essa a razão pela qual o retrato que fazem das camadas metabólicas na vida humana surge mais atenuado do que nos monólogos de Rameau em Diderot ou nos *Caprichos* de Goya. Mas o que interessa, em nossa tentativa de desenrolar a fenomenologia da "prosa do mundo", enquanto grelha epistemológica que subjaz a uma forma de existência específica, é a contiguidade recorrente entre passagens que recordam momentos metabólicos na vida de Lichtenberg e a preocupação deste com a singularidade e a nuance.

Para concluir, pretendo me centrar agora sobre um dos personagens ficcionais mais coloridos do patrimônio cultural europeu, uma figura que – visto desde nosso ponto de vista específico – pode assemelhar-se a um irmão do sobrinho de Rameau, ainda que (ou devido a) seu papel tenha sido provavelmente inventado como contraponto drástico a tudo aquilo que o século XVIII considerava ser "filosófico". Trata-se de Papageno, do libreto de Emanuel Schikaneder para a ópera de Mozart *A flauta mágica*. Passarei ao lado das questões que têm estado no centro de longos debates entre musicólogos e historiadores da cultura, acerca da influência que o pensamento maçônico terá tido nesse texto, acerca do teatro da periferia de Viena de Áustria, com seu público pouco sofisticado, onde a ópera estreou em 1791, e acerca de algumas dúvidas relacionadas com a autoria de Schikaneder – que foi também o empresário financiador da performance e o primeiro ator a interpretar Papageno. Pretendo refletir a partir de uma intuição acerca da possível afinidade entre Papageno e a configuração da "prosa do mundo".

Logo desde a primeira aparição dele no palco, de imediato se percebe que Papageno não só está consciente, como Rameau, do lado animal da existência humana enquanto condição geral, mas

Prosa do mundo

que ele deve ser visto, dentro da economia narrativa dos diferentes personagens, como figura híbrida entre o mundo humano e o mundo dos pássaros:

> *Papageno chega, vestido de penas. Traz às costas uma gaiola grande com diversos pássaros. Nas mãos segura uma pequena flauta.*[55]

PAPAGENO:
Der Vogelfänger bin ich ja,
Stets lustig, heisa, hopsasa!
Ich Vogelfänger bin bekannt
bei Alt und Jung im ganzen Land.
Weiss mit dem Locken umzugehn
und mich aufs Pfeiffen zu verstehn.
Drum kann ich froh und lustig sein,
Denn alle Vögel sind ja mein.

[...]

ein Netz für Mädchen möchte ich,
ich fing sie dutzendweis für mich.
Dann sperrte ich sie bei mir ein,
Und alle Mädchen wären mein.

Wenn alle Mädchen wären mein,
so tauschte ich brav Zucker ein.
Die, welche mir am liebsten wär',
der gäb ich gleich den Zucker her.
Und küsste sie mich zärtlich dann,
wär' sie mein Weib und ich ihr Mann.
Sie schlief an meiner Seite ein,
ich wiegte wie ein Kind sie ein (43f.)[56]

PAPAGENO:
Eu sou o apanhador de pássaros,
sempre feliz! Olé!
Eu, apanhador de pássaros, sou famoso
entre jovens e velhos por toda a terra.
Sei contornar armadilhas
entender-me com a flauta,
Por isso posso ser contente e feliz,
porque todos os pássaros são meus.

[...]

Queria ter uma rede para caçar moças
às dúzias para mim só.
Então eu as guardaria em minha casa
e todas as moças seriam minhas.

Quando todas as moças fossem minhas,
eu lhes daria açúcar.
Àquela que de mim se enamorasse
eu daria logo logo açúcar.
E se ela ternamente me beijasse,
seria ela minha esposa e eu seu marido.
Ela dormiria a meu lado
e eu a ia embalando como a uma criança.

---

55 O original alemão dessa didascália não está disponível na edição bilíngue que utilizei (veja-se a nota seguinte).

56 Citado a partir da edição bilíngue de Burton D. Fisher, *Mozart's the Magic Flute*. Opera Classics Library Series.

Mais tarde, os espectadores vão conhecer o costume que Papageno tem de se comparar a todos os tipos de animais, tigres, ratos e caracóis; e também vão ficar sabendo que Tamino, o típico príncipe que demanda sua princesa romântica, e amigo de Papageno, não está bem certo de poder considerá-lo humano: "Weil... weil ich zweifle ob du ein Mensch bist" (46).[57] Logo em sua primeira ária, Papageno se descreve a si mesmo como aquilo que o sobrinho de Rameau considerara "um diabo de chilrada": alguém capaz de imitar as vozes de todos os pássaros, assobiando e tocando a flauta, para assim atraí-los e caçá-los. Quer a sua própria presença física quer a relação com os pássaros de seu entorno constituem uma versão elementar daquilo que descrevi como forma metabólica de vida, e isso também é verdade no caso da relação de Papageno com as "moças": ele quer caçá-las com uma rede (como se elas fossem aves), para poder possuí-las; quer oferecer açúcar "àquela que mais ame" e depois beijá-la para que sejam marido e esposa e durmam junto um do outro.

Mas essa inocência de dormir junto de uma moça apenas a "embalando como a uma criança" é apenas uma das faces da animalidade de Papageno; a outra é a de procriar, e a procriação dominará a relação dele com sua "Weibchen"[58] Papagena no final da ópera:

---

57 "Porque... porque eu duvido que você seja humano."
58 Até poucas décadas atrás, o segundo sentido do diminutivo alemão "Weibchen", além de "esposazinha", era "fêmea", no sentido estritamente zoológico.

BEIDE:	OS DOIS:
Welche Freude wird das sein, wenn die	Que alegria seria se os
Götter uns bedenken, unsrer liebe Kinder	deuses, em nós pensando, ao nosso
Schenken, so liebe, kleine Kinderlein!	amor crianças ofertassem, tão amorosas
	criancinhas!
PAPAGENO:	PAPAGENO:
Erst einen kleinen Papageno.	Primeiro, um pequeno Papageno.
PAPAGENA:	PAPAGENA:
Dann eine kleine Papagena.	Depois, uma pequena Papagena.
[...]	[...]
BEIDE:	AMBOS:
Papageno! Papagena!	Papageno! Papagena!
Es ist das höchste der Gefühle,	Seria a mais alta satisfação
wenn viele, viele Papageno/a,	se muitos muitos Papagenos / Papagenas
der Eltern Segen werden sein (108).	dos pais fossem as bênçãos.

Uma relação romântica, em sua complexidade e profundidade emocional, com tensões, lutas interinas, estratégias e momentos de satisfação, pelo contrário, não consta das opções da existência de Papageno. Ou ele abraça as "moças" com ternura, ou vai procriar com sua "mulherzinha" e, nessa condição, se descobre ainda mais um conjunto de afinidades com Rameau, o qual, apesar de sua inteligência e devido a sua franqueza, também não possui profundidade psicológica e pode, por isso, admirar o corpo perfeito de sua esposa, prostituí-la, e não sentir qualquer pesar quando ela o abandona.

O que Papageno — o caçador de aves, o "diabo de chilrada" — consegue obter com seu assobio e sua flauta encontra equivalente entre os protagonistas mais "sérios" do libreto de Schikaneder, a saber, a "flauta mágica," um motivo folclórico que deu nome à ópera e que Parmeno recebe das "Três Damas" antes de sua viagem ao estranho país de Sarastro:

ERSTE DAME:	PRIMEIRA DAMA:
O Prinz nimm dies Geschenk von mir!	Oh Príncipe, leva de mim essa oferta!
Dies sendet uns're Fürstin dir.	Ela mandou para ti nossa Rainha
Die Zauberflöte wird dich schützen,	A Flauta Mágica te protegerá,
im groessten Unglück unterstützen.	em maiores tristezas te apoiará.
DREI DAMEN	AS TRÊS DAMAS:
Hiermit kannst du allmächtig handeln,	Com ela serás onipotente,
der Menschen Leidenschaft verwandeln:	as paixões das pessoas transformar:
der Traurige wird freudig sein,	os tristes serão felizes,
den Hagestolz nimmt Liebe ein (54).	os solteiros tomarão amor.

Essa segunda flauta protegerá Tamino e Papageno, pois, com seus "tons melodiosos [...] tem o poder de deleitar até os animais selvagens" (66) – só que não atrai a espantosamente razoável Pamina, que Tamino adora – e que só parece reagir à simples flauta de Papageno (67). Ao invés de considerar a metafísica (ou a mecânica) de todas as flautas e "conjuntos de sinos" (68) do texto de Schikaneder – texto esse que com certeza não foi escrito para as muitas sofisticadas interpretações que, ao longo dos últimos dois séculos, tem suscitado –, pretendo sublinhar uma característica final que o *libretto* tem em comum com *O sobrinho de Rameau*. Se Diderot inventou um diálogo que oscila energicamente entre dois personagens tão profundamente diferentes como são o Filósofo e o sobrinho de Rameau, a vivacidade do texto de Schikaneder, de igual modo, também não emerge da oposição entre o império ao mesmo tempo iluminado e de aparência monástica de Sarastro e o mundo dominado pela Rainha da Noite, mas sim da interferência entre, por um lado, esses dois mundos muito sérios e, por outro, Papageno e Monostatus (o equivalente moralmente malévolo de Papageno). Em termos mais abstratos, pode-se afirmar que *A flauta mágica*, assim como *O sobrinho de Rameau*, fala sobre a interação, a interferência e a oscilação entre formas de vida racionais e metabólicas. Essa intersecção complexa e historicamente específica de motivos, conceitos e valores distintos e impossíveis de conciliar não só forneceu a forma básica e o sabor, quer ao texto de Schikaneder, quer ao de Diderot, mas pode mesmo ter correspondido à Maçonaria, enquanto mundivisão complexa e altamente eclética, cujas onipresença e influência culminaram no final do século XVIII. Se Schikaneder tentou, embora sem grande sucesso, fazer prevalecer no final o mundo iluminado, a maior simpatia de Diderot pelo sobrinho foi evidente desde o começo.

*

Creio que essa simpatia palpável por esse protagonista excêntrico está entre as características que fazem de Denis Diderot uma figura potencialmente sedutora aos olhos dos leitores do século XXI. Sociologicamente falando, a forma de vida do sobrinho se assemelha, de perspectivas variadas, àquela de um sem-teto dos dias de hoje (na verdade, ele não tem uma residência). Mas a vontade incondicional de Rameau de "estar e de permanecer" em Port Royal, no ambiente material que o acaso ou o destino lhe atribuiu, sua convergência paradoxal de exuberância, concretude e rigor discursivo, junto com sua relação metabólica com as coisas e os corpos ao redor (e possivelmente também a ausência de qualquer moralidade coerente) conferem a esse protagonista o estatuto de um potencial objeto de desejo para pessoas como nós, em cuja vida nada consegue já escapar à suspeita de ser "virtual" ou "construído". Essa é a fascinação específica a que aludo no título deste capítulo e, à falta de melhor conceito, com a palavra "ontologia", é a fascinação que também está detrás de nossa tendência para separar Rameau do

Filósofo, com quem, à primeira vista, pensamos que mais facilmente nos identificamos.

Estou certo de que nenhuma dessas ideias passaria pelo pensamento de Diderot durante as várias fases de seu trabalho no manuscrito de *O sobrinho de Rameau*. Mesmo o entusiasmo de Goethe o teria surpreendido, pois ele não chegou a testemunhar o desenvolvimento total do Idealismo filosófico, o qual mais provavelmente, como fundo contrastante, explica a popularidade específica de *O sobrinho de Rameau* entre os intelectuais alemães. Assim como a maioria dos escritores do passado que consideramos importantes, sem o querer, Denis Diderot pode ter estado à frente do seu tempo (embora ele não tivesse qualquer ambição de estar). Afirmei que os textos de Diderot, ao contrário dos de Voltaire e de Rousseau, nunca predominaram em momento algum da história de sua recepção — apesar disso, não só é possível discernir sinais de admiração explícita, mas, mais interessante ainda, achar sintomas de afinidade com o estilo intelectual de Diderot e com sua estrutura epistemológica entre vários escritores e artistas europeus da geração que ainda conviveu com a sua e da que veio depois.

Refiro apenas aqueles a que já fiz alusão: Francisco de Goya nasceu em 1742, Georg Christof Lichtenberg em 1748, Johann Wolfgang von Goethe em 1749, Emanuel Schikaneder em 1751 e Wolfgang Amadeus Mozart em 1756. Todos eram famosos em seus respectivos mundos institucionais e regionais, mas é provável que, à data da morte de Mozart, em dezembro de 1791, nenhum deles soubesse dos restantes. Certamente não existiu a consciência de um ponto de fuga, por mais vago que o entendêssemos, em que as obras destes escritores e artistas pudesse ter convergido, e que eles tivessem em comum com

Diderot. Mesmo assim, estou tentado a buscar uma condição conjunta nas vidas deles, que pudesse dar conta de sua afinidade intelectual. E, se me parece impossível obter respostas que não sejam banais, considero muito significativo que quatro desses seis protagonistas tenham se debatido – em termos de saúde física e emocionalmente – com deficiências físicas. No começo de 1793, uma grave doença, de natureza desconhecida, deixou Goya praticamente surdo; devido a uma malformação da coluna, Lichtenberg era invulgarmente baixo, ficou mesmo com uma corcunda e tinha dificuldade em respirar, além de problemas cardíacos, que lhe causavam surtos de ansiedade; um ano antes de morrer, Schikaneder foi diagnosticado com um "surto de insanidade"; Mozart, como bem lembra um cantor de ópera seu contemporâneo, era "um homem extraordinariamente pequeno, muito magro e pálido" e vivia infeliz com esse seu aspecto (além do mais, há motivos para crer que exibia sinais do que consideraríamos hoje como "síndrome de Tourette", uma tendência para movimentos compulsivo-obsessivos do corpo, muitas vezes acompanhados por obscenidades verbais).

Tanto Denis Diderot como Johann Wolfgang von Goethe, por seu lado, e pelos padrões do século XVIII e começos do XIX, viveram vidas longas e saudáveis. Mas, ao contrário de Goethe, sabemos que Diderot não gostava de viajar. Sua sensibilidade ao mundo material, junto com a sua imaginação, não dependia, provavelmente, de situações de imediatez e de proximidade física.

IV
"Coisas bizarras escritas sobre o grande rolo"[1] – Poderes da contingência em *Jacques, o fatalista e seu amo*

Apesar de a palavra ter tido um sentido instável e, por isso, não ter sido usada com frequência durante o século XVIII,[2] vimos que o sobrinho de Rameau, protagonista do derradeiro texto ficcional de Diderot, leva uma vida guiada pela premissa prática da contingência, pois ele se orgulha da recusa de identificação de (quanto mais preocupar-se com) qualquer consistência em seu comportamento e ações. Por isso, a insistente afirmação do Filósofo ficcional segundo a qual deveria existir um valor conjunto de felicidade e uma via obrigatória para a sua realização, deve parecer a Rameau qualquer coisa de "romanesco" e "bizarro":

---

1 Diderot, *Jacques le fataliste et son maître*, p.111. "Choses bizarres écrites sur le grand rouleau": Jacques, 610. Diderot, *Oeuvres romanesques*. p.493-780. Agradeço a minha amiga Blanche Cerquiglini ter-me ajudado na formulação do título desse capítulo.

2 Contingente (*Encyclopédie*): "Le mot de contingent est très équivoque dans les écrits de la plupart des philosophes." (M. Formey) "A palavra *contingente* é muito equívoca nos escritos da maioria dos filósofos." Tradução minha.

Acreditam que a mesma felicidade foi feita para todos. Que visão estranha! Sua felicidade supõe certo pendor romanesco que nós não possuímos, uma alma singular, um gosto particular. Vocês enfeitam essa bizarrice com o nome de virtude e chamam a isso filosofia. Mas a virtude, a filosofia, são feitas para todo mundo? Tem-na quem pode. Conserva-a quem pode. Imagine o universo sábio e filosófico, convenhamos que ele seria triste como o diabo. (72)[3]

No entanto, para a maior parte dos leitores do século XXI este discurso parece contraintuitivo, porventura à semelhança do que pareceria aos antecessores coevos de Diderot. Ora, não é precisamente Rameau o personagem "romanesco" e "bizarro", ao contrário do Filósofo, cuja energia parece se desvanecer quando ele tenta ser fiel a seus princípios abstratos e racionais? Obviamente, tudo depende da perspectiva que escolhemos. Se Rameau sugere que a mundivisão consistentemente moral do Filósofo revela uma deplorável ausência de realismo cotidiano, ele pode de fato chamá-lo de excêntrico ("uma alma singular") e "bizarro", sendo que esse segundo adjetivo significa tanto "impossível de explicar" como – paradoxalmente, enquanto descrição de um ponto de vista racional – "impossível de subsumir sob um princípio geral". Por outro lado, se partilhamos a convicção do Filósofo de que uma conduta que obedeça a valores

---

3 "Vous croyez que le même bonheur est fait pour tous. Quelle étrange vision! Le vôtre suppose un certain tour d'esprit romanesque que nous n'avons pas, une âme singulière, un goût particulier. Vous décorez votre bizarrerie du nom de vertue, vous l'appelez philosophie. Mais la vertu, la philosophie sont-elles faites pour tout le monde? En a qui peut, en conserve qui peut. Imaginez l'univers sage et philosophe: admettez qu'il serait diablement triste." Diderot, *Le neveu de Rameau*, p.428-29.

comumente aceitos é necessária e muito possível, então o imprevisível estilo de existência de Rameau parece-nos antes "bizarro" a nós.

O título *Jacques, o fatalista e seu amo* anuncia que o personagem principal desse outro diálogo ficcional escrito por Denis Diderot, o diálogo entre Jacques, o criado, e seu amo aristocrata sustentará também uma crença na necessidade – dessa vez, porém, não tanto a crença na necessidade do comportamento moral, mas antes na necessidade do destino e da pré-determinação, à qual Jacques infinitamente e não apenas metaforicamente se refere como o "grande rolo" "escrito lá em cima".[4] Com base em nossa experiência do capítulo anterior, de que o autor, ao invés de manter uma relação equidistante com o razoável Filósofo e o imprevisível sobrinho, deve ter desenvolvido, quem sabe se inadvertidamente, uma simpatia cada vez mais forte por esse último, poderemos assumir que, apesar de suas frequentes especulações materialistas sobre um universo que funciona de acordo com as leis da necessidade, Diderot provavelmente não adotaria na totalidade o fatalismo de Jacques como postulado inevitável – de necessidade. Antes ele o descreveria como uma dessas "bizarras" e obsessivas atitudes pessoais que existem sem grande razão nem maior plausibilidade. Ao mesmo tempo, e devido a sua inalterável abertura ao mundo e seus fenômenos, tal reação não se tornaria facilmente sinônima de um preconceito nem de uma crítica explícita do "fatalismo".

Mas estou indo depressa demais na análise da contingência que tentarei fazer neste capítulo, a partir de uma leitura de *Jacques, o fatalista e seu amo*. Antes de começar a discutir o texto

---

4 "Grand rouleau écrit là-haut." Diderot, op. cit., p;543, 569, 572, etc.

por esse viés, é inevitável questionar, afinal, precisamente o que significa essa "contingência" de que falo. A definição habitual chama de fenômenos "contingentes" situações cuja existência parece não ser nem necessária nem impossível. A emergência (ou a não emergência) deles depende, em cada caso, de circunstâncias específicas que são, elas mesmas, contingentes – o que explica por que, em inglês coloquial[5], o conceito quase sempre ilustra o modo como certos fenômenos são contingentes em relação a (ou por sobre) outros. Pelo contrário, o substantivo alemão *Kontingenz* (assim se justifica meu uso bem atípico da palavra inglesa) se refere, predominantemente, apenas ao estatuto de situações ou decisões entre a necessidade e a impossibilidade (quase sempre sem explicar em que condições elas podem tornar-se reais ou não).

Esse estatuto de fenômenos entre a necessidade e a impossibilidade, conforme já vimos graças à referência ao fatalismo de Jacques e à inconsistência de Rameau, pode ocorrer em duas dimensões diferentes, i.e., tanto no passado como no futuro. Tomada em retrospectiva, a contingência se centra tipicamente na impossibilidade de fenômenos, situações ou desenvolvimentos que se subsumem sob regras gerais, o que implica que cada um deles deverá ser considerado como "singular". Mas, projetada no futuro, uma visão da contingência normalmente abre horizontes de não decisividade e, portanto, de escolha.

É, porém, surpreendente que até mesmo o reino da necessidade atribui um lugar específico à contingência. Pois, com

---

5 Em inglês, "contingent" é sobretudo usado no sentido de "dependente de ou condicionado por outra coisa". É a esta definição que Gumbrecht se refere quando fala sobre "inglês coloquial". (N. T.)

relação às regras da necessidade, as quais supostamente determinam o passado, dependendo do que se espera, se elas são ou não são decifráveis, a relação entre o passado e o futuro assumirá formas diferentes. Sempre que seja expectável que essas regras sejam decifráveis e, logo, acessíveis (por exemplo, no discurso oitocentista da "filosofia da história"), elas podem se projetar no futuro e ali produzir prognósticos com valor de certeza. Pelo contrário, dificilmente terão impacto sobre nossos comportamentos e, para todos os efeitos práticos, deixarão o futuro contingente, se acreditarmos que tais regularidades estão sistematicamente indisponíveis ao nosso entendimento. É essa, conforme veremos, a visão de Jacques, o fatalista, embora ele se questione repetidamente sobre se a crença no "rolo escrito lá em cima" não deveria ter ainda consequências mais fortes, ou seja, mais limitadoras para seu comportamento e ações. Vista de uma perspectiva mais ampla, a metáfora de Jacques do "escrito lá em cima" faz confluir de um modo particular as duas dimensões da contingência: olhando para trás, para Jacques a contingência é a determinação articulando-se em histórias "bizarras", sem abarcar todo o sentido; por outro lado, na relação com o futuro, a contingência confere abertura e livre escolha ao estatuto das ilusões.

O espaço ficcional habitado por Jacques desdobra essas duas dimensões fundamentais da contingência, independentemente e em sua interligação, e de todos os ângulos possíveis. Uma tal exaustividade no desdobrar da contingência enquanto problema potencialmente filosófico corresponde à minha impressão de ter sido um leitor inevitavelmente e permanentemente espantado – ao passo que, em sentido estrito, e por motivos de lógica, o verdadeiro número de potenciais perspectivas produzidas pelo texto pode bem ser infinito e, portanto, estar literalmente para lá da exaustividade. A complexidade discutivelmente singular do texto emerge da condição estrutural de que a contingência é não apenas a narrativa recorrente e o tópico filosófico das conversas dos protagonistas, mas também a única premissa válida para todos os níveis de estrutura intratextual, dentro da qual eles interagem e a partir da qual eles incitam o pensamento e a imaginação de seus leitores.

Parece ser realmente impossível ter uma visão abrangente, ou uma memória total de *Jacques, o fatalista*, em todas as suas dimensões e em sua total condensação – e isso talvez explique a razão por que a maioria das leituras e interpretações do livro tem sido distintamente parcial, centrada ou sobre as narrativas múltiplas que os personagens contam uns aos outros, ou sobre sua estrutura multidimensional. Porém, devido ao meu projeto de descrever o desenrolar progressivo, no texto, da contingência em sua totalidade, farei o possível por prestar igual atenção às narrativas que ele contém e à estrutura dentro da qual e devido à qual elas emergem.

O meu argumento principal será que a (quase) infinitude de perspectivas que se abrem, acima de tudo, pelo narrador implícito no texto (na dimensão orientada para o futuro: porque esse narrador está falando sem cessar sobre qual deveria ser seu passo seguinte), o meu argumento principal, então, será que a multiplicidade de perspectivas suscitadas principalmente pelo narrador impossibilita a interpretação das histórias contadas pelos protagonistas (em sua dimensão inevitavelmente orientada para o passado), segundo as linhas de coerência e as regras gerais. Ao invés, as narrativas parecem continuar sendo "o que elas são", acima de tudo porque aquelas várias perspectivas diferentes de seu enquadramento tendem a se anular umas às outras. Dizendo o mesmo de modo mais abstrato e mais compacto: a contingência orientada para o futuro, como multiplicidade e incerteza de perspectivas, traz para primeiro plano a contingência orientada para o passado em *Jacques, o fatalista*, com seu típico efeito de "bizarro", ou seja, com o efeito de inconsistência e singularidade. Compreender detalhadamente a poderosa dinâmica intelectual que emerge desse jogo entre as duas dimensões fundamentais da contingência confirmará, depois, nossa impressão englobante, e premissa de uma potencial convergência que poderá agregar os contornos epistemológicos inerentes à prosa do mundo de Denis Diderot (por mais periférica que tenha sido, em seu tempo) e nosso próprio presente intelectual no resplandecer do terceiro milênio. É que essa nossa época pós-ideológica parece ser formada, de modo semelhante ao de Jacques, o fatalista, pela simultaneidade tensa de uma sobreabundância de perspectivas conflituantes, que permitem-nos atribuir ao mundo sentidos múltiplos e, por outro lado, por um regresso à insistência sobre "fatos empiricamente comprovados" que por princípio rejeitam a interpretação, talvez em resultado da anulação mútua entre interpretações múltiplas.

Uma vez mais, receio que nosso argumento tenha se antecipado às intuições que exigem um processo muito mais longo de debate e ilustração para serem transformadas em conclusões. De fato, o processo preparatório de reflexão exigido por qualquer tentativa de fazer uma análise abrangente de *Jacques, o fatalista* é tão excepcionalmente complexo que pode mesmo justificar nossa tentação de antecipar o seu resultado a um nível mais elementar. Antecipar o rumo e os resultados que as páginas adiante tentarão nos revelar pode reduzir a ameaça e o risco de perda da orientação dos vários passos de nossa demonstração.

Tal como fiz no capítulo anterior, procurarei começar com anotações sobre o processo de trabalho de Diderot no texto em causa, anotações que podem também nos ajudar a ter de novo a sensação de uma fluidez particular em seu pensamento e em sua escrita. Depois, invocarei o horizonte amplo de grandes interpretações dedicadas a aspectos e camadas parciais de *Jacques, o fatalista*, não menos como pano de fundo para o meu próprio esforço talvez demasiado ambicioso de descrever e entender o texto em sua total multidimensionalidade. Como primeira fundamentação desse esforço, descreverei com detalhe a potencial estrutura criada pelos personagens, seus papéis e suas interações em *Jacques, o fatalista*.

Se essa estrutura, conforme ficou dito, oferece um enquadramento para as histórias que os protagonistas contam uns aos outros, nosso foco terá de mudar depois para essas narrativas e para as condições em que elas se tornam legíveis em seus contextos específicos. Como terceiro passo (acredito que inovador) da análise textual, regressarei em seguida para a estrutura dos protagonistas ficcionais e das interações, pois acredito que ela sofra vários movimentos de transformação à medida que o texto progride, movimentos de transformações esses que, mesmo que não tenham sido totalmente conscientes para Diderot, nos permitiria descobrir uma outra dimensão da contingência. Para concluir, e à semelhança do capítulo anterior, nossa leitura de *Jacques, o fatalista* formará a base a partir da qual se há de procurar marcas de confrontações com a contingência na arte de Goya, na vida de Mozart e nas anotações de Lichtenberg.

*

Prosa do mundo

Ainda que seja impossível identificar com exatidão quer o começo quer o final do processo de trabalho de Diderot em *Jacques, o fatalista* através de documentos biográficos e detalhes textuais (exatamente como no caso de *O sobrinho de Rameau*), algumas referências a eventos extratextuais e à história da publicação nos incitam a assumir que ele tenha iniciado a escrita no começo de 1773 e que provavelmente a concluiu em meados de 1774. Esses meses se situam entre dois acontecimentos importantes na vida de Diderot: por um lado, ele ter cessado a tarefa de editor da *Enciclopédia* em 1772 e, por outro lado, a viagem a São Petersburgo, e de onde regressou a Paris em outubro de 1774 (alguns especialistas acreditam mesmo que a maior parte do texto surgiu durante sua deslocação e estadia na Rússia). Entre 1778 e 1780, *Jacques, o fatalista* foi publicado nas cópias manuscritas da *Correspondência literária* de Melchior Grimm, que circulavam nas cortes europeias entre um público leitor socialmente seleto e intelectualmente muito competente. Comparado com outras grandes obras de Diderot, particularmente com *O sobrinho de Rameau*, poderemos imaginar um progresso relativamente compacto e concentrado de produção textual, porventura facilitado pelos debates que decorriam no século XVIII sobre pré-determinação e liberdade enquanto horizonte de referência possível.

Ainda provavelmente mais interessante e revelador do que essa diferença na história da produção desses dois grandes textos de Diderot é o fato de, como o trabalho em *Rameau* começou muito antes e com certeza terminou muito depois de *Jacques*, ter havido cerca de dois anos em que ambos os projetos possam ter estado simultaneamente presentes no pensamento de Diderot — isso se liga à nossa suspeita de que suas reflexões sobre a contingência e as que desenvolveu sobre a ontologia existencial enquanto forma de autorreferência humana estavam emergindo juntas enquanto dimensões de uma preocupação mais vasta com as estruturas epistemológicas da condição humana. A sobreposição de diferentes tecidos filosóficos no processo de escrita dos dois livros também nos recorda de como nem uma tendência para concentrar-se exclusivamente nos problemas e tarefas individuais nem uma vontade de terminar processos de pensamento com resultados perfeitamente circunscritos era compatível com a fluidez do estilo intelectual de Diderot. Sem dúvida que o grau excepcional de sua abertura ao mundo, sua generosidade não só pessoal, mas também seu distanciamento em relação a qualquer sensação de pressão para terminar, convergiram na obra dele, tanto em *O sobrinho de Rameau* quanto em *Jacques, o fatalista e seu amo.*

Embora o trabalho em *Jacques, o fatalista* possa nos dar a impressão de uma maior condensação no processo de produção, alguns de seus contornos internos narrativos e semânticos revelam como a fluida energia intelectual de Diderot poderia levar quer a efeitos de infinitude, quer à impressão de mudanças narrativas e conceituais fora do controle do autor. Veremos, por exemplo, que um acrescento de final aberto de novos protagonistas com pontos de vista contrastantes, em diferentes níveis da história ficcional, causava a impressão de apagamento entre esses níveis, um apagamento que abria espaços de infinitude logicamente impossíveis e, apesar disso, intelectualmente estimulantes, a serem preenchidos pelos pensamentos e pela imaginação do leitor. Na reiteração frequente de diferentes pontos de vista, através dos mesmos protagonistas, oriundos acima de tudo de Jacques e de seu amo, descobriremos marcas de transformações internas, que Diderot pode não ter desejado nem percebido. E se nesse texto ele não atingiu, como atingira em *O sobrinho de Rameau*, um ponto plausível (quanto mais necessário) de um final narrativo ou argumentativo, as páginas finais de ambos os textos convergem quando nos dão a impressão de uma saída súbita, uma saída provocada pela confusão cada vez maior do autor sobre para onde seu texto se dirige (ou antes não se dirige). Por fim, a fluidez enquanto estilo intelectual deve ter sido traduzida numa capacidade de "deixar ir" e, daí, até na possibilidade (não apenas metafórica) de o autor estar em "diálogo" com seu próprio pensamento, pois ele deve ter se afastado, inadvertida e constantemente, de posições e entendimentos anteriores.

*

Já referi como a inabitual complexidade estrutural de *Jacques, o fatalista* e sua abertura de multicamadas pode ter sido responsável por uma história de recepção caracterizada por uma ausência de leituras que pode ser classificada como abrangente. Até os mais eminentes conhecedores acadêmicos que trabalharam com esse texto chegaram a interpretações e análises claramente parciais, muitas vezes acompanhadas por uma sensação palpável de desconforto, resultante de tal incompletude. Entre os ensaios produzidos sobre *Jacques, o fatalista*, se distinguem três perspectivas principais, e não pretendo afirmar ou implicar que correspondam, enquanto formas predominantes de leitura, a momentos subsequentes de uma história de recepção desde o fim do século XVIII. Em primeiro lugar, houve várias tentativas de entender *Jacques, o fatalista* como parte de um processo histórico mais amplo, que supostamente teria conduzido às Revoluções Burguesas; a maioria dessas leituras faz referência explícita às teses de Hegel acerca da dialética de amo e criado na *Fenomenologia do espírito*. Um segundo foco pertence, por sua vez, à "história das ideias" enquanto gênero acadêmico e explora sobretudo horizontes contemporâneos no debate sobre Determinismo e Liberdade; em terceiro e último lugar, um número menor de ensaios e monografias trata do estatuto e dos possíveis sentidos das narrativas inseridas no diálogo contínuo entre Jacques e seu amo.

Olhando para as leituras sócio-históricas, é impressionante verificar como elas não eram tendenciosas apenas em suas questões e resultados principais, mas também em sua seleção de material textual e respectiva avaliação. Até mesmo um acadêmico eminente como Hans Mayer, num ensaio de 1955,[6] assumiu que suas próprias simpatias esquerdistas eram sinônimas com o que ele imaginava ter sido a posição política de Diderot, e com a tendência de Jacques ficcional "agir forçosamente" (apesar de sua mundivisão "fatalista" explícita). Consequentemente, em seu ceticismo, o amo teria de ser visto como "fraco e indeciso" – e Mayer de fato jamais se questionou sobre se os leitores aristocráticos da *Correspondência literária* não tenderiam a ter uma reação muito diferente e mais matizada. Sem qualquer evidência textual – ou, mais precisamente, contra todas as evidências textuais – tanto Mayer quanto, dez anos depois, o romanista Erich Köhler[7] lançaram a tese de que a narrativa de Diderot teve certamente um impacto inspirador nas reflexões de Hegel acerca de amos e criados.

---

6 Schlobach, *Denis Diderot*, p.223.
7 Ibid., p.245-73.

Prosa do mundo

Apesar disso, a única passagem em que Hegel explicitamente menciona *Jacques, o fatalista* é num texto breve, de 1807, sobre "Pensamento abstrato"[8] e, ao invés de defender que o criado poderá atingir um nível superior de *Bildung* em sua interação com o amo, é sobre um aspecto positivo na visão que Hegel tem dos amos aristocratas que o texto de Diderot supostamente ilustra: escreve Hegel que os verdadeiros amos aristocratas, particularmente na França, pensam de um modo menos abstrato do que os plebeus (*gemeine Menschen*) pensariam em situações semelhantes e, por isso, são capazes e suficientemente descontraídos para tratar seus criados de um jeito "familiar", isto é, de um jeito mais "pessoal". Isso inclui seu interesse pelas notícias do cotidiano, pelas fofocas que os criados podem transmitir, e ainda a aristocrática tendência bem educada de comandá-los através de raciocínio e argumentos em vez de comandá-los por meio de ordens.

Pelo contrário, não vejo como as descrições de personagens e a trajetória narrativa em *Jacques, o fatalista* possam ser lidas como ilustração da famosa tese da *Fenomenologia* de Hegel a que Mayer e Köhler (e Georg Lukács antes deles) se referem. Essa é a ideia de que o amo que "insere" o criado "entre ele mesmo e a coisa em sua independência" lucrará menos com sua própria independência dessa relação do que o criado em sua direta confrontação, que leva ao "suprassumir da coisa".[9] Tal como se anuncia nos títulos, o livro de Diderot atribui mais espaço a Jacques como protagonista do que a seu amo, sendo verdade também que o amo continua reativo, enquanto é Jacques quem muitas vezes toma a iniciativa de avançar para os passos subsequentes

---

8 Hegel, *Phenomenology of spirit*, vol.II, p.280.

9 Ibid., vol.III, p.120.

da conversa. Mas entender isso como prova da eventual superioridade de Jacques sobre o amo é subestimar a sutileza do texto. Regressaremos, no contexto de nossa análise, à dinâmica específica que emerge da relação entre os dois.

Para uma leitura de *Jacques, o fatalista* contra o fundo de ideias e argumentos historicamente pertinentes, Jean Starobinski reuniu todas as perspectivas importantes em dois ensaios, de 1984 e 1985.[10] Ele identifica em Espinoza e Leibniz o começo da linha de Determinismo que Diderot coloca na boca de Jacques e, acima de tudo, ele mostra com vasta evidência textual que, enquanto Diderot trabalhou em sua narrativa, ele atingiu, num contexto filosófico diferente, uma conclusão que acabaria por ser inevitável sobre a inconclusividade da discussão entre Determinismo e Liberdade enquanto princípios absolutos: "Ou tudo é obra do acaso (*hasard*) – ou nada é", escreve Diderot em sua *Refutation d'Helvétius* em 1773. Com muito maior precisão filológica do que Mayer e Köhler, Starobinski passa, depois, a demonstrar como Jacques "professa o Determinismo sem se comprometer com ele" (308), como Diderot entende que a existência humana é uma complexa "mistura entre o acaso e a necessidade" (320), e como esses entendimentos se tornam parte do "materialismo vitalista" (282) da "audácia tranquila" (*tranquille audace* [327]) do autor e do protagonista. Porém, aquilo que não se torna evidente, apesar da lúcida descrição que Starobinski faz da estrutura narrativa do livro, com base nas conversas entre Jacques e seu amo e entre o narrador e seu leitor, é a transformação progressiva dessa estrutura num complexo espaço de reflexão intratextual, um espaço

---

10 Starobinski, *Diderot, un diable de ramage*. "Chaque balle a son billet" e "L'art de la démonstration". As traduções seguintes são minhas.

de reflexão que lhe permite refletir, numa infinitude de perspectivas, sobre as múltiplas narrativas que os personagens contam uns aos outros.

Inspirado-se em Herbert Dieckmann, uma das maiores autoridades acadêmicas sobre Diderot, Rainer Warning elaborou em 1965[11] seu impressionante estudo sobre *Jacques, o fatalista* e o *Tristram Shandy* de Laurence Sterne e ali se centrou nessas duas narrativas como decisivas para a questão do estatuto epistemológico (ou, em termos pré-foucaultianos: o "valor de verdade") do texto de Diderot. Em convergência com o referido ensaio de Erich Köhler, Warning demonstra que é impossível subsumir os eventos a que elas pretendem se referir sob quaisquer conceitos ou princípios gerais abstratos. Devemos antes as entender como "singulares", resistindo a qualquer interpretação definitiva e, logo, como incapazes de virem alguma vez a ser "verdadeiramente" representadas (derivando essa última impossibilidade da premissa linguística de que, à exceção dos nomes, os elementos da linguagem não podem representar fenômenos em sua singularidade). Tal como Köhler e Warning enfatizam, Diderot recorreu ao adjetivo "bizarro" para referir esse aspecto da singularidade – e não temos qualquer evidência de que ele tenha alguma vez refletido sobre a impossibilidade de representar tais situações ou desenvolvimentos singulares. Numa avaliação final de suas abordagens interpretativas, que parece plausível e, devido a sua perspectiva de longo alcance, típica num estilo clássico de academismo literário na Alemanha, Warning relaciona a bizarra "decepcionante realidade" (123)

---

11 Warning, *Illusion und Wirklichkeit in Tristram Shandy und Jacques le fataliste*.

evocada por *Jacques, o fatalista* com a posição de Flaubert na história do romance do século XIX.

O movimento centrífugo que observámos nessas grandes leituras de *Jacques, o fatalista*, a tendência de elas se centrarem em dimensões diferentes do texto, mantendo tais dimensões separadas umas das outras, parece ser uma consequência da incomum complexidade e abertura do texto. Se a contingência, como estatuto de fenômenos entre a necessidade e a impossibilidade é sua preocupação temática e filosófica central, e se a contingência tem um potencial de desdobrar dois diferentes espaços de pensamento em suas dimensões orientadas para o futuro ("liberdade") e orientadas para o passado ("bizarro"), deveria se esperar que as leituras de *Jacques, o fatalista* ilustrassem essas duas dimensões — embora, como vimos, a maioria das interpretações acadêmicas tenham lidado com elas em exclusão mútua. Se isso de modo algum as invalida, o foco específico deste capítulo na contingência enquanto camada central do pensamento e do discurso de Diderot como "prosa do mundo" torna obrigatório descrever as duas dimensões em suas possíveis relações e dinâmica intelectual.

*

As frases que iniciam o texto de *Jacques, o fatalista* estão entre as mais frequentemente citadas e pertencem aos mais vívidos parágrafos da história da literatura francesa:

> Como foi que eles se encontraram? — Por acaso, como todo mundo. Como se chamavam? Que vos importa? De onde vinham? — Do lugar mais próximo. Aonde iam? Será que a gente sabe para onde vai? — O que diziam? O amo não dizia nada; e Jacques dizia que seu

Prosa do mundo

capitão dizia que tudo o que nos acontece de bom e de mal cá embaixo estava escrito lá em cima.[12]

Essas primeiras palavras atribuem aos leitores a tarefa de identificá-las como parte de um diálogo decorrendo entre um leitor implícito e um narrador implícito (e não ainda entre os dois protagonistas do título). Após ter recusado por três vezes, num tom impaciente e quase agressivo, responder as perguntas do leitor, a quinta pergunta ("O que diziam?") finalmente desencadeia uma resposta do narrador, e ele descreve os protagonistas do título em termos minimalistas, assim conduzindo ao primeiro diálogo entre eles. Contrariamente à maior parte dos diálogos entre narradores e leitores, a conversa entre Jacques e seu amo começa de modo cênico, como se fosse escrita para uma peça de teatro.

Com essas duas conversas emaranhadas, a básica – e enganadoramente simples –estrutura narrativa de *Jacques, o fatalista* se apresenta logo depois de breves linhas. Aquilo que, porém, não fica claro – e estará por clarificar ao longo do texto – é um potencial ponto de fuga das três recusas iniciais do narrador a dar respostas. Haverá um princípio lógico, ou um valor estético devido ao qual ele não queira lidar com as perguntas do leitor? O fato de o narrador reagir apenas à pergunta relacionada com o

---

12 "Comment s'étaient-ils rencontrés? Par hasard, comme tout le monde. Comment s'appelaient-ils? Que vous importe? D'où venaient-ils? Du lieu le plus prochain. Où allaient-ils ? Est-ce qu'on sait où l'on va? Que disaient-ils? Le maître ne disait rien; et Jacques disait que son capitaine disait que tout ce qui nous arrive de bien et de mal ici-bas était écrit là haut." Diderot, *Jacques the fatalist and his master*, p.493. [Para as citações do texto em língua portuguesa recorreu-se a Denis Diderot, *Jacques, o fatalista, e seu amo*. Trad. J. Guinsburg. São Paulo: Perspectiva, 2006. (N. T.)]

conteúdo da conversa deles parece sugerir desde logo uma concentração filosófica no Determinismo como dominante no diálogo. Mas, mesmo assim, por que um leitor não haveria de ter direito de se interessar pelas circunstâncias em que os protagonistas se conheceram, por que ele não haveria de querer saber os nomes deles (é bem sabido que o amo não será nomeado até o final), as origens e o potencial ponto final da viagem? Ficará claro ao leitor implícito (e, claro, também à maioria dos leitores empíricos) que o narrador recusa satisfazer qualquer curiosidade relacionada com os detalhes, pois ele associa essa curiosidade ao gênero do "romance", de que quer se distanciar. Mas, de novo, de onde vem essa vontade de distância em relação ao romance? Dizer que é informada pelo estatuto de *Jacques, o fatalista* como antirromance implica confundir uma tipologia acadêmica com a pragmática da verdadeira leitura. Porém, algo surpreendentemente, a terceira resposta do narrador, a que responde sobre onde os protagonistas estão indo, chega sob a forma de uma pergunta retórica que pode abrir uma discussão filosófica, antes do que limitar mais ainda o gênero no âmbito do qual é suposto decorrerem as conversas que estão se desenrolando.

Poucas páginas depois, o narrador regressa ao seu tom agressivo e, algo arrogante, assume um papel de onipotência sobre a narrativa em curso, onipotência que ele pode utilizar tanto para frustrar infinitamente o leitor como para ir ao encontro de suas mais excêntricas expectativas. Referindo-se às mulheres que haviam surgido na narrativa ficcionalmente autobiográfica de Jacques, o subitamente onipotente narrador afirma:

> O que não se tornaria essa aventura em minhas mãos, se me desse na fantasia vos desesperar! Eu daria importância a essa mulher: torná-la-ia

sobrinha de um pároco da aldeia vizinha; amotinaria os campone-
ses deste lugarejo. Eu me aprontaria combates e amores, pois, afinal,
aquela camponesa era bela sob a roupa debaixo [sic]. [...] De uma vez
por todas, explicai-vos; isto vos dará, ou isto não vos dará prazer?[13]

O que parece ficar cada vez mais claro e até mesmo bem desenhado nas reações do narrador às insistentes interrupções e
perguntas do leitor (basta ver as páginas iniciais) é aquilo que
o primeiro pretende evitar – mas também o que ele quer enfatizar na orquestração quer de sua própria conversa com o leitor,
quer da outra conversa, a que decorre entre o amo e Jacques:

> Está bem claro que não estou fazendo de modo algum um romance,
> uma vez que negligencio aquilo que um romancista não deixaria de
> empregar. Quem tomasse isso que escrevo como a verdade, incorreria
> talvez menos em erro do que aquele que o tomasse por uma fábula.[14]

Assim, ficamos com a impressão de que o narrador pretende
evitar os efeitos de romance por estar acima de tudo preocupado
com a "verdade" (seja o que for que a palavra aqui signifique).

---

13 "Que cette aventure ne deviendrait-elle pas entre mes mains, s'il me
prenait en fantaisie de vous désespérer? Je donnerais importance à cette femme; j'en ferais la nièce d'un curé de village voisin; j'ameuterais
les paysans de ce village; je me préparerais des combats et des amours;
car enfin cette paysanne était belle sous le linge. [...] Une bonne fois
pour toutes, expliquez-vous; cela vous fera-t-il, cela ne vous fera-t-il
pas plaisir?" Ibid., p.496-97.

14 "Il est évident que je ne fais pas un roman, puisque je néglige ce qu'un
romancier ne manquerait pas d'employer. Celui qui prendrait ce que
j'écris pour la vérité, serait peut-être moins dans l'erreur que celui qui
le prendrait pour une fable." Ibid., p.505.

Mas aí, de novo e de súbito, o narrador propõe suprimir uma tendência de interpretar a narrativa de Jacques como alegoria, se o leitor o poupar à sede de pormenores:

> Ireis dizer que estou brincando e que, não mais sabendo o que fazer com meus dois viajantes, eu me lanço na alegoria, o recurso comum dos espíritos estéreis. Eu vos sacrificaria minha alegoria e todas as riquezas que dela poderia tirar, eu conviria com tudo o que vos aprouver, mas com a condição de que não me apoquentareis de modo algum sobre a última pousada de Jacques e seu amo [...][15]

Em todos esses – por vezes contraditórios – autocomentários, intervenções e reações, o narrador por certo não parece ser completamente imprevisível. Ao contrário, vai emergindo pouco a pouco a impressão de uma identidade. Por outro lado, jamais poderemos excluir totalmente as inconsistências flagrantes. Por exemplo, logo de início se torna explícito que o narrador considera extremamente entediantes os principais tópicos filosóficos (ou teológicos) da conversa de Jacques e do amo:

> Vós concebeis, leitor, até onde eu poderia levar esta conversa sobre um assunto de que tanto se falou, tanto se escreveu há dois mil anos, sem que se tenha avançado um passo mais. Se estais um pouco

---

15 "Vous allez dire que je m'amuse, et que, ne sachant plus que faire de mes voyageurs, je me jette dans l'allégorie, la ressource ordinaire des esprits stériles. Je vous sacrifierai mon allégorie et toutes les richesses que j'en pouvais tirer; je conviendrai de tout ce qu'il vous plaira, mais à condition que vous ne me tracasserez point sur le dernier gîte de Jacques et son maître." Ibid., p.514.

insatisfeito com o que vos digo, estejais muito com aquilo que eu não vos digo.[16]

No entanto, para o final do texto encontramos uma expressão de admiração e de gratidão pela competência filosófica de Jacques – que o narrador quer ver como orientação para sua própria posição filosófica: "Tudo o que vos digo aí, leitor, eu o ouvi de Jacques, confesso-vos, porque não gosto de obter honor do espírito de outrem".[17]

Provavelmente com base no único gesto consistente que caracteriza o narrador, ou seja, a distância que ele mantém em relação à expectativa do leitor e ao seu desejo de receber um romance, existe mesmo um consenso entre as mais canônicas interpretações de *Jacques, o fatalista* sobre o fato de o narrador acabar por optar pela defesa da verdade (*vérité, le vrai, le réel*) como princípio oposto à ficção romanesca. Citei uma de várias passagens que parecem oferecer evidência textual dessa visão. Referindo-se à história de vida do capitão, que Jacques gosta de contar, o narrador avisa o leitor da possível confusão de pensar nela como ficcional – mas, desta feita, o seu argumento a favor da verdade se revela mais ambíguo e, por isso, menos sólido:

---

16 "Vous concevez, lecteur, jusqu'où je pourrais pousser cette conversation sur un sujet dont on a tant parlé, tant écrit depuis deux mille ans, sans en être d'un pas plus avancé. Si vous me savez peu de gré de ce que je vous dis, sachez m'en beaucoup de ce que je ne vous dis pas." Ibid., p.499.

17 "Tout ce que je vous débite là, lecteur, je le tiens de Jacques, je vous l'avoue, parce que je n'aime pas à me faire honneur au nom d'autrui." Ibid., p.671.

Ireis tomar a história do capitão de Jacques como um conto, e estareis errados. Asseguro-vos que, tal como ele a contou a seu amo, tal foi o relato que ouvi narrar nos Invalides, não sei em qual ano, no dia de São Luís, à mesa de um Senhor de Saint-Étienne, major do palácio; e o historiador que falava em presença de vários outros oficiais da casa que tinham conhecimento do fato, era um personagem grave que não possuía de modo algum o ar de brincalhão. Repito-vos, portanto, em relação a este momento e ao que se segue, sede circunspectos, se não quereis tomar nessa conversa de Jacques e seu amo o verdadeiro pelo falso, o falso pelo verdadeiro. Estais, pois, bem prevenidos, e eu lavo mãos a esse respeito.[18]

Se a vindicação de verdade está desde logo explícita e profundamente sabotada por se referir a uma história contada por Jacques, personagem ficcional, a vindicação do narrador de que já ouvira antes a mesma história, contada por pessoas diferentes e em outro lugar, não poderia estar formulada de modo mais irônico. Que ele finja recordar o lugar e o dia (mas não o ano) em que isso aconteceu parece irrelevante para o valor de verdade da história de Jacques enquanto juízo do narrador sobre o rosto do

---

18 "Vous allez prendre l'histoire du capitaine de Jacques pour un conte, et vous aurez tort. Je vous proteste que telle qu'il l'a racontée à son maître, tel fut le récit que j'en avais entendu faire aux Invalides, je ne sais en quelle année, le jour de Saint Louis, à table chez un monsieur de Saint Etienne, major d'hôtel; et l'historien qui parlait en presence de plusieurs autres officiers de la maison, qui avaient connaissance du fait, était un personage grave qui n'avait point du tout l'air d'un badin. Je vous le répète donc pour le moment et pour la suite: soyez circonspect si vous ne voulez pas prendre dans cet entretien de Jacques et de son maître le vrai pour le faux, le faux pour le vrai. Vous voilà bien averti, et je m'en lave les mains." Ibid., p.553.

"historiador" que lhe contou a história. Sem dúvida, tais frases lançam uma luz irônica sobre o discurso do narrador e sobre seu compromisso em favor da verdade (e, se gostarmos de o fazer, podemos ver esse efeito como parte da eventualmente maior tentativa do narrador de enganar o leitor).

Além do mais, não devemos esquecer que, em suas conversas com o leitor, o narrador regressa com muita frequência a posições de onipotência sobre as histórias que transmite, o que faz suas narrativas parecerem irreversivelmente ficcionais (pois só a ausência absoluta de uma referência no mundo pode dar ao narrador tal liberdade absoluta na escolha do que ele quer contar). Ora, que conclusão deveremos tirar quanto ao estatuto de um narrador implícito que explicitamente opta pela verdade e depois começa a recordar conversas com protagonistas obviamente ficcionais? É muito claro que desde cedo esse narrador emerge como figura decisiva no estabelecimento de uma relação entre o texto de Diderot e seus verdadeiros leitores. Mas isso não implica que o papel e o estatuto epistemológico do narrador sejam homogêneos e consistentes. Pelo contrário, precisamente devido às oscilações do narrador e à sua presença central no texto, nenhum segmento deste poderá vir a ter perfeitamente um sentido unívoco e um estatuto próprio.

Uma outra questão é saber se Diderot teria mesmo pretendido e planeado tais alterações de efeitos para a constituição da semântica e da pragmática do texto. Os críticos literários com certeza tendem a fazer corresponder o nível máximo de complexidade na interpretação de um texto ao projeto deliberado de seu autor, particularmente quando o autor é um clássico como Diderot. Como se houvesse uma equivalência direta entre a complexidade de pensamento, por um lado, e a qualidade estética (ou intelectual), por outro. Claro que jamais chegaremos a uma resposta definitiva à questão das intenções de Diderot. Mas o estilo intelectual dele e mais especificamente seu modo solto de escrita nos últimos anos de vida não permitem que rejeitemos totalmente que o sublime potencial de complexidade veiculado pela estrutura narrativa de *Jacques, o fatalista* possa ter surgido sem querer.

Por mais predominante que seja para a estrutura básica do texto a conversa entre o narrador e o leitor, só poderemos valorizar completamente essa forma fundamental se também tivermos em conta a relação entre os dois protagonistas do título. Jacques não deixa jamais de aderir à mundivisão determinista que faz dele um "fatalista" (e.g. 543, 569, 572, 589, 663, 666, etc.), e, dessa perspectiva, de fato sua homogeneidade enquanto personagem está em nítido contraste com a inconsistência e a complexidade do narrador. Mas já vimos que a referência permanente de Jacques ao que está "escrito lá em cima", que é suposto determinar cada situação, circunstância e evento (sem que esteja acessível numa fórmula que permita sua projeção no futuro), se resume a uma crença sem verdadeiras consequências em seu comportamento e ações. Dito isto, Jean Starobinski estava certo em sublinhar a "tranquila audácia" de Jacques (outros conceitos adequados à descrição seriam "serenidade" ou "compostura"), junto com sua isenção de qualquer autocrítica retrospectiva, em resultado da convicção de que só o que está "escrito" — e não a sua própria agência — poderá ser responsável pelo curso de sua vida. Em dado momento, Jacques responde à pergunta do amo sobre o valor prático de tal atitude com a mais forte afirmação de sua própria identidade: na verdade, tão forte que, com a reação lacônica do amo, chega a lançar uma (secundária) aura de luz irônica sobre a potencial aura de sabedoria existencial de Jacques:

Prosa do mundo

JACQUES: [...] tomei o partido de ser como sou, e vi, pensando um pouco no caso, que dava quase no mesmo, acrescentando: "Que importa como a gente seja?" É uma outra resignação, mais fácil e mais cômoda.

AMO: Quanto a mais cômoda, é certo.[19]

Apesar desses momentos de cinismo (na maioria, moderado) no discurso do amo, e embora jamais ele se comprometa totalmente com o credo infinitamente reiterado do criado, o fundamento de suas interações é uma ligação mútua e mútua simpatia: "[...] Jacques, o mais bonacheirão dos homens que se possa imaginar, [era] ternamente afeiçoado a seu amo."[20] O amo reage a essa fiel simpatia com um cuidado ativo, que transcende a assimetria da relação institucional dos dois:

AMO: Velando por ti. Tu és o meu servidor quando estou doente ou passo bem, mas eu sou o teu quando passas mal.

JACQUES: Fico muito contente de saber que sois humano, esta não é a qualidade demasiado comum dos patrões para com seus criados.[21]

---

19 "JACQUES: J'ai pris le parti d'être comme je suis; et j'ai vu, en y pensant un peu, que cela revenait presqu'au même, en ajoutant: Qu'importe comme on soit? C'est une autre resignation plus facile et plus commode.
LE MAITRE: Pour plus commode, cela est sûr." Ibid., p.574.

20 "Jacques, la meilleure pâte d'homme qu'on puisse imaginer, était tendrement attaché à son maître." Ibid., p.508.

21 "LE MAITRE: Je te veille. Tu es mon serviteur, quand je suis malade ou bien portant; mais je suis le tien quand tu te portes mal.
JACQUES: Je suis bien aisé de savoir que vous êtes humain; ce n'est pas trop la qualité des maîtres envers leur valets." Ibid., p.559.

Por vezes, o Amo imagina possíveis situações passadas ou futuras na vida de Jacques, tal como é frequente entre bons amigos, por exemplo, quando pergunta se Jacques seria capaz de controlar sua notória loquacidade num casamento com a "hôtesse" deles, numa estalagem de beira de estrada, cuja narração inspirada, mas contínua, os mantém entretidos: "Não sabes que singular ideia me passa pela cabeça. Caso-te com a nossa hospedeira e procuro saber como teria feito um marido, que gosta de falar, com uma mulher que não para de falar".[22] De fato, o narrador relembra Dom Quixote e Sancho Pança, na inseparabilidade de Jacques de seu amo (59/553) – embora a distribuição dos papéis entre a obsessividade de Jacques e o ceticismo sóbrio do amo inverta a oposição na relação entre os protagonistas de Cervantes (na qual, claro, é o criado quem revela sobriedade e o amo é o lunático).

Diferentemente de Jacques, o amo não tem nome nem posição filosófica clara, e durante o máximo de tempo ele apenas reage às falas do criado, demonstrando bem plausíveis e perpétuos sinais de tédio: "O amo pôs-se a bocejar; bocejando, batia com a mão na tabaqueira, e batendo na tabaqueira olhava ao longe [...]" (as mesmas palavras repetindo-se em excertos, por quatro vezes, em páginas seguintes).[23] Tais gestos e reações não poderiam estar mais distantes da descrição de Hegel, na *Fenomenologia do espírito*, da dinâmica produtiva que potencialmente pode emergir das relações entre amos e criados – mas

---

22 "Tu ne sais pas la singulière idée qui me passe par la tête. Je te marie avec notre hôtesse; et je cherche comme un mari aurait fait, lorsqu'il aime à parler, avec une femme qui ne déparle pas." Ibid., p.605.

23 "Le maître se mit à bailer; en baillant il frappait sur sa tabatière, et en frappant sur sa tabatière, il regardait au loin." (Ibid., p.537, com as mesmas palavras surgindo em passagens das páginas 615, 619, 730 e 769).

Prosa do mundo

correspondem exatamente à visão de Hegel, segundo a qual uma suspensão bem educada da hierarquia entre amos e criados pode ser vista como típica na sociedade francesa.

Só mesmo muito raramente as intervenções do amo vão além de incitar Jacques a continuar o fluxo de suas palavras — ainda com menos frequência, o amo articula fragmentos de um saber sobre literatura e filosofia, que é tão pomposo e frágil quanto o de Jacques:

> AMO: Quanto a mim, considero-me uma crisálida, e gosto de persuadir-me de que a borboleta, ou a minha alma, vindo um dia a romper seu casulo, evolar-se-á para a justiça divina.
> JACQUES: Vossa imagem é encantadora.
> AMO: Ela não é minha; eu a li, creio, em um poeta italiano chamado Dante, que compôs uma obra intitulada: *A Comédia do Inferno, do Purgatório e do Paraíso.*
> JACQUES: Eis um tema singular de comédia.[24]

Tudo no comportamento do amo durante a sua viagem com Jacques parece justificar o narrador, que várias vezes o chama de "autômato", exceto em algumas raras cenas em que o Amo, sem qualquer razão profunda ou óbvia, insiste em voz alta e

---

24 "LE MAITRE: Pour moi, je me regarde comme en chrysalide; et j'aime à me persuader que le papillon, ou mon âme, venant un jour à percer sa coque, s'envolera à la justice divine.
JACQUES: Votre image est charmante.
LE MAITRE: Elle n'est pas de moi; je l'ai lue, je crois, dans un poète italien appelé Dante, qui a fait un ouvrage intitulé: La Comédie de l'Enfer, du Purgatoire et du Paradis.
JACQUES: Voilà un singulier sujet de comédie." Ibid., p.685.

com força física em restabelecer a hierarquia entre ele e Jacques (e sempre depois de mudar da segunda pessoa do singular para a forma de cortesia):

> O AMO: E eu digo, Jacques, que descerás, e que descerás imediatamente, porque eu te ordeno.
>
> JACQUES: Senhor, ordenai-me qualquer outra coisa, se quereis que vos obedeça.
>
> Neste ponto o amo de Jacques ergueu-se, agarrou Jacques pela botoeira e lhe disse gravemente:
>
> "Desce."
>
> Jacques respondeu-lhe friamente:
>
> "Não desço."
>
> O amo, sacudindo-o fortemente, disse-lhe:
>
> "Desce, patife! Obedeça-me!"[25]

Não existe uma explicação verdadeiramente plausível para tais explosões de temperamento do amo — nem para os teimosos impulsos de Jacques em resistir, que tendem a agravá-los. Uma vez que tais momentos parecem ocorrer sem razão alguma

---

25 "MAITRE: Je te dis, Jacques, que vous descendrez, et que vous descendrez sur-le-champ, parce que je vous l'ordonne.
JACQUES: Monsieur, commandez-moi toute autre chose, si vous voulez que je vous obéisse.
Ici le maître de Jacques se leva, le prit par la boutonnière, et lui dit gravement:
'Descendez.'
Jacques lui répondit froidement:
'Je ne descends pas.'
Le maître, le secouant fortement, lui dit:
'Descendez, maroufle, obéissez-moi'." Ibid., p.661.

(e com um conceito que assumiu relevância central na história da recepção de *Jacques, o fatalista*), pode-se dizer que são saliências "bizarras" no perfil normalmente superficial do amo e nos cada vez mais irregulares altos e baixos de sua conversa com Jacques.

Para terminar nossa descrição da arquitetura narrativa do livro, precisamos levar em conta os papeis e as funções atribuídos a esses outros personagens, na maioria periféricos, que Jacques e seu amo ou encontram em sua viagem, ou evocam em suas histórias, e que, assim, uma e outra vez se tornam uma referência na conversa do narrador com seu leitor. Essas múltiplas transições e esses momentos de permeabilidade entre todos os diferentes níveis da narrativa acrescentam-se à complexidade fluida de seu estatuto discursivo e constantemente abrem mais dimensões no espaço ficcional que há de ser imaginado pelos leitores. Quando a hospedeira está contando uma longa história a Jacques e a seu amo, de súbito ela é interrompida por uma voz sem nome, que anuncia que chegou um tanoeiro (*tonnelier*), e essa voz se torna visivelmente presente no texto de Diderot com palavras em itálico (600). De igual modo, o convencional discurso narrativo em que decorre a sempre adiada e contínua história das aventuras eróticas de Jacques, por vezes, passa à forma de um diálogo, que o transforma num "EU" falando diretamente com os personagens de sua história, representados por seus respectivos nomes individuais (698).

Mas essa complexidade fluida, e o subsequente apagamento entre diferentes papéis narrativos, níveis discursivos e dimensões ontológicas volta a atingir a máxima intensidade em torno da figura do narrador, de fato uma intensidade que pode deixar o pensamento dos leitores num estado de vertigem. Isso pode acontecer, por exemplo, devido ao comentário potencialmente autoirônico de que o amo, depois de ouvir uma parte da história da hospedeira, "ronca como se me tivesse ouvido" (i.e. o narrador) ("Tandis que je disserte, le maître de Jacques ronfle comme s'il m'avait écouté" [563]). Ao suspender assim a inevitável distância temporal e categórica entre ele mesmo e os protagonistas da história que está contando, o narrador se une aos personagens periféricos da mesma história – cujo estatuto, claro, é logicamente incompatível com seu papel principal (porque ele pode ser ou o narrador típico, inscrito num texto ficcional, ou um coadjuvante – mas não os dois em simultâneo).

Antes disso, quando o narrador se apresenta ao leitor em sua tantas vezes assumida posição de onipotência sobre a intriga ficcional e sobre a hospedeira, uma de suas personagens ("[...] leitor, a que se deve o fato de que eu não levante uma violenta querela entre esses três personagens? De que a hospedeira não seja agarrada pelos ombros e atirada para fora do quarto por Jacques [...]?"[26]), ele também "avisa" o leitor, dizendo que não tem poder para evitar que a hospedeira se junte a Jacques e a seu amo, e explica tal impossibilidade, como só Jacques normalmente faz, referindo-se ao destino na forma do que está "escrito lá em cima":

> Ei-la novamente aí em cima, e eu vos previno, leitor, que não está mais em meu poder mandá-la embora. – Por quê? – É que ela se apresenta com duas garrafas de champanha, uma em cada mão, e porque

---

26 "Lecteur, à quoi tient-il que je n'élève point une violente querelle entre les trois personnages? Que l'hôtesse ne soit prise par les épaules, et jetée hors de la chambre par Jacques [...]?" Ibid., p.594-95.

Prosa do mundo

lá em cima está escrito que todo orador que se apresentar a Jacques com semelhante exórdio far-se-á necessariamente ouvir.[27]

Depois de uma série de citações e de exemplos desse ambiente dirigido pela complexidade, o cúmulo da Crítica Literária seria encaminhar-se no sentido de concluir que aquilo que acabamos de testemunhar textualmente tem de ser um vestígio da intenção de Diderot na encenação de uma *mise-en-abyme*, ou seja, abrir e acionar um processo de infinidade reflexiva através do cruzamento e descruzamento repetidos das fronteiras entre categorias. Mas, se existem em abundância passagens que poderiam pôr em marcha uma tal dinâmica intelectual (assim queira o leitor entrar no jogo), não acho nenhuma forma de sequência estável ou de sintaxe lógica que se parecesse com o produto de uma coerente intenção do autor.

Aquilo que se descobre em *Jacques, o fatalista* é um fragmento textual intrinsicamente belo, entre citações, sem nenhuma ligação com o diálogo precendente (nem com nenhum segmento textual anterior), e que o narrador apresenta como tendo sido escrito ou por Jacques, ou pelo seu amo, ou por ele próprio:

"O primeiro juramento que dois seres de carne se fizeram um ao outro foi ao pé de um rochedo que se desfazia em pó; eles tomaram por testemunho de sua constância um céu que não é o mesmo nem por um instante; tudo neles e em torno deles era passageiro, e eles

---

27 "La voilà remontée, et je vous préviens, lecteur, qu'il n'est plus dans mon pouvoir de la renvoyer. – Pourquoi donc? – C'est qu'elle se présente avec deux bouteilles de champagne, une dans chaque main, et qu'il est écrit là-haut que tout orateur qui s'adressera à Jacques avec cet exorde s'en fera nécessairement écouter." Ibid., p.610-11.

151

supunham os seus corações libertos de vicissitudes. Ó crianças! Sempre crianças!..." Não sei de quem são estas reflexões, se de Jacques, de seu amo ou minhas, é certo que elas são de um dos três, e que foram precedidas e seguidas de muitas outras que nos teriam levado a Jacques, a seu amo e a mim, até depois da ceia, até ao retorno da hospedeira, se Jacques não tivesse dito a seu amo: "Vede, senhor, todas essas grandes sentenças que acabais de proferir sem qualquer motivo não valem uma velha fábula das veladas de minha aldeia.[28]

Não admira que poucos críticos tenham lidado com esta passagem: em seu estatuto estranhamente isolado, ela deixa o leitor ao mesmo tempo desamparado e com liberdade absoluta para lhe atribuir um sentido, se possível um sentido que ofereça possíveis conexões com o texto de Diderot.[29]

---

28 "'Le premier serment que se firent deux êtres de chair, ce fut au pied d'un rocher qui tombait en poussière; ils attestèrent de leur constance un ciel qui n'est pas un instant le même; tout passait en eux et autour d'eux, et ils croyaient leurs coeurs affranchis de vicissitudes. Oh enfants! Toujours enfants!...' Je ne sais de qui sont ces réflexions, de Jacques, de son maître ou de moi; il est certain qu'elles sont de l'un des trois, et qu'elles furent précédées et suivies de beaucoup d'autres qui nous auraient menés, Jacques, son maître et moi, jusqu'au souper, jusqu'après le souper, jusqu'au retour de l'hôtesse, si Jacques n'eût dit à son maître: Tenez, monsieur, toutes ces grandes sentences que vous venez de débiter à propos de botte, ne valent pas une vieille fable des écraignes de mon village." Ibid., p.604-5.

29 Para exemplificar este – muito plausível – desamparo interpretativo, cito o comentário de Henri Bénac, editor da versão que estou usando: "Esta célebre meditação, inspirada pelo evolucionismo de Diderot e parafraseada por Musset em seu *Souvenir*, é simplesmente a conclusão lírica de uma discussão que Diderot não nos relata em detalhe, entre Jacques e seu amo, a propósito da inconstância dos amores humanos." Ibid., p.898. É revelador que Bénac escreva sobre Jacques e seu amo

Se pretendemos seguir essa opção, as palavras de Jacques parecem dar desde logo a possibilidade concreta de identificar um ato de *mise-en-abyme*, ligando a sua referência às "grandes frases sem qualquer sentido nem motivação" do amo, precisamente às palavras entre citações, que de fato não têm nenhuma clara motivação intratextual. Mas uma tal interpretação iria contradizer a assumida incerteza do narrador, que não sabe se a enigmática passagem pertence a Jacques, ao amo ou a si mesmo, como possíveis autores. Assim, regresso à impressão de que estamos tocando um vestígio de Diderot como autor despreocupado, i.e., um autor que não deveríamos esperar que sempre cumpra nossos padrões de coerência e perfeição textuais.

Para ele, o processo de escrita pode muitas vezes ter sido um fluxo que, por um lado, não obedeceu estritamente às regras e necessidades da lógica narrativa ou argumentativa, enquanto, por outro lado, teve coerência suficiente para não deixar aberto nenhum desenvolvimento possível em cada momento da história. Ora, se supusermos que o texto de *Jacques, o fatalista* emergiu mesmo entre um resquício de necessidade (ficam algumas regras narrativas) e um resquício de impossibilidade (algumas coisas continuam sendo impossíveis), i.e., se tivesse emergido dentro de um âmbito de contingência, então talvez possamos descrever sua função específica e seu movimento filosófico como um alargamento do espaço mental da contingência. Então, a contingência não só seria o único tópico filosófico cujas duas dimensões se desdobram na estrutura narrativa de *Jacques, o fatalista* – mas se revelaria também como uma energia que permeia o texto.

---

como se eles fossem seres humanos reais, com a possibilidade de ocultar parte de sua interação do olhar curioso de um observador e autor.

*

Já vimos a estrutura narrativa, enganadoramente simples, de *Jacques, o fatalista* se revelar enquanto condição que literalmente produz uma infinitude de níveis e de perspectivas; e o modo como essas perspectivas e esses níveis se unem num espaço multidimensional de pensamento que não só permite à contingência se desdobrar enquanto problema filosófico, mas também revelar traços de ter sido permeado por ela. O único lado da contingência de que mais temos falado até agora é a contingência enquanto força que abre sempre novas futuras possibilidades de pensamento, de imaginação e potencialmente também de ação. Sobretudo devido aos sempre mais complexificantes efeitos nesse lado da contingência, é tão difícil — mesmo impossível para nós, leitores —, reter o conteúdo e a forma de *Jacques, o fatalista* como um texto em sua complexidade centrífuga.

Aquilo que ainda não vimos — exceto, indiretamente, através da obsessão de Jacques com o famoso "escrito lá em cima" — é a contingência enquanto facticidade, a contingência enquanto abertura entre o necessário e o impossível, que, vista de nossa retrospectiva, sempre já se transformou num passado de escolhas feitas e de eventos acontecidos. Tal como referi anteriormente, este segundo aspecto da contingência, relacionado ao passado, fica presente no texto de Diderot através de uma justaposição potencialmente confusa de histórias múltiplas, contadas pelos protagonistas sobre eles mesmos e sobre outros. Nas páginas que se seguem, procurarei ilustrar o modo como, sobretudo devido à complexidade da estrutura narrativa produzida pela abertura e pela instabilidade enquanto modos de contingência orientada para o futuro, essas histórias adquirem um

Prosa do mundo

estatuto de contingência retrospectiva, de contingência como "facticidade" – e isso também significa um estatuto de "singularidade" como impossibilidade de subsumir o que aconteceu (ou é suposto ter acontecido) sob quaisquer regras gerais.[30]

Sem surpresa, as duas histórias predominantes, quer pelo estatuto de seus narradores, quer pela extensão textual, são as que Jacques e seu aristocrático amo relatam acerca de suas vidas respectivas – e contrastam fortemente uma com a outra por diferirem na forma e nas tonalidades narrativas. Tentando entreter o amo com a história de suas aventuras eróticas (*ses amours*), o loquaz criado vai cedendo uma vez e outra à tentação de transmitir detalhes médicos, que o impedem de chegar em algo que sequer se assemelhe a uma linha de enredo ("tu falas demais,"[31] reage o amo, com seu habitual laconismo, ao *staccato* narrativo de Jacques). As demoradas descrições de estados alternados de dor e tratamento remetem a uma ferida infligida no joelho de Jacques por uma "fiel" bala que, claro, se torna o emblema e no lembrete constante da pré-determinação. Várias mulheres cuidam dele e todas elas se transformam, na imaginação do amo, em potenciais agentes na primeira experiência sexual de Jacques. Nas páginas finais do livro, muito depois de os dois viajantes terem desistido dessa história, uma delas, Denise, virá a tornar-se esposa de Jacques. Ela é a jovem que, numa drasticamente improvável concatenação de eventos e circunstâncias casuais que incluem um antigo amigo do amo, se tornou na última a aplacar a dor causada pela

---

30 Meus sumários breves do enredo das diferentes histórias narradas se baseiam muito nas relações bem mais detalhadas e nas convincentes análises em: Warning, *Illusion und Wirklichkeit in Tristram Shandy und Jacques le fataliste,* p.87-112.

31 "Tu parles trop." Ibid., p.659.

ferida no joelho de Jacques. E, apesar de, no mundo ficcional, haver motivo para crer que Denise jamais perdeu sua virgindade pré-matrimonial, a verdadeira iniciação de Jacques na vida erótica ocorrera em situações (e narrativas) distantes dela.

O amo sente o primeiro impulso de começar a contar a sua própria "história de amor" muito mais tarde no livro, mas, embora o enredo de sua narrativa seja logo visível, embora ele se desenvolva a um ritmo muito mais rápido do que o de Jacques, e embora acabe por facultar um ponto de chegada à viagem, essa narrativa aciona as mesmas reações de tédio no criado com que o amo havia seguido as daquele (238/747). Porém, diversamente de Jacques, que tanto gosta de adotar ideias e princípios de sabor mitológico, só o cético amo termina sendo vítima de uma conspiração. Quando Saint Ouin, que ele crê ser um bom amigo, se apercebe de que a sua concubina Agathe engravidou, engendra um encontro erótico entre ela e o amo de Jacques, e mais tarde consegue manipular as autoridades a atribuírem a ele tanto a paternidade quanto as consequentes obrigações financeiras. A viagem do amo e de Jacques se encaminhava todo o tempo para uma povoação onde seu filho jurídico – filho biológico de Saint Ouin – vive em casa de pais adotivos. E, claro, mesmo em frente dessa casa o amo se cruza com Saint Ouin, a quem desafia e acaba matando num duelo.

É através de um manuscrito (e já não da "boca" do narrador), então, que o leitor deve ficar sabendo como Jacques – e um pouco mais tarde também o seu amo – foram feitos prisioneiros após esse acidente, conseguiram se libertar e acabaram por reencontrar-se no castelo do amigo do amo, em casa de quem Jacques encontrara Denise. Essa é a ocasião em que Jacques acha emprego no castelo e pode se casar com Denise. Corre o boato,

Prosa do mundo

diz o narrador transformado em editor do manuscrito na primeira frase do último parágrafos do livro, que o amo e seu bom amigo são amantes de Denise. A ser verdade, lemos mais adiante, Jacques acharia consolação em sua crença determinista — e dormiria sobre suas próprias palavras:

> "Se estiver escrito lá em cima que serás corno, Jacques, por mais que faças, tu o serás; se estiver escrito ao contrário que tu não o serás, por mais que façam, tu não o serás; dorme, pois, meu amigo", e ele adormeceu.[32]

Obviamente, o contraste narrativo entre a história de Jacques e a de seu amo ilustra o contraste conceitual entre a verdade (*le vrai*) dos por vezes entediantes detalhes em que o narrador tende a insistir e, do lado do amo, a ação improvável, mas, por isso mesmo, mais cativante (*le romanesque*) esperada e desejada pelo leitor. Porém, contrariamente à preferência pela verdade, sustentada pelo narrador e adotada por tantos críticos literários, os dois princípios parecem se anular mutuamente na justaposição e, por fim, na intersecção das histórias de Jacques e do amo.

Nenhuma das duas histórias de vida parece ser particularmente "bizarra", e essa ausência de um efeito que tanto fascinava Diderot não era apenas (e talvez não principalmente) consequência de suas características poéticas intrínsecas. Se, pelo contrário, temos motivos para admitir que a impressão de bizarra facticidade (e de singularidade) só emerge a partir de

---

32 "'S'il est écrit là-haut que tu seras cocu, Jacques, tu auras beau faire, tu le seras; s'il est écrit là-haut que tu ne le seras pas, ils auront beau faire, tu ne le seras pas; dors donc, mon ami...' et qu'il s'endormait." Ibid., p.780.

enredos com possibilidade de causar reações conflituosas e, assim, rejeitar quaisquer interpretações seguindo as linhas dos princípios gerais, então a disponibilidade intratextual de múltiplas perspectivas parece ser a condição decisiva para esse apelo particular. Dentro da forma centrífuga da estrutura narrativa de *Jacques, o fatalista*, as histórias de Jacques e do amo dificilmente produzem esse efeito, pois, enquanto seus narradores e coadjuvantes, eles não estão em posição de causar dúvidas, comentários conflituosos, ou discussões abertas.

Em sentido oposto, Jacques, seu amo e o narrador se envolvem em discussões exaustivas e por vezes até apaixonadas sobre histórias contadas por outros personagens. Isso explica por que essas histórias, muito mais do que as narrativas "autobiográficas" de Jacques e do amo, constituem, no entender dos leitores, uma zona textual de efeitos bizarros. Concentremo-nos em cinco delas (existem muitas outras narrativas não autobiográficas no texto, algumas inacabadas, outras que são simples alusões a narrativas potenciais), para ver como de fato tendencialmente elas contêm matrizes estruturais capazes de provocar interpretações de perspectivas conflitantes.

A primeira dessas histórias ainda é contada por Jacques, mas refere-se a seu irmão Jean, que era carmelita, e à morte dele no terremoto de Lisboa, junto com um monge amigo (38-43 / 529-35). No mosteiro onde eles habitavam, os dois haviam granjeado a fama de convencer jovens moças a se casar dentro de menos de dois meses depois do primeiro encontro com os monges. Se terá sido o ciúme de outros monges ou as práticas imorais que estavam por detrás do sucesso deles a lançar sobre os dois frades a má fama e a obrigá-los a fugir para Lisboa, isso jamais se esclarecerá. Mas a ambiguidade inicial fica sublinhada quando eles somem em meio a um evento cujo estatuto – punição divina ou obra do acaso – era ainda discutido por intelectuais europeus ao tempo em que Diderot escreveu *Jacques, o fatalista*.

A segunda história, também transmitida por Jacques, trata sobre a relação obsessivamente circular de seu capitão com um oficial da mesma patente que umas vezes ele considera como seu mais querido amigo e outras como inimigo mortal a desafiar em duelos regulares (49-59 / 541-53). Aqui, a lente que ativa interpretações múltiplas e torna o caso único é trazida pelos sábios comentários do narrador acerca da natureza humana e suas variações: "a natureza é tão variada, sobretudo no tocante a instintos e caracteres."[33] Imediatamente depois dessa conclusão banal e pomposa, o narrador conta uma história bem mais comprida (59-88 / 554-86) que, como ele diz, sua mulher ouvira a primeira vez a um certo monsieur Gousse ("Eis a conversa que teve com minha mulher"[34]). Lemos que esse monsieur Gousse havia conseguido salvar a vida de um amigo, sacrificando toda a sua própria fortuna e ao mesmo tempo, levado pela cobiça, falsificara documentos para enriquecer ilicitamente. Desde o começo da história – e nunca muito adequadamente –, a comparação da história de monsieur Gousse com o enredo da peça *Médico à força*, de Molière, dará ângulos para uma interpretação moral.

Poucas páginas depois de Jacques, o amo, e o narrador abandonarem seu controverso e cansativo debate sobre a mente e o destino de monsieur Gousse, começa a mais longa e mais intensamente discutida narrativa interna. Não é por acaso que ela é

---

33 "La nature est si variée surtout dans les instincts et les caractères." Ibid., p.553.

34 "Voici son entretien avec ma femme." Ibid., p.554.

apresentada – de modo muito competente –, apesar das interrupções infinitas, pela hospedeira, personagem periférica a que várias vezes aludi. Essa atribuição do papel de narrador a um personagem marginal acaba por garantir total distância e completa liberdade às personagens da narrativa central, para fazerem análises e debates permanentes. A história da hospedeira trata da senhora de La Pommeraye e do marquês des Arcis, dois membros da alta aristocracia, e contém drama e charme suficiente para ter motivado uma versão à parte, reescrita e traduzida, que Friedrich Schiller fez publicar em 1785 na revista *Rhenische Thalia*. Bela, virtuosa, rica e orgulhosa viúva, a senhora de La Pommeraye decide ceder aos avanços insistentes do marquês de Arcis e se tornar sua amante. Quando, ao fim de poucos anos, desvanece a paixão do marquês, a senhora de La Pommeraye engendra e concretiza o mais cruel plano de vingança: faz com que o marquês se apaixone, se declare e acabe casando-se com uma jovem, a senhorinha d'Aisnon, que, na realidade, é uma prostituta. Porém, desde o momento em que o marquês é confrontado com a dolorosa e potencialmente destruidora verdade, a narrativa da vingança se transforma num singular – de fato, notável – caso sobre a imprevisibilidade da mente humana. É que não apenas o marquês decide não abandonar a sua nova esposa, contra as expectativas de todos, mas também acaba plenamente satisfeito com o casamento: "Na verdade. Creio que não me arrependo de nada, e que a tal da Pommeraye, em vez de vingar-se, prestou-me um grande serviço."[35]

---

35 "En vérité je crois que je ne me repens de rien; et que cette Pommeraye, au lieu de se venger, m'aura rendu un grand service." Ibid., p.648.

Prosa do mundo

Nenhum outro enredo causa tantas reações interligadas, opiniões e interpretações entre os personagens de *Jacques, o fatalista* como essa história de extensão romanesca, contada pela hospedeira. Jacques jamais ultrapassa sua temerosa indignação sobre o resultado com que a senhora de La Pommeraye realiza sua estratégia para ferir o marquês: "que diabo de mulher! Lúcifer não é pior! Estou tremendo, preciso beber um gole para me acalmar."[36] Em sua conversa com o narrador, o leitor implícito parece segui-lo. Para evitar essa reação, e impulsionado por sua típica ambição intelectual, o narrador produz uma completa "apologia da senhora de la Pommeraye":

> Podeis odiar, podeis temer a senhora de La Pommeraye: mas não a menosprezareis. Sua vingança é atroz, mas não é maculada por nenhum motivo de interesse [...] vós vos revoltais contra ela, em vez de ver que o ressentimento dela não vos indigna senão porque sois incapaz de sentir um ressentimento assim tão profundo, ou porque não fazeis quase nenhum caso da virtude das mulheres.[37]

O amo, tal como tantas outras vezes, não tem qualquer opinião específica, mas observa, em uma de suas interjeições lacônicas, aquilo que, de fato, de um ponto de vista filosófico talvez

---

36 "Quel diable de femme! L'enfer n'est pas pire! J'en tremble: et il faut que je boive un coup pour me rassurer." Ibid., p.633.

37 "Vous pouvez haïr; vous pouvez redouter Mme de La Pommeraye: mais vous ne la mépriserez pas. Sa vengeance est atroce; mais elle n'est souillée d'aucun motif d'intérêt [...] vous vous révoltez contre'elle au lieu de voir que son ressentiment seulement vous indigne parce que vous êtes incapable d'en éprouver un aussi profond, ou que vous ne faites presqu'aucun cas de la vertu des femmes." Ibid., p.651.

seja o mais notável dessa história: "É incompreensível." — "impossível de compreender" pois o enredo parece ser único e, por isso, nem pode confirmar nem ilustrar nenhum conhecimento geral sobre a natureza humana.

A narrativa com cuja breve análise concluirei nossos comentários sobre as estruturas internas do enredo em *Jacques, o fatalista* revela o mais excêntrico dos enquadramentos. Diderot permite que seja o marquês d'Arcis, antigo amante da senhora de La Pommeraye e suposta vítima, a apresentá-la exclusivamente ao amo, da maneira mais direta e sem interrupções — o que parece imediatamente plausível, porque o amo, comparado com Jacques e com o narrador, surge como o menos loquaz dos comentadores. A história revolve em torno do padre Hudson, um abade que, ao contrário do irmão de Jacques, consegue reformar o seu mosteiro segundo trâmites de moralidade rígida, enquanto leva — e não só na imaginação dos outros monges — uma vida paralela de luxo erótico sem limites. Porém, e com surpresa para o leitor, não existe ponto de viragem nem momento peripatético no decurso das aventuras de Hudson. Apesar de várias autoridades da Igreja tentarem espiá-lo, para acabar com sua autoridade, ele sempre consegue identificar seus perseguidores e os expor ao mesmo tipo de desconfiança que eles esperavam conseguir lançar sobre ele.

Mais do que seguir uma narrativa complexa, testemunhamos assim a emergência de uma personagem única e, por isso, notável, uma personagem que não causa, como todas as histórias anteriores causaram, interpretações conflitantes que levam ao debate. Apesar disso, o narrador não resiste à tentação de propor outro comentário intelectualmente ambicioso, quando reúne, na sua imaginação e na do leitor, o padre Hudson e a senhora de La Pommeraye:

> Leitor, enquanto essa boa gente dorme, eu teria uma pequena pergunta a vos propor, a discutir junto do vosso travesseiro: o que teria sido o filho do abade Hudson e da senhora de La Pommeraye? – Talvez um homem de bem. – Talvez um sublime patife.[38]

Essa pergunta e a respectiva resposta, inconclusiva e hipotética, têm chamado a atenção de múltiplos críticos, entre os quais Rainer Warning (108), que afirma que, ao interceptar as histórias da senhora de la Pommeraye e do padre Hudson (*Verklammerung*), Diderot reforça a impressão de uma realidade bizarra, que resiste a qualquer interpretação ou análise conceitual. Ora, se não é possível nem necessário ativar objeções sistemáticas contra tal visão, o fato é que o texto permite uma leitura diferente. Será que o contraste entre a pergunta – complicada e mesmo intrigante – e sua resposta banal (que se resume ao truísmo de que "tudo é possível") não lança uma luz irônica sobre o narrador? Ou, avançando mais um pouco, não será essa passagem ainda outra característica de Diderot enquanto autor surpreendentemente descuidado, um autor que não ansiava sempre por transformar as complexidades semânticas e os efeitos de contingência que produzia em posições filosóficas bem definidas?

Numa impressionante leitura do conto da senhora de la Pommeraye e seus comentários, I.H. Smith chegou a uma impressão semelhante: "Todos os contos e diálogos nos quais as preocupações éticas de Diderot se refletem terminam arbitrariamente ou em confusão, e deixam o leitor com o mesmo tumulto

---

38 "J'aurais une petite question à vous proposer à discuter sur votre oreiller: c'est ce qu'aurait été l'enfant né de l'abbé Hudson et de la dame de La Pommeraye? – Peut-être un honnête homme. – Peut-être un sublime coquin?" Ibid., p.684.

de sentimentos que assalta o autor."[39] Essa observação pode ajudar a desenvolver nossa hipótese de trabalho sobre o jogo entre contingência orientada para o futuro e orientada para o passado, enquanto estrutura responsável pelas impressões de facticidade (i.e., daquilo que Diderot referia como "bizarro") em *Jacques, o fatalista*. Até aqui, assumimos que a proposta de interpretações múltiplas e, se possível, conflitantes e que se anulam umas às outras era condição suficiente para tais leituras (e isso é, de outra perspectiva, condição suficiente para uma experiência de contingência).

Mas por que não haveria o multiperspectivismo, enquanto multiplicidade hermenêutica e conflito hermenêutico, de produzir, em vez disso, horizontes de sentido claramente diferenciados e, assim ilustrar como a "abertura" textual pode desencadear panoramas abertos de interpretação, motivo tão acarinhado por tantos críticos literários? Creio que o texto de Diderot anula esses possíveis efeitos de pluralidade e diferença (e provavelmente isso não acontece apenas com *Jacques, o fatalista*), acima de tudo através daquele terceiro modo específico da contingência (e do descuido), que atravessa o texto e força os leitores até um ponto onde eles já não têm expectativas, onde de fato eles desistem dos sentidos límpidos e das verdades profundas. Estando os leitores nesse ponto, a instabilidade e as descontinuidades frequentes em *Jacques, o fatalista* libertam os poderes da contingência enquanto energia que os mantém num ritmo agitado de pensamento e associação, sem levá-los a objetivos específicos nem a pontos finais de demonstração argumentativa.

---

39 Smith, "The Mme de la Pommeraye Tale and its Commentaries", p.18-30; aqui: p.29.

Prosa do mundo

Um processo assim corresponde ao estilo intelectual ficcionalmente incorporado pelo sobrinho de Rameau — e é o exato oposto do estilo persistente e reiterado de Jacques perante a posição do Determinismo e seus supostos fundamentos filosóficos.

*

A presença textual de um autor que deve ter sido bem sereno para deixar que o descuido e a "negligência" (como os leitores teriam preferido dizer no tempo de Diderot) nos dê um motivo para buscar alterações no comportamento dos principais protagonistas e nas posições deles ao longo de *Jacques, o fatalista*. Claro que não pelas alterações que nos levariam a níveis profundos da derradeira sabedoria, escondida pelo autor embaixo de camadas "superficiais" de elementos narrativos, mas, insisto, por vestígios desse terceiro poder da contingência que, como já sabemos, envolveu nossa leitura desde o começo. Contra a infeliz tradição de uma leitura politicamente "iluminada", cegada por seu viés que vê o criado como intelectualmente e eticamente superior, vimos como Jacques, se alguma vez fez uma promissora arrancada intratextual, foi se deslocando progressivamente para a autocomplacência, até mesmo para uma ausência de paixão por seus próprios valores e argumentos. Essa evolução pode bem refletir a crescente frustração do autor com o potencial limitado de um personagem que ele deve ter achado divertido quando o criou.

À medida que a história deles avança, o amo precisa mesmo recordar Jacques para que ele não esqueça seu credo determinista: "Será que esqueceste o teu refrão, o grande rolo e a escritura lá em cima?" Levado por intervenções semelhantes, Jacques empreende um esforço final para envolver o amo em mais uma discussão sobre o livre-arbítrio e sua impossibilidade, durante

a qual, com uma autoironia dificilmente atribuível ao personagem ficcional, ele descreve o amo e a si mesmo como "duas
verdadeiras máquinas vivas e pensantes".[40] Mas a nova conversa
apenas os devolverá a um ponto de silêncio e, então, causará um
comentário sarcástico do narrador sobre o cérebro de Jacques:

> Depois dessas banalidades e de outros ditos da mesma importân-
> cia, calaram-se, e Jacques, alteando seu enorme chapéu, guarda-chuva
> no mau tempo, guarda-sol nos dias de calor, um tampa-cabeça em
> todos os tempos, o tenebroso santuário sob o qual um dos melhores
> cérebros que jamais tenham existido consultava o destino nas grandes
> ocasiões [...] percebeu um lavrador que moía inutilmente de pancadas
> um dos dois cavalos [...][41]

Já fiz referência às frases que concluem o livro, nas quais,
obviamente, Jacques volta a convocar o que "está escrito lá em
cima" e adormece com o desagradável pensamento de sua jovem mulher o traindo com o amo e seu amigo. Para mim, essa
cena faz ecoar o último parágrafo de *Lazarillo de Tormes*, o mais
antigo romance picaresco (de 1554), e a personagem principal
ameaçando que quem o recordasse as visitas de sua mulher à
casa de um certo arcipreste deixaria de ser seu amigo. Ao longo
de todas as extensas e tortuosas conversas com o amo, Jacques

---

40 "Deux vraies machines vivantes et pensantes." Ibid., p.757.
41 "Après ces balivernes et quelques autres propos de la même importance, ils se turent; et Jacques, relevant son énorme chapeau, parapluie
dans les mauvais temps, parasol dans les temps clairs, couvre-chef en
tout temps, le ténébreux sanctuaire sous lequel une des meilleures cer-
velles qui ait encore existé consultait le destin dans les grandes occa-
sions [...] aperçut un laboureur qui rouait inutilement de coups un de
ses deux chevaux" (759).

Prosa do mundo

jamais revela uma fração da inteligência de que Larazillo precisa para sobreviver num ambiente hostil; mas com certeza partilha com ele a preferência por uma vida confortável acima de manter imaculada a honra.

É tentador imaginar como Diderot, ao invés de cansar-se do amo, se enamorou cada vez mais desse protagonista. Lá para o final do livro, e como se do nada, ele o leva a descobrir um desejo inesperado e uma energia para contar suas próprias "histórias de amor" – quando o criado lhe pergunta por seu nobre amigo Desglands, em cujo castelo ele conheceu Denise: "Eis a história de Desglands. Jacques está satisfeito, e posso esperar agora que ele vá escutar a história de meus amores, ou que retomará a dos seus?"[42]

Jacques recusa duplamente: "porque está calor, ele sente-se cansado e a paisagem é belíssima" (245-755). Mas isso não impede o amo de começar a sua história, e até de terminá-la – o que, como vimos, há de desvendar o objetivo de sua viagem e o local de chegada. Acima de tudo, o amo se revela bem capaz de interpretar o papel tradicional de um aristocrata, ao confrontar e derrotar seu traiçoeiro arqui-inimigo Saint-Ouin (265 / 776) sem a ajuda de Jacques, ao se libertar da prisão – e bem provavelmente ao dormir com a mulher de seu criado.

Mais até do que os papéis de Jacques e de seu amo, as posições do narrador se alteram constantemente, desde o começo do livro e, por isso, passam a ser um impulso para esses movimentos de contingência que constituem o texto enquanto espaço

---

42 "Voilà l'histoire Desglands. Jacques est-il satisfait: et puis-je espérer qu'il écoutera l'histoire de mes amours, ou qu'il reprenda l'histoire des siennes?" Ibid., p.754.

complexo de pensamento ativo. Se essa sua autoapresentação enquanto oniscientes e onipotentes sobre a narrativa a seguir prevalece nas páginas de abertura, seguida por uma insistência na predileção pelo "verdadeiro" mais do que por histórias de romance, o narrador haverá de confessar, mais tarde, que está tão "curioso como vós, leitor", por saber mais acerca da sequência de acontecimentos narrados por Jacques, porque depende totalmente do que o protagonista do título se dispõe a lhe contar:

> Credes que eu não esteja tão curioso quanto vós? [...] Tudo o que vos digo aí, leitor, eu o ouvi de Jacques, confesso-vos, porque não gosto de obter honor do espírito de outrem. Jacques não conhecia nem o termo vício, nen o termo virtude. Pretendia que a gente nasce feliz ou infeliz.[43]

Ao longo de suas incontáveis intervenções, o narrador também acaba chegando a um tom mais respeitador e até amistoso com o leitor, a quem antes dirigira palavras duras e condescendentes. Em particular, numa defesa de certos "detalhes obscenos" que, comparando-se aos grandes historiadores da Antiguidade Romana, ele havia considerado inevitáveis, em abono da verdade e do total entendimento. Mas o momento mais dramático se dá quando o narrador anuncia que se detém antes de terminar a história de Jacques:

---

43 "Croyez-vous que je n'en sois aussi curieux que vous? [...] Tout ce que je débite là, lecteur, je le tiens de Jacques, je vous l'avoue, parce que je n'aime pas à me faire honneur de l'esprit d'autrui. Jacques ne connaissait ni le nom de vice, ni le nom de vertu; il prétendait qu'on était heureusement ou malheureusement né." Ibid., p.669-70.

Prosa do mundo

E eu me detenho, porque vos disse desses dois personagens tudo o que sei. – E os amores de Jacques? Jacques disse cem vezes estar escrito lá em cima que ele não iria terminar a história, e vejo que Jacques tinha razão. Vejo, leitor, que isso vos contraria. Pois bem! retomai seu relato onde ele o interrompeu e continuai à vossa fantasia.[44]

A esse ponto do livro, qualquer leitor mais experiente, de nosso tempo ou contemporâneo de Diderot, terá entendido que seu autor não planeia jamais concluir os devaneios autobiográficos de Jacques. Mas, devido à ausência de motivação narrativa interna, nenhum leitor é capaz de antecipar que o narrador se deterá exatamente no ponto em que decide se deter. Esse momento no monólogo do narrador se assemelha à súbita decisão do sobrinho de Rameau, quando resolve abandonar a conversa com o Filósofo. Será que Diderot não era especialmente bom a terminar seus diálogos? Será que era frequente ele cansar de suas próprias histórias e de seus protagonistas?

O narrador – e o autor por detrás dele – rapidamente se desvia para um papel novo e final, em que subitamente se refere a "memórias das quais tenho boas razões para considerá-las suspeitas",[45] e promete ao leitor reler essas notas e regressar a ele "em oito dias". Quando ele cumpre a promessa e volta mesmo,

---

44 "Et moi, j'arrête, parce ce que je vous ai dit de ces deux personnages tout ce que j'en sais. – Et les amours de Jacques? Jacques a dit cent fois que c'était écrit là-haut qu'il n'en finirait pas l'histoire, et je vois que Jacques avait raison. Je vois, lecteur, que cela vous fâche; eh ben, reprenez son récit où il l'a laissé, et continuez à votre fantaisie." Ibid., p.777.

45 "Des mémoires que j'ai de bonnes raisons de tenir pour suspects." Ibid., p.777.

no começo do parágrafo seguinte, o narrador, sem mais explicações, transformou-se no "editor":

> O editor acrescenta: Passaram-se os oito dias. Li as memórias em questão. Dos três parágrafos que encontro nelas a mais do que no manuscrito de que sou possuidor, o primeiro e último me parecem originais, e o do meio evidentemente interpolado.[46]

Ora, de novo de uma perspectiva estritamente lógica, não fica claro quando ocorre essa mudança de narrador para editor, quem exatamente está "falando" no texto. Nem conseguimos discernir se é suposto o editor ser diferente do narrador ou idêntico a ele. Neste último caso, podemos imaginar que o narrador finalmente "revela que sua verdadeira identidade é a de editor," enquanto a primeira opção sugere que o editor esteve até ali "em silêncio" – e, desde o início, na posse de um texto inscrito com o papel de narrador.

A página seguinte identifica o segundo parágrafo, "interpolado", do suspeito "manuscrito" como tendo sido "copiado da vida de *Tristram Shandy*" do "ministro Sterne" – e esse detalhe tem inspirado inúmeros historiadores da literatura, apesar de pertencer ao grupo daqueles frequentes efeitos textuais sem consequências, típicos de *Jacques, o fatalista*.[47] Tivesse ou não essa

---

46 "L'éditeur ajoute: La huitaine est passée. J'ai lu les mémoires en question; des trois paragraphes que j'y trouve de plus que dans le manuscrit dont je suis possesseur, le premier et le dernier me paraissent originaux, et celui du milieu évidemment interpolé." Ibid.

47 Esse excerto em particular da inconsistência em *Jacques, o fatalista* não suscitou nenhum comentário do editor da versão do texto que estou usando – o que parece acertado, pois o texto não contém quaisquer conotações nem instruções mais diretas para os leitores processarem.

intenção, Diderot uma vez mais abriu um ciclo de potencial reflexão e não foi muito mais além. Qualquer especulação acerca da possibilidade de complicadas *mises-en-abyme*, motivadas pela referência a Sterne, são fruto exclusivo da imaginação dos críticos – e podem até ser filologicamente aceitáveis, desde que não impliquem afirmar-se seja o que for sobre a intenção de Diderot. No final de contas, tudo quanto aprendemos dessa conexão com *Tristram Shandy* é que Diderot deve ter se apercebido da afinidade daquele com seu próprio texto – e, muito provavelmente, das diferenças entre ambos.

Todos esses traços e sintomas textuais do estilo intelectual de Diderot, enquanto movimento mais dirigido à complexidade e à abertura do que à coesão e ao fechamento, se reúnem nessa terceira dimensão da contingência, como efeito conjunto e como ponto de fuga. *Jacques, o fatalista* não apenas se desdobra nas dimensões orientadas para o futuro e orientadas para o passado da contingência em sua interação; o texto acrescenta também os efeitos da instabilidade acumulada do descuido de Diderot enquanto autor. Todas juntas, as três dimensões da contingência concedem aos leitores de Diderot a energia de uma extraordinária liberdade de pensamento e de imaginação, como um impulso cujo reverso é um risco permanente de desorientação e de confusão. Assim, o texto incentiva e ativa reações verdadeiramente individuais, mas se torna também um espaço intelectual sempre em expansão, em que a individualidade pode transformar-se quer em isolamento, quer na deprimente sensação de se estar perdido.

*

Mais uma vez vislumbro uma semelhança entre essa estrutura e a variedade do movimento intelectual criado por Diderot e certos caminhos de pensamento, que globalmente parecem estar presentes e talvez sejam mesmo predominantes nos dias de hoje; e mais uma vez insisto que essa intuição de uma afinidade não implica nenhuma especulação sobre ligações genealógicas ou mesmo "historicamente necessárias" entre o estilo intelectual de Diderot e o do nosso tempo. Quanto ao agora, estou tentando descrever a temporalidade que habitamos como um "amplo presente", cujo horizonte existencial está num processo de transformação de um campo de contingência para um universo de contingência.[48] E nesse novo presente vejo um número de condições epistemológicas lembrando-me da configuração específica da complexidade subjacente a *Jacques, o fatalista*.

"Campo de contingência" é um conceito que caracteriza a situação padrão da vida individual, tal como emergiu com o novo papel do cidadão nas reformas e revoluções burguesas em torno de 1800. Em suas vidas individuais, os cidadãos dispunham então de um espaço de escolha independente, dentro do qual poderiam *enformar* sua existência, um espaço que era limitado (daí ser um "campo") entre uma dimensão de "necessidade", ou seja, situações não acessíveis à escolha, e uma dimensão de "impossibilidade", ou seja, situações abertas à imaginação humana, mas não relacionadas ao âmbito do que os humanos são realmente capazes de conseguir. Desde o começo do século XIX, a "necessidade" nesse sentido foi associada ao conceito de "destino", e a "impossibilidade", a uma série de predicados, tais como "onisciência",

---

48 Ver: Gumbrecht, *Nosso amplo presente*, e Gumbrecht, "Three Notes on Contingency Today: Stress, Science – and Consolation from the Past?".

"onipotência" ou "eternidade", que dantes só eram usados para entes divinos. No entanto, nas décadas mais recentes, e em parte devido aos efeitos da tecnologia eletrônica, esses dois polos, metaforicamente falando, estão num processo de fusão. É a isso que refiro como a transição do cotidiano como campo de contingência para o cotidiano como universo de contingência.

Ilustrando essa minha observação: se até pouco tempo atrás o gênero sexual que qualquer pessoa tinha por designado, devido a certas características físicas, era considerado destino, essa mesma necessidade está agora desaparecendo, junto com a emergente esperança de uma nova agência sobre o sexo, inspirada pelos primórdios da cirurgia transexual; se a eternidade era considerada e imaginada como uma temporalidade exclusiva dos deuses, a opção de uma vida corporalmente infinita é hoje um objetivo novo e levado a sério pela pesquisa médica. Simultaneamente — e já referimos essas condições internas do amplo presente —, um novo futuro ocupado por ameaças que se dirigem para nós e um novo passado que invade o presente, ao invés de cair para trás dele, transformaram nosso presente numa zona de justaposições e simultaneidade ultracomplexas. Essas duas dinâmicas, o presente como simultaneidade ultracomplexa e o presente como universo da contingência, colocam ao dispor de todos nós uma nova e inaudita intensidade de liberdade — mas essa estonteante intensidade de liberdade significa também instabilidade, e faz com que estejamos ansiosos por qualquer orientação fundamental e por valores pré-reflexivos em que possamos nos agarrar.

Nesse sentido, estou associando a experiência da leitura possibilitada por *Jacques, o fatalista* a uma experiência existencial de nosso presente — e associo o protagonista do título, em suas limitações específicas e muito visíveis, quer a um abrangente desejo contemporâneo de verdades básicas sem complexidade, quer a suas problemáticas consequências. Um segundo paralelo é, de um lado, a impressão de bizarra facticidade que, em *Jacques, o fatalista*, emerge da discussão de narrativas internas entre as perspectivas dos personagens centrais; e, do outro lado, a tensão atual entre uma prolífica produção de elementos do conhecimento que se apresentam como "factuais" e um multiperspectivismo que pretende transformar cada fato numa "construção social". Em terceiro lugar, como tendemos a usar palavras como "fato" e "facticidade" para referir "elementos do conhecimento" que, ao contrário das "construções", não estão acessíveis a conceitos gerais abstratos e, assim sendo, têm o estatuto de singulares, necessitamos de um juízo, isto é, de uma capacidade de processar fenômenos individuais sem recurso a critérios quantitativos ou qualitativos geralmente válidos. Portanto, hoje em dia, o juízo ocupa cada vez mais o lugar anteriormente ocupado pelo argumento racional e pelo silogismo – e haveremos de ver, no capítulo sobre a crítica de arte de Diderot, como essa operação já era fulcral em sua prática intelectual.

Conforme referi, a complexidade existencialmente e socialmente desafiante de nosso presente faz evidenciar, uma e outra vez, uma ânsia por orientação e valores elementares – mas esse mesmo presente também se presta muito menos a crenças em sistemas homogêneos, e a discursos de explicação do mundo, do que a época de ideologias totalizadoras da primeira metade do século XX. Ao invés de ideologias, ou seja, de chaves mestras conceituais e epistemológicas, que dantes enformavam a vida coletiva, o tipo de comportamento capaz de ajudar-nos a sobreviver individualmente no presente poderia incluir o ceticismo, a distância, a serenidade, um ou outro tom de ironia e uma ocasional prontidão para agir, tudo com base na faculdade de juízo.

Visto desse prisma, o Amo aristocrata é o único personagem de *Jacques, o fatalista* com cujos modos prosaicos no mundo eu simpatizo. É desnecessário dizer que tal reação não implica nenhuma afirmação de que seja uma interpretação verdadeira finalmente descoberta, nem uma hipótese séria sobre o que Diderot quereria transmitir a seus leitores. Em termos biográficos, provavelmente ele jamais procurou providenciar sabedoria ou orientação moral. Pode simplesmente ter induzido e seguido os movimentos irregulares de seu pensamento, em contato com outros pensamentos — mas sem a ideia de dar-lhes lições ou de dirigi-los. Isso também pode se aproximar do que seja uma atitude produtiva para uma leitura atual de *Jacques, o fatalista*.

*

Mas, para além da possível ressonância de um texto assim no século XXI, o que teremos aprendido com a análise de *Jacques, o fatalista* acerca da posição e das conexões do pensamento de Diderot no seu tempo? Ao contrário daqueles que defendiam, desenvolviam e promoviam a mundivisao histórica, autores e artistas como Diderot e Lichtenberg, Goya e Mozart não se incomodavam com os efeitos de contingência que haviam se seguido à nova obsessão, existente entre os intelectuais, de observarem-se a si mesmos no ato da observação do mundo; nem contornavam a questão central de suas reflexões "materialistas", ou seja, de como a apropriação do mundo através do pensamento poderia vir a compatibilizar-se com a apropriação do mundo através dos sentidos; eles testavam as camadas corpóreas de sua existência como um novo tipo de autorreferência em suas relações metabólicas com o mundo; e, ao invés de dependerem exclusivamente de deduções e induções racionais, recorriam a atos da faculdade de juízo para lidarem com uma experiência do mundo em que os fenômenos individuais resistiam a princípios gerais. A contingência, o materialismo, a autorreferência metabólica e a faculdade de juízo constituíram os quatro principais componentes de seu estilo intelectual na periferia do Iluminismo; e, se essas dimensões funcionavam numa conexão de tipo rizoma, já entendemos que textos diferentes e obras de arte diferentes centravam-se, de cada vez, em aspectos diferentes. Ao passo que o motivo chave de *O sobrinho de Rameau* era o eu material do protagonista, o eixo intelectual de *Jacques, o fatalista* seguia a dinâmica da contingência infinitamente se desdobrando.

Francisco de Goya tornou essas conexões literalmente visíveis numa configuração diversa. Publicadas pela primeira vez em 1798, as gravuras de seus *Caprichos* produziram efeitos múltiplos de contingência porque fizeram erodir posições e figuras bem estabelecidas do saber iluminista, e porque deram a ver corpos humanos em conexões metabólicas com seu entorno material. Aquilo que, pelo contrário, predomina na segunda famosa coleção de gravuras de Goya, *Desastres de la guerra*, são cenas das sangrentas confrontações entre o exército de Napoleão, força de ocupação, e os homens e mulheres de Espanha, quase todos de classes baixas, que libertaram seu país numa Guerra da Independência entre 1808 e 1814 (em larga medida, graças à emergência de novas estratégias de resistência e de material militar que, desde então, chamamos de "guerrilha"). Porém, no clima de repressão política após o retorno do monarca espanhol a Madri, Goya nunca mais expôs nem vendeu nenhuma das imagens dos *Desastres*. Apesar de todo o seu patriotismo, passou mesmo os anos derradeiros de sua vida na França.

Prosa do mundo

Se nos *Caprichos* as situações de contingência surgem, na maioria, de figuras alegóricas que representavam certos grupos da população (crianças mimadas, monges mesquinhos, biscateiros ambiciosos, entre muitos outros), quase todas as cenas dos *Desastres* se referem a eventos isolados de violência e a cenas de extremo sofrimento físico. Nesse contexto, Goya parece reagir criticamente a um modo de produção de sentido pictórico que até ao seu tempo havia sido convencional. Se é claro que cada grupo em conflito se escandalizava com qualquer ato de excessiva violência física, cometido pelo grupo contrário, cada um veria sua própria violência ou como conquista heroica ou como corajosa resistência. Contra o pano de fundo dessa tradição, Goya comenta com o subtítulo *Lo mismo* ("O mesmo") a imagem de um espanhol que desfere um enérgico golpe mortal de machado sobre um soldado francês, que jaz indefeso no chão.[49] O juízo implícito fica claro: embora Goya se situasse politicamente do lado dos insurgentes (com algum grau de ambiguidade ideológica), ele deve ter sentido que essa posição não poderia se tornar uma justificação para atos cruéis de agressão física. Um outro exemplo da mesma relação entre uma cena que se apresenta numa gravura e a reação do artista é a imagem de uma mulher espanhola e de um homem, também espanhol (é fácil identificá-los, pois, ao contrário dos soldados franceses, os espanhóis não usavam uniformes em sua guerrilha) que se juntam para desfigurar a pau e lança o cadáver de um inimigo francês – com a legenda "Populacho" ("Gente de Baixo Estatuto").[50]

---

49 Ver: Goya: *Caprichos – Desastres –Tauromaquia – Disparates*, p.86. (Observação: as explicações por baixo dos subtítulos em negrito não são históricas – e discordo da maioria delas.)

50 Ibid., p.100.

Mais ambígua parece a gravura legendada como "Y son fieras" ("E elas são feras"). Em meio a uma violenta confrontação, uma mulher se regozija, trespassando com sua lança o ventre de um soldado francês.[51] A palavra "fiera" tem denotação dupla e se pode escolher dessa duplicidade: ela pode referir-se a uma pessoa de brava força física ou a alguém que vai demasiado longe em sua violência animalesca – mas que certamente não merece admiração. Nos *Desastres*, descobrimos com frequência tais efeitos de contingência e suas consequências – eles são semelhantes à transformação das histórias internas de *Jacques, o fatalista* em facticidade através de diferentes perspectivas de interpretação que mutuamente se neutralizam. Já em "Lo mismo" e em "Populacho" existia um potencial contraste entre a esperada interpretação "patriótica" e a aparente recusa de Goya de negligenciar a crueldade do lado espanhol. "Y son fieras" complexifica essa relação, pois acrescenta um segundo nível de complexidade à tensão primária entre duas perspectivas políticas, ativando, através da palavra "fieras" tanto a admiração específica por mulheres que se envolvem em ação violenta quanto uma crítica de sua irrecuperável violência. Em conjunto, a tensão política, a surpresa da violência feminina e a deliberada ambiguidade semântica da legenda dificultam ao observador a tarefa de subsumir a cena representada sob um único princípio moral. Ao resistir tais formas coerentes de sentido, porém, a imagem adquire um estatuto de pura facticidade. Significa exclusivamente aquilo que aconteceu num momento específico – sem interpretação viável. Cenas de violência, em sua facticidade, deixam de parecer "casos típicos" e se transformam em registros

---

51 Ibid., p.87.

de momentos individuais. E as ações cruéis, em sua simples singularidade, são aquilo que, desde o tempo de Goya, a cultura ocidental tem chamado de "atrocidade".

Três das gravuras dos *Desastres*, que a maioria das edições apresenta no final da coleção, tornam claro que Goya se sentia intrigado com o boicote da possibilidade de atribuição de sentido, não apenas como dispositivo de crítica e expressão de indignação.[52] A primeira e a segunda dessas imagens são claramente alegóricas. No centro, mostram uma jovem lindíssima, deitada no chão, de peito despido e olhos fechados. A legenda "Murió la verdad" ("A verdade morreu") não deixa dúvidas de que a imaculada figura feminina representa a verdade enquanto valor morto ou desaparecido nos horrores da guerra. Mas, na gravura seguinte, a figura alegórica parece abrir um pouco os olhos, suscitando a pergunta da legenda: "Si resucitará?" ("Ela ressuscitará?"). Essa imagem final da coleção revela, pois, uma jovem muito diferente, tão diferente que, dentro da tradição iconográfica do Ocidente, dificilmente seria considerada uma alegoria da verdade. Seu peito também está despido – mas ela está de pé, em vez de estar deitada no chão, é menos elegante, talvez até esteja grávida. "Esto es lo verdadero" ("Isto é o [que é] verdadeiro"), diz a legenda. De um ponto de vista ontológico, assim como de um ponto de vista semiótico, o que separa as duas primeiras gravuras da terceira é uma descontinuidade que Goya deve ter pressentido e desejado. Porque já não é suposto a terceira jovem representar um valor específico – ao invés, ela é "o que é verdadeiro" (e não a "realidade"). E talvez devêssemos até sugerir que mesmo "o real" parece uma noção demasiado

---

52 Ibid., p.128-30.

abstrata para aquilo que aqui está em causa, demasiado abstrata para escapar totalmente a dimensão de alegoria e de representação. A terceira mulher é a vida (o que poderia bem explicar a conotação pictórica da gravidez), porque é a vida – e não a verdade – que morre ou sobrevive nas atrocidades da guerra.

Os últimos anos da vida de Wolfgang Amadeus Mozart foram dominados (e provavelmente sua idade adulta arruinada) por uma dimensão existencial não violenta – mas também como-a--vida – da contingência. Contrariamente à tradicional aura romântica do artista pobre que surgia em muitas das biografias de Mozart, sabemos hoje que ele dispunha de um rendimento estável e considerável. Só pelos concertos que deu, estima-se que tenha acumulado honorários equivalentes atualmente a mais de quatro milhões de dólares. Mas, por outro lado, se muitos documentos comprovam que Mozart tentou repetidamente e com urgência obter grandes somas de dinheiro de amigos e admiradores, é provável que isso tivesse a ver com um vício de jogo, cuja intensidade estava fora de controle: "Se diz que num só dia ele terá perdido mais de 2.000 Guldens ($ 800,000) jogando bilhar".[53]

Os hábitos de jogo e as patologias associadas ao jogo eram incrivelmente comuns durante o Iluminismo e entre alguns de seus mais proverbiais protagonistas. Graças a sua participação ativa na emergente indústria dos jogos, Voltaire juntou uma fortuna que o tornou quase ferozmente independente até mesmo dos monarcas que se ofereciam para o apoiar. Lessing, pelo contrário, não foi apenas o único protagonista simbólico da Razão na história cultural da Alemanha; os anos que se seguiram à morte da sua mulher, que faleceu dando à luz, também foram

---

53 Selby, "Mozart's Gambling".

vividos nas trevas de um vício de jogo e de dívidas avultadas. No campo da contingência, há dois movimentos opostos que explicam a sedução e o vício do jogo. É óbvio que ele pertence ao espaço existencial entre a necessidade e a impossibilidade, pois os jogadores são tentados, de início, pela esperança de manipular essas duas fronteiras. Eles procuram tornar o impossível possível e transformar a contingência em necessidade (esse é o primeiro nível do movimento). Do lado da impossibilidade, eles recusam excluir o que possa ser considerado altamente, mas não totalmente, improvável; e do lado da necessidade, ficam obcecados pelos truques e esquemas que supostamente fazem virar a sorte (uma garantida certeza de contingente sucesso). Porém, assim que o jogo se torna uma parte estavelmente desestabilizadora da vida do jogador, assim que ele ganha uma história de jogo, o campo da contingência adota para ele uma (segunda) forma diferente. Então, o passado se transforma num trilho de facticidade, numa acumulação de falhanços aparentemente infelizes, que ele não quer interpretar como aviso, nem como o começo de uma tragédia pessoal. Logo, quanto mais pesadas se tornam as dívidas, mais forte é o desejo do jogador de alterar os limites da impossibilidade e da necessidade, levando-o a investimentos e riscos cada vez maiores. Olhando para os últimos anos da vida de Mozart, poderemos perguntar se o jogo como modo de indulgência na contingência e as dívidas como sua consequência não seriam nada mais do que o lado obscuro de uma energia detrás de sua produtividade específica de compositor, o lado obscuro de uma energia que se dedicava – com sucesso – a testar os limites da complexidade multívoca, para lá do que antes parecera possível e com uma impressão de necessidade transcendente.

Já identificamos traços dos poderes da contingência no sentido de nuance de Lichtenberg e no modo como ele se concentrava na singularidade dos fenômenos. Em contrapartida, só alguns momentos de suas reflexões referem explicitamente os problemas e os próprios conceitos de contingência ou de acaso. Um desses momentos, no Caderno J,[54] debate uma recensão, publicada no *Literatur-Zeitung* de 1791, ao *Ensaio sobre a Filosofia Moral* (*Versuch einer Moralphilosophie*), de Carl Christian Erhard Schmid. A reação de Lichtenberg deixa entrever que a questão central do livro de Schmid era idêntica à do problema predominante que emergia nas conversas entre Jacques e seu amo: será possível "conceber um ser que por si mesmo pudesse causar livremente uma ação, totalmente independente da influência de qualquer série temporal causal (ocorrendo dentro da forma do tempo), mas simultaneamente, na medida em que parecesse ativa, devesse ser vista, em todas as suas conhecíveis ações, como necessariamente determinada"? Será que a liberdade e a necessidade vão a par, e será que estarão alguma vez em conflito? Lemos que, para salvar e preservar a "possibilidade de liberdade", Schmid recorreu à distinção entre "matéria" (atribuída à "Natureza") e "forma" (atribuída à "Razão"), só para chegar à conclusão ("decisiva nesse tema da liberdade", segundo Lichtenberg) de que, ao contrário do ponto de partida dele (e do de Jacques), tudo é "ou necessidade ou contingência".

Lichtenberg não concorda nem com esse argumento, nem com as propostas filosóficas alternativas que o recenseador sugere. Sua principal objeção se funda na convicção de que "apenas o mundo sensório" é "operativo sob a forma de

---

54 Lichtenberg, *Philosophical Writings*, p.120.

necessidade", ao passo que a ação humana decorre sob premissas diferentes e de diferentes formas. Ele acrescenta que isso se deve ao tempo enquanto "sentido interno" que, nas ações humanas, é suposto dar "ao conceito de necessidade seu sentido" e sua forma. A reação de Lichtenberg ao livro e à premissa de Schmid, i.e., à intuição de uma temporalização da necessidade exclusiva do mundo das ações humanas, antecipa a mais importante intuição e premissa da filosofia e da mundivisão histórica de Hegel, em cujo ambiente esta filosofia haveria de desenvolver sua forma e dar forma ao século XIX. Mas a temporalização da necessidade jamais veio a fazer parte daquele outro tipo, mais periférico, de pensamento, que Diderot praticara e para o qual Lichtenberg na verdade sentia inclinação, o tipo de pensamento em que a contingência, ao invés de ser amansada pela necessidade temporalizada, continuava a funcionar como poder da instabilidade. O tempo não parece ter tido importância na periferia do Iluminismo.

V
"O prodígio é a vida"[1] – Metabolizando o materialismo em *O Sonho de d'Alembert*[2]

Os meses de verão de 1769 foram particularmente quentes na cidade de Paris. A mulher e a filha de Diderot estavam em Sèvres e Sophie Volland, como todos os anos, passou a temporada com a mãe e as irmãs na fazenda da família, em Isle; enquanto isso, Diderot trabalhava tão intensamente ("como um diabo") em diferentes projetos que chegava a não ter tempo para se vestir e sair, numa cidade abandonada por aqueles que tinham posses para a deixar – e por todos aqueles que interessavam a Diderot: "Vivo muito em roupão. Leio, escrevo; escrevo muitas coisas boas a propósito de bem ruins coisas que leio", escreveu

---

1 "O verdadeiro prodígio é a própria vida." Diderot, *Rameau's Nephew and D'Alembert's Dream,* p.176. "Le prodige, c'est la vie." Diderot, *Le rêve de d'Alembert.* Paris: Flammarion, 2002, p.96. Esta é a edição utilizada ao longo deste capítulo.

2 Para esta versão em língua portuguesa, recorreu-se à edição dos Textos escolhidos de Diderot na coleção Os Pensadores, com tradução e notas de Marilena de Souza Chaui e J. Guinsburg. São Paulo: Abril Cultural, 1979.

ele a Sophie Volland em 31 de agosto. "Não vejo ninguém, porque já não há ninguém em Paris."[3] Além de trabalhar nos *Diálogos sobre o comércio dos trigos*[4], do seu amigo italiano, o abade Galiani, que regressara a Nápoles (o texto seria publicado no ano seguinte), além de preparar a publicação de dois volumes com ilustrações ("Planches") para a Enciclopédia, e de rever várias exposições de arte contemporânea, Diderot tinha a seu cargo a recepção e avaliação de textos enviados para a *Correspondência literária* de Melchior Grimm, durante o período de vários meses em que o editor viajava pela Alemanha.[5] Esta tarefa em particular explica o motivo porque ele se queixa das "bem ruins coisas" que tinha de ler e a razão de ele insistir em como ansiava pelo regresso de Grimm. Mas nessa carta de 31 de agosto também referia as "muitas coisas boas" que estava escrevendo:

> Fiz um diálogo entre d'Alembert e eu. Lá conversamos muito alegremente e até com bastante clareza, apesar da secura e da obscuridade do tema. A esse diálogo segue-se um segundo, muito mais extenso, que serve de esclarecimento ao primeiro. Chama-se "O Sonho de d'Alembert." Os interlocutores são d'Alembert Sonhando, a Senhora D'Espinasse [sic], amiga de d'Alembert, e o Doutor Bordeux [sic]. (126)[6]

---

3 Diderot, *Letters to Sophie Volland: A Selection*, p.194. "Je vis beaucoup dans ma robe de chambre. Je lis, j'écris; j'écris d'assez bonnes choses, à propos de fort mauvaises que je lis. Je ne vois personne, parce qu'il n'y a plus personne à Paris." Carta de 31 de agosto de 1769. Ver: Diderot, *Correspondance IX*,p.125.

4 "Dialogues sur le commerce des blés."

5 Sobre as circunstâncias do trabalho de Diderot em *O sonho de d'Alembert*, ver o texto da introdução de Colas Duflo, p.27ss.

6 "J'ai fait un dialogue entre d'Alembert et moi. Nous y causons assez gaiement et même assez clairement, malgré la sécheresse et l'obscurité

Prosa do mundo

Foi diferente com *O sobrinho de Rameau*, cujo tempo de produção demorou mais de uma década (1761-1773), e com transformações substanciais na dinâmica do conteúdo; e também foi diferente de *Jacques, o fatalista e seu amo*, que Diderot levou bem um ano e meio para terminar (entre o começo de 1773 e meados de 1774): provavelmente – e extraordinariamente – ele escreveu *O sonho de d'Alembert* em poucos daqueles dias quentes do verão de 1769, só tendo regressado ao texto uma única vez, mais tarde. Foi em 1774, para acrescentar uma alusão breve ao novo monarca, Luís XVI, que inspirara nele tamanhas esperanças que Diderot o comparou ao proverbial "bon Roi" Henrique IV.

Oito anos depois, e dois antes de morrer, a obra ficou acessível na Europa para os raros subscritores, na grande maioria aristocratas, da *Correspondência literária* – e a versão impressa só surgiu em 1830. Conforme vimos, desde que, em 1765, Catarina, a Grande da Rússia, lhe garantira uma situação financeira estável, Diderot deixara de se preocupar com a publicação de seus manuscritos mais longos. No caso particular de *O sonho de d'Alembert*, porém, talvez tenha sido também o tópico ali tratado que o levou, com base na sua própria experiência anterior, a ter cuidado com a distribuição do texto. Mas qual era exatamente o tema que ele descrevia a Sophie Volland como "seco e obscuro" e que, porventura inadvertidamente, não explicitou na carta de 31 de agosto – nem em nenhuma outra desses mesmos meses?[7]

---

du sujet. A ce dialogue il en succède un second, beaucoup plus étendu, qui sert d'éclaircissement au premier. Celui-ci est intitule *Le Rêve de d'Alembert*. Les interlocuteurs sont d'Alembert rêvant, mad d'Espinasse [sic], l'amie de d'Alembert, et le docteur Bordeux [sic]." Ibid., p.126.

7 Nenhuma das interpretações e análises críticas de *O sonho de d'Alembert* parece apontar para essa omissão; provavelmente, pressupõe-se que

Ao invés de especificar o que se tratava no novo texto, Diderot comentava sobre a forma, mais precisamente sobre uma alteração na estrutura ficcional que decidira inserir, esperando que ajudasse *O sonho* a cumprir sua função intelectual:

> Se eu tivesse querido sacrificar a riqueza da substância pela nobreza do tom, teria feito de Demócrito, Hipócrates e Leucipo meus personagens; mas a verossimilhança teria me confinado de volta aos estreitos limites da filosofia antiga e eu teria perdido demasiado. Esta é a maior extravagância e ao mesmo tempo a filosofia mais profunda. Há uma certa habilidade em ter colocado minhas ideias na boca de um homem que sonha. É muitas vezes necessário dar à sabedoria um ar de loucura a fim de lhe franquear a entrada. Eu prefiro que as pessoas digam: "Mas isso não é tão tonto quanto você possa pensar," do que dizer: "Ouça-me, eis aqui algumas coisas muito sábias." (126f.)[8]

Em primeiro lugar, começamos por perceber, com Sophie Volland, que está em causa um assunto de grande complexidade (*richesse du fond*), e não apenas um exercício de elegância de estilo (*ton*) — assunto cujas raízes na filosofia da Antiga Grécia (claro

---

Sophie Volland conheceria o tópico do texto desde o começo.

8 "Si j'avois voulu sacrifier la richesse du fond à la noblesse du ton, Démocrite, Hippocrate et Leucippe auraient été mes personnages; mais la vraisemblance m'auroit renfermé dans des bornes étroites de la philosophie ancienne et j'y aurois trop perdu. Cela est de la plus haute extravagance et tout à la fois de la philosophie la plus profonde. Il y a quelqu'adresse à avoir mis mes idées dans la bouche d'un homme qui rêve. Il faut souvent donner à la sagesse l'air de la folie afin de lui procurer ses entrées. J'aime mieux qu'on dise: Mais cela n'est pas si insensé qu'on croirait bien, que de dire: Ecoutez-moi, voici de s choses très sages." Ibid., p.126-7.

que os três nomes históricos referidos como possíveis autores excluem um vasto espectro de tópicos possíveis) deverá ter-se desenvolvido muito nos anos anteriores. Foi com certeza essa a justificativa que levou Diderot a substituir sua escolha inicial de um conjunto de protagonistas gregos, que seriam os interlocutores, pelos nomes de três personagens do seu entorno parisiense mais próximo. Porém, aquilo que ele via como sua jogada muito audaciosa (*extravagance*) e mesmo filosoficamente decisiva (*de la philosophie la plus profonde*) era a ideia de colocar alguns dos mais importantes pensamentos na boca de seu antigo coeditor da *Enciclopédia*, e ainda seu amigo, Jean le Rond d'Alembert, que a segunda parte do texto apresenta falando num sonho febril. Diderot defende que esse elemento ficcional no centro da obra fará com que seus leitores se sintam mais inclinados a aceitar o conteúdo excêntrico e altamente especulativo (*lui procurer ses entrées*).

Uns meros onze dias depois, na carta que a seguir escreveu a Sophie, ele volta a referir *O sonho* de um modo estranhamente distante ("Creio que vos disse que fiz um diálogo entre d'Alembert e eu"[9]), se congratula com a paradoxal e necessária duplicidade da "profundidade e da loucura" ("Não é possível ser mais profundo e mais louco"[10]), e, logo depois, menciona uma terceira parte que acabara de acrescentar, cujo sumário usou para provocar em Sophie maior interesse e reação:

---

9 "Je crois vous avoir dit que j'avois fait un dialogue entre d'Alembert et moi."

10 "Il n'est pas possible d'`ètre plus profond et plus fou."

Depois disso, acrescentei cinco ou seis páginas capazes de eriçar os cabelos de minha namorada, que ela jamais as veja. Mas o que vai te surpreender é que não há uma palavra sobre religião, e nem uma única palavra desonesta; depois disso, desafio você a adivinhar o que possa ser. (198-99)[11]

Como poderiam essas palavras ajudar Sophie a adivinhar o tema de um texto (*deviner ce que ce peut être*) que faria ela "eriçar os cabelos" (*capable de dresser ses cheveux*)? Para entender isso, seria fundamental a dica de que não havia nem "uma palavra sobre religião" e que isso mesmo "surpreenderia" Sophie – porque o único tópico obsessivamente (e quase sempre de modo crítico) relacionado com a religião nos círculos de Diderot tinha sido desde muito tempo atrás a mundivisão monística do Materialismo, enquanto posição que sistematicamente haveria de contrariar todo o tipo de vindicações metafísicas. Em 1749, a publicação anônima da *Carta sobre os cegos*, o primeiro tratado de Diderot a apresentar ideias materialistas, e que culminava num questionamento explícito da existência de Deus, levara o autor à prisão em Vincennes, durante quase quatro meses, por ordem da censura da Monarquia – e deve tê-lo traumatizado o suficiente para que se mantivesse longe desse horizonte temático e de seu potencial provocatório durante um bom quarto de século. Embora o autor continuasse recusando designar o fascínio ao qual agora regressava, podemos ter certeza de que Diderot acabou

---

11 "J'y ai ajouté après coup cinq ou six pages capable de dresser les cheveux à mon amoureuse, aussi ne les verra-t'elle jamais. Mais ce qui va bien vous surprendre, c'est qu'il n'y a pas un mot de religion, et pas un seul mot déshonnête; après cela, je vous défie de deviner ce que ce peut être." Ibid., p.140.

por despertar o interesse de Sophie: a 1 de outubro, ele achou motivo para lhe escrever,[12] num tom ao mesmo tempo pouco amistoso e condescendente, dizendo que o novo texto era demasiado extenso para ele o copiar, além de exigir orientação interpretativa: "Esse diálogo entre d'Alembert e eu, eh, como diabo você quer que eu o copie? É quase um livro. Além disso, já lhe disse, é preciso um comentador" (167).[13]

Continua por esclarecer o que Diderot quis dizer em 11 de setembro, quando referiu uma segunda omissão, além da religião, em *O sonho de d'Alembert*, ou seja, a omissão de "palavras desonestas" ("nem uma única palavra desonesta"). É que, ao contrário da forte relação de associação na altura existente entre religião e Materialismo, nenhum leitor contemporâneo associaria qualquer tópico isolado ou mesmo exclusivo com alusões eróticas (ou com a ausência delas). Ao menos descobrimos que o Materialismo era mesmo a "seca e obscura" matéria filosófica de *O sonho de d'Alembert* que, de acordo com Diderot, exigia "clarificação" e "explicação". Depois do jogo intelectual com as perspectivas da existência humana enquanto existência corpórea em *O sobrinho de Rameau*, e depois da dinâmica centrífuga da contingência em *Jacques, o fatalista*, este capítulo se concentra no Materialismo como horizonte de problemas, conceitos e respostas hipotéticas que deve ter tido origem numa preocupação com a relação entre a apropriação do mundo através de conceitos e a apropriação do mundo através dos sentidos. Tal como anunciei

---

12 Nunca saberemos exatamente o que Sophie Volland teria pedido, pois não resta nenhuma de suas cartas a Diderot.

13 Tradução minha. "Ce dialogue entre d'Alembert et moi, eh, comment diable voulez-vous que je vous le fasse copier? C'est presque un livre. Et puis je vous l'ai dit, il faut un commentateur." (167).

no segundo capítulo, aqui será acrescentada uma nova dimensão à nossa reconstrução dessa vaga configuração epistemológica (ou "o baixo ventre epistemológico") e sua relação "prosaica" com o entorno humano que, desde finais do século XVIII, a mundivisão histórica emergente e sua elevação até o centro do conhecimento social institucional remeteu para a sua própria periferia como opção alternativa de experiência e pensamento.

Ao contrário da maioria das interpretações anteriores, creio que as inovações conceituais argumentativas transmitidas em *O sonho de d'Alembert* foram modestas, para não dizer mínimas. Apesar disso, a obra tem sido reconhecida pelos maiores especialistas como "uma ousada visão do cosmos, bem avançada para seu tempo", a "maior obra" de Diderot[14] e até, mais hiperbolicamente, "como um texto que é único na história da filosofia e da literatura desde Platão".[15] Como pode uma estranhamente heterogênea sequência de reflexões filosóficas em três tons e discursos diferentes merecer tais elogios (e com seus acusadores sendo muito pouco claros em seus critérios); e como pode ser considerada "bem avançada para o seu tempo" se, em seu próprio mundo intelectual, não fez verdadeira diferença teórica, quanto mais empírica? A tese que estou tentando seguir para responder essa questão passará pelo argumento de que, ao invés de enriquecer a filosofia e a ciência do seu tempo, *O sonho de d'Alembert* transformou o repertório intelectual altamente abstrato do Materialismo numa relação existencialmente sedutora e corpórea com a vida, quer como horizonte de fenômenos vivos, quer como manifestação de uma força que subjaz

---

14 Wilson, *Diderot*, p.559.

15 Duflo, Introdução. In: Diderot, *Le rêve de d'Alembert*, p.46.

ao universo — e que em parte conseguiu fazer isso através dos múltiplos ritmos de sua prosa e através de seus efeitos sobre nossa imaginação. Em outras palavras, *O sonho de d'Alembert* deveria ser lido menos como manifesto filosófico, questionário ou variação do Materialismo, do que como uma variedade tentando se transformar, para o leitor, num modo intenso-de-corpo de existência. É isso que pretendo dizer com a fórmula "metabolizar o Materialismo".

*

Uma vez que Diderot não tentou sistematizar nem fazer avançar o Materialismo, mas apenas pressupôs sua existência como matriz de uma contínua conversa intelectual de seu tempo, precisamos descrever de maneira breve seu mapa de posições — ou, mais propriamente, seus campos de forças, dentro dos quais Diderot se movia muito livremente e aos quais, acima de tudo, sua escrita viria a dar novo estatuto existencial. Entre os autores e obras que associamos a esse mapa e a suas dinâmicas, estão Julien Offray La Mettrie (1709-1751) e seu *L'Homme Machine* (1747), Claude Adrien Helvétius (1715-1771) e o livro *De l'Esprit* (1758), no qual ele tentou demonstrar que todas as funções psíquicas e intelectuais ("espirituais") da vida humana dependiam da matéria; o amigo de Diderot, Paul Henri Thiry, Baron d'Holbach, com seu *Système de la Nature* (1770), e o próprio Diderot. Em suas intenções filosóficas, conceitos e argumentos centrais, todos eles se sobrepunham no conhecimento dos antecessores eleitos da filosofia da Grécia Antiga e até mesmo em seu alinhamento das metáforas prediletas, ao invés de tentarem elaborar versões individuais no âmbito de seu conjugado fluxo de pensamentos. Claramente com um certo cuidado, devido às intervenções da censura na esfera pública emergente, cada um dos materialistas se entusiasmava com levar adiante o movimento intelectual comum e com afinar seu potencial de provocação intelectual.

Essa energia comum, desde o fim do século XVI, emergira de uma resistência contra o dualismo ontológico de *res cogitans* e *res extensa*, que fora fundamental para os escritos de René Descartes (1596-1556) e para a ampla ressonância que os tornaram normativos em múltiplos contextos de pensamento durante a época da Razão e da Racionalidade. Neste sentido, existia uma afinidade elementar entre os materialistas e a *Ética* de Baruch Spinoza (1632-1677), obra em que, na mais consequente viragem monística, se declarou que Deus era idêntico à Natureza (*Deus sive Natura*). Mas para os materialistas, contrariamente e como premissa inicial, ser capaz de pensar a existência humana e o cosmos na ausência de qualquer conceito de *deus* viria a ser uma tentação fulcral e até mesmo a verdadeira recompensa do monismo. Como eles não se preocupavam em incluir em sua mundivisão nenhum ser puramente espiritual, o conceito de *matéria* poderia, em segundo lugar, se manter estritamente sinônimo da *res extensa* enquanto substância – e, ao mesmo tempo, se tornar uma base para todos os fenômenos tridimensionais que os humanos conseguem distinguir em suas formas individuais.

Uma vez que, ao tentar dar uma genealogia dignificante a seu próprio pensamento sobre a sociedade e a economia, Karl Marx se referiu explicitamente à "matéria" e ao "Materialismo" enquanto palavras usadas com recorrência nos debates do século XVIII e, em sua tese de doutorado, também lidou com sua história pré-socrática, precisamos insistir que seu uso dessas palavras e sua ampla ressonância têm pouco que ver com o

Prosa do mundo

Materialismo de antes de 1800. Para Marx, elas se referem a "condições de produção" na indústria e na economia, ou seja, a um horizonte de fenômenos que, com base numa distinção ainda inexistente nesse tempo, era mais "social" do que "substancial" no sentido da tradição aristotélica.

Num terceiro segmento do campo de forças do Materialismo, depois do monismo e do conceito de "matéria", encontramos uma separação decisiva entre dois tipos de assunções sobre a matéria, uma separação ativada pelo desafio de explicar a existência de fenômenos espirituais dentro de uma mundivisão estritamente monista e puramente material. Claro que é possível pressupor que há dois tipos diferentes de matéria, um implicando elementos que levam diretamente a fenômenos espirituais e um outro, não relacionado ao pensamento. Porém, assim sendo, um dualismo ontológico ("matéria que leva à espiritualidade" vs "matéria que não leva à espiritualidade") deverá impedir a premissa monista do Materialismo, enquanto a opção alternativa e mais consequentemente monista ("só existe um tipo de matéria e consegue produzir espiritualidade") conduz a um quarto passo nas questões e distinções básicas do Materialismo.

Trata-se do passo em que o conceito grego de *átomo* como unidade mínima da matéria se torna relevante. É que, se apenas existe um tipo de matéria (e de átomos), então as diferentes configurações possíveis de suas unidades básicas tem de explicar como algumas delas podem vir a ser a base da vida, enquanto outras não podem. Acompanhando Pierre Louis Maupertius (1698-1759), a maioria dos materialistas assumia que todos os átomos possuíam uma capacidade inerente de movimento e de sensibilidade, e que esse potencial poderia estar ou "inerte" ou "ativo". A transição de "inerte" para "ativo" pode ser explicada através de duas abordagens. Alguns pretendiam que o contraste dependia de estruturas diferentes em que os átomos estão conectados. Outros, seus opositores (entre os quais se contava Diderot), preferiam imaginar que a distinção se baseava na quantidade de átomos reunidos. Quanto mais átomos estivessem agregados numa mesma relação próxima, sugeriam eles, mais complexos, vívidos e, em última análise, mais espirituais se tornariam os fenômenos que esses átomos compunham (é aqui que a temperatura muitas vezes surge como condição facilitadora ou inibidora da concentração, e daí a transição de átomos inertes para ativos). Num conjunto cada vez maior de átomos, seria ativada a dinâmica potencial de cada átomo; se, pelo contrário, o número de átomos agregados diminuísse (até ao extremo do isolamento individual), então eles se deteriam, não teriam funções de vida e se aproximariam da morte (mas de uma morte de que poderiam retornar, num fresco movimento de reunião).

Num quinto segmento do Materialismo, consideravam-se e distinguiam-se diferentes tipos de reunião com grandes números de átomos, muitas vezes resumidos sob a noção unificadora de que todos eram "máquinas" (por exemplo, um piano, ou um corpo humano visto como "máquina"), e esta abordagem haveria de nivelar as tradicionais hierarquias ontológicas (sobretudo as que estavam implicadas no Gênesis, na narrativa da criação divina do mundo). Mais do que tentar explicar de que modo um piano (por exemplo) pertencia a uma categoria diferente de um ser humano, a maioria dos materialistas insistia no carácter gradual dessas diferenças. Essa tendência anti-hierárquica explica também por que eles estavam tão fascinados imaginando a diferente (mas não "inferior") experiência do mundo daqueles

Prosa do mundo

humanos a quem faltava parte de suas conexões percetuais com o mundo, como os cegos ou os surdos.

Num outro segmento (o último que aqui apreciaremos), o Materialismo se aproximava de uma dimensão cosmológica. Se, básica e exclusivamente, era suposto todo universo ser matéria, e se a matéria tinha por unidades básicas os átomos, então a questão e o desafio mais importante era explicar, a partir dos átomos, as transformações no interior do universo, sobretudo o surgimento e o desaparecimento das espécies de vida. Ao contrário da predominância atual de um conceito flexível de evolução, nesse contexto, o que se debatia durante o século XVIII era uma variedade mais alargada de modelos: entre um determinismo rigoroso e uma vindicação absoluta do acaso, começaram a surgir as primeiras versões do evolucionismo (e Diderot se interessou particularmente por elas). Mas, se é verdade que o Materialismo encontrou ampla ressonância durante o século XVIII, especialmente entre os pensadores franceses, nem todos os filósofos estavam dispostos a aceitá-lo. Voltaire e Jean-Jacques Rousseau, por exemplo, se mantiveram epistemologicamente cartesianos, assim como d'Alembert – ainda que Diderot tenha usado o seu nome no título de seu mais importante tratado de premissas materialistas.

Nosso principal problema, na leitura que hoje fazemos desses textos, está relacionado com o número de suas premissas, observações e suposições "científicas" que sabemos já não serem válidas – mas que, em muitos casos, precisamos entender para seguir os raciocínios feitos e as hipóteses levantadas. Isso explica por que grande parte dos estudos dedicados a *O sonho de d'Alembert* se entrega a uma erudição impressionante, sem tentar sequer encontrar razões específicas para a grande valorização que o texto tem recebido dentro do conjunto da obra de Diderot. A minha tese sobre a "metabolização do Materialismo" como seu efeito principal procura dar um passo para resolver esse problema – e acrescentar um ponto de relevância existencial contemporânea. A verdade é que, por mais ingênuos que nos pareçam certos pormenores e crenças do Materialismo do século XVIII, não deveríamos esquecer que, enquanto modo de pensamento acerca de nós mesmos dentro do mundo da natureza, suas premissas acabaram por prevalecer – ao passo que muitas de suas perguntas mais tradicionais se mantêm em aberto. Ainda não sabemos exatamente como a "consciência" (quanto mais o "ser consciente")[16] emerge de nossos cérebros e de nossos corpos, mas ninguém duvida que o corpo e o cérebro sejam, de fato, as bases de nosso pensamento. Aquilo que nos falta, no entanto, mais do que um modelo para resolver esses problemas, são discursos através dos quais os existentes resultados positivos da Ciência possam contribuir para nos tornar o mundo mais habitável. As políticas contemporâneas da ecologia e da eco-filosofia estão tentando melhorar essa situação. Mas porque – compreensivelmente – sua agenda se transformou numa sequência de "avisos de último momento", o que elas mais provocam é nos fazer sentir que estamos prestes a perder aquilo que ainda temos e que deveríamos aproveitar mais ainda por estar ameaçado de desaparecer.

*

---

16 No original, "'Consciousness' (let alone 'conscience')." (N. T.)

Prosa do mundo

Não resta dúvida de que Denis Diderot foi bem capaz de lidar com os assuntos "secos e obscuros" do Materialismo, de um modo filosoficamente abstrato. Afinal, muitos de seus Leitores contemporâneos assumiam que ele escrevera extensas porções do *Sistema da natureza* de 1770 (hoje atribuído a seu amigo d'Holbach, mas inicialmente publicado sob o nome de um secretário da Academia Francesa, que morrera dez anos antes[17]), obra cujo estilo cumpria e excedia mesmo todas as possíveis expectativas de rigor conceitual e argumentativo. Mas já percebemos como suas mais espontâneas inclinações levavam Diderot até formas discursivas que lhe permitiam efeitos de entusiasmo e de incorporação, sobretudo por parte dos leitores. Se essa tendência pode explicar a forma dialógica de *O sonho de d'Alembert*, ela já constitui a forma de sua *Carta sobre os cegos – para o uso dos que veem*, de 1749.

O texto se centrava sobre dois dos fascínios do Materialismo, quase ausentes de *O sonho*, isto é: (primeiro) o de tentar imaginar a experiência de mundo das pessoas que não partilhavam todo o equipamento percetual com outros humanos; e (segundo) o da não existência, mais do que da ausência de deus (esse, acima de tudo, deve ter sido o aspecto a que se referia o subtítulo da obra de Diderot). Todas as discussões da primeira parte da "Carta" eram supostamente baseadas em conversas que Diderot teve com uma pessoa cega de nascença, "o cego de nascença de Puisieux"[18] que ele visitara, referido na "Carta" como "o nosso cego" e cujo comportamento e pensamento o texto ia,

---

17 Ver: Topazio, "Diderot's Supposed Contribution to D'Holbach's Works", p.173-88.

18 Diderot, *Letter on the Blind for the Use of Those Who Can See*, p.171; Diderot, "L'aveugle-né du Puisieux" Lettre sur les aveugles à l'usage de ceux qui voient, p.73-164 (citação da p.82).

progressivamente, conjurando. Uma preocupação permanente era a de documentar em pormenores quase obsessivos como uma pessoa cega era capaz de compensar a falta de visão através de dispositivos organizacionais e de um aguçar dos restantes sentidos:

> O cego de Puisaux avalia a proximidade do fogo pelos graus de calor; a plenitude dos vasos, pelo rumor que fazem ao cair os líquidos que transvasa; e a vizinhança dos corpos, pela ação do ar sobre o seu rosto.[19]

Um outro esforço intelectual da "Carta" era imaginar os contornos e as formas internas de diferentes mundos mentais que algumas pessoas cegas, contemporâneas de Diderot, habitavam, incluindo a sua moralidade – e fazê-lo sob a premissa e a convicção de que esses mundos eram diferentes, mas não necessariamente deficientes, quando comparados com os mundos daqueles que veem:

> Como jamais duvidei de que o estado de nossos órgãos e de nossos sentidos tem muita influência sobre nossa metafísica e sobre nossa moral, e que nossas ideias mais puramente intelectuais, se posso assim exprimir-me, dependem muito de perto da conformação de nosso corpo, comecei a questionar o nosso cego acerca dos vícios e das virtudes.[20]

---

19 O nome surge no texto de Diderot com três grafias diferentes: *Puisaux*, *Puiseaux* e *Puisieux* (esta última referindo-se ao sobrenome de uma suposta amante de Diderot, a Senhora de Puisieux). (N. T.)

20 "Comme je n'ai jamais douté que l'état de nos organes et de nos sens n'ait beaucoup d'influence sur notre métaphysique et sur notre morale, et que nos idées les plus purement intellectuelles, si je puis parler ainsi, ne tiennent de fort près à la confirmation de notre corps, je me mis à questionner notre aveugle sur les vices et sur les vertus." Ibid., p.92.

Prosa do mundo

A primeira observação, plausível e surpreendente, feita por Diderot, de que "o nosso homem cego" não conhecia quaisquer sentimentos de embaraço ou vergonha física (*pudeur*), deve ter sido particularmente chocante para os leitores do século XVIII, tão habituados que estavam ao jogo exuberante de cobrir e descobrir de roupas certas partes do corpo. Com a segunda diferença "moral" de que se apercebeu, Diderot entrou em território perigoso, pois falava da impossibilidade de as pessoas cegas obterem, indutivamente, a partir de imagens do mundo físico, a impressão da existência de um deus criador.

O outro protagonista e verdadeiro herói da "Carta" de Diderot, com quem seus leitores poderiam se identificar e que ele intimava a admirar, era o matemático inglês Nicholas Saunderson (1682-1739), que cegara por volta de seu primeiro aniversário e, com apoio ativo do monarca britânico, viria a alcançar um professorado em Cambridge e o estatuto de grande apreciação internacional, inclusive de celebridade em seu mundo contemporâneo, e que, graças a várias descobertas importantes, ocuparia lugar permanente na história da Matemática.[21] Também Saunderson treinara intensamente seus outros sentidos, para compensar a falta da visão:

> Saunderson via portanto através da pele; este invólucro era, portanto, nele de uma sensibilidade tão apurada que se pode assegurar que, com um pouco de hábito, teria conseguido reconhecer um de seus amigos cujo retrato um desenhista lhe teria traçado sobre a mão [...][22]

---

21 O falecido Stephen Hawking herdou a cátedra de Saunderson na Universidade de Cambridge.

22 "Saunderson voyait donc par la peau; cette enveloppe était en lui d'une sensibilité si exquise, qu'on peut assurer, qu'avec un peu d'habitude,

É importante incluir aqui que, tanto quanto sabemos (e provavelmente tanto quanto Diderot saberia), Saunderson de fato nunca teve a capacidade de reconhecer os amigos pelos contornos de seus retratos desenhados sobre sua mão. Mais do que uma verdadeira característica da relação específica de seu herói com o mundo material, esse detalhe era produto da tendência generosa e edificante do autor, que servia para engrandecer em si mesmo e em seus leitores a admiração por Saunderson, ao nível de sugerir a existência de uma conexão sistemática entre a desvantagem e o gênio.[23]

Uma vindicação implícita de superioridade intelectual e moral, inseparável da cegueira de Saunderson veio a se tornar a premissa das últimas páginas da *Carta*, Diderot apresentava como sendo a sua tradução de uma transcrição registrando o diálogo do cego, em seu leito de morte, com o pastor, Mr. Holmes. Aqui, a experiência resulta que uma pessoa desprovida da visão consideraria impossível reconhecer o mundo material existente como evidência da existência de um deus e criador (parece que Diderot e seus leitores partilhavam a crença de que isso acabaria por acontecer). Mas Saunderson se desloca decisivamente para além

---

il serait parvenu à reconnaître un de ses amis dont un dessinateur lui aurait tracé le portrait sur la main." Ibid., p.117.

23 A passagem sobre os retratos de seus amigos desenhados na mão de Saunderson é antecedida por uma frase que revela como a generosidade de Diderot facilmente o dominava: "O exemplo do ilustre cego prova que o tato pode tornar-se mais delicado que a vista, quando aperfeiçoado pelo exercício, pois, percorrendo com as mãos uma série de medalhas, ele discernia as verdadeiras das falsas". ("L'exemple de cet illustre aveugle prouve que le tact peut devenir plus délicat que la vue, lorsqu'il est perfectionné par l'exercice; car, en parcourant des mains une suite de medailles, il discernait les vraies d'avec les fausses." Ibid., p.115-16).

da simples impossibilidade de reconhecimento da existência de um deus, acusando como falta de modéstia intelectual a urgência humana de confundir certos limites do conhecimento com o vestígio de uma presença divina:

> Um fenômeno está, a nosso ver, acima do homem? Então dizemos de pronto: é obra de um deus; nossa vaidade não se contenta com menos. Não poderíamos pôr em nossos discursos um pouco menos de orgulho e um pouco mais de filosofia? Se a natureza nos oferece um nó difícil de desatar, deixemo-lo pelo que ele é; e não empreguemos para cortá-lo a mão de um ser que se torna em seguida para nós um novo nó mais indissolúvel que o primeiro.[24]

No texto de Diderot, a vida de Saunderson termina com grande solenidade quando, durante a conversa dele com Mr. Holmes e após um breve momento de delírio, ele invoca um deus que, para ele assim como para o autor, poderia muito bem ser sinônimo da não existência de deus: *Ó Deus de Clarke e de Newton, compadece-te de mim!*[25] Acima de tudo – e esse detalhe foi com certeza de grande relevância pessoal para Diderot e para a maioria de seus leitores – o Filósofo matemático da "Carta" morre, rodeado de sua família, em silêncio e em paz consigo mesmo – e sem evocar nenhum deus:

---

24 "Un phénomène est-il, à notre avis, au-dessus de l'homme? Nous disons aussitôt: c'est l'ouvrage d'un Dieu; notre vanité ne se contente pas à moins. Ne pourrions-nous pas mettre dans un discours un peu moins d'orgueil, et un peu plus de philosophie? Si la nature nous offre un noeud difficile à delier, laissons-le pour ce qu'il est; et n'employons pas à le couper la main d'un être qui devient ensuite pour nous un nouveau noeud plus indissoluble que le premier." Ibid., p.119.

25 "*O Dieu de Clarke et de Newton, prends pitié de moi!*" Ibid., p.124.

Os últimos adeuses que deu à família são muito comoventes. "Vou, disse-lhes, aonde todos nós iremos; poupai-me os lamentos que me enternecem. Os testemunhos de dor que me rendeis me tornam muito sensível aos que me escapam. Renuncio sem pena a uma vida que não foi para mim senão um longo desejo e uma privação contínua. Vivei tão virtuosos e mais felizes, e aprendei a morrer tão tranquilos." Tomou em seguida a mão de sua mulher, que manteve por um momento cerrada entre as suas: voltou o rosto para seu lado, como se procurasse vê-la; abençoou os filhos, abraçou-os a todos, e pediu-lhes que se retirassem, porque assentavam-lhe na alma golpes mais cruéis do que as proximidades da morte.[26]

É notável que, apesar de toda sua suposta superioridade intelectual e moral, o Saunderson de Diderot viva esse último momento com total e desesperada consciência de sua falta da visão, o que acrescenta maior dimensão emocional ao foco psicológico e cognitivo do texto. Dentro do campo discursivo e filosófico mais abrangente do Materialismo, os dois tópicos específicos seguidos na *Carta sobre os cegos*, constituindo um mundo subjetivo através de uma relação principalmente táctil com o entorno

---

26 "Les derniers adieux qu'il fit à sa famille sont fort touchants. 'Je vais, leur dit-il, où nous irons tous; épargnez-moi des plaintes qui m'attendrissent. Les témoignages de douleur que vous me donnez me rendent plus sensible à ceux qui m'échappent. Je renonce sans peine à une vie qui n'a été pour moi qu'un long désir et qu'une privation continuelle. Vivez aussi vertueux et plus heureux, et apprenez à mourir aussi tranquilles.' Il prit ensuite la main de sa femme qu'il tint un moment serrée entre les siennes: il se tourna le visage de son côté, comme s'il eût cherché à la voir; il bénit ses enfants, les embrassa tous, et les pria de se retirer, parce qu'ils portaient à son âme des atteintes plus cruelles que les approches de la mort." Ibid., p.125-26.

material e, com base na primeira experiência, argumentando contra a existência de deus, eram muito periféricos. Devem ter resultado da muito literal preocupação de Diderot de tornar palpável para a imaginação de seus leitores até mesmo os mais abstratos tópicos filosóficos.

Mas a despedida de Saunderson na conversa com o pastor despertou outro tópico que viria a se tornar mais central em *O sonho de d'Alembert*. Era a questão acerca das formas de vida que haviam precedido e haveriam de seguir-se às nossas, a questão que vimos referindo, desde o começo do século XIX, através do conceito de "evolução". Conduzindo os leitores até uma excepcional distância no tempo – pelo menos, pelo padrão de seu momento histórico –, o protagonista de Diderot produziu mais uma vez uma relação imediata com sua própria existência, iniciando a reflexão com a suspeita de que as formas de vida sem visão deveriam ter sido muito normais nas fases iniciais do cosmos:

> "Conjecturo, pois, que, no começo, quando a matéria em fermentação chocava o universo, meus semelhantes eram muito comuns. Mas por que não asseguraria eu a respeito dos mundos o que eu creio a respeito dos animais? Quantos mundos estropiados, falhados dissiparam-se, reformam-se e dissipam-se talvez a cada instante em espaços longínquos, em que eu não consigo tocar, e vós não conseguis ver, mas em que o movimento continua e continuará a combinar aglomerados de matéria, até que obtenham algum arranjo no qual possam perseverar? [...]"[27]

---

27 "Je conjecture donc que, dans le commencement où la matière en fermentation faisait éclore l'univers, mes semblables étaient fort communs. Mais pourquoi n'assurerais-je pas des mondes, ce que je croix des animaux? Comment de mondes estropiés, manqués, se sont

Alguns aspectos dessa passagem revelam uma afinidade incrível com uma versão mais avançada do evolucionismo tal como hoje nos apraz professá-lo: acima de tudo, a ideia de ramos "falhados" de desenvolvimento, que não acham qualquer continuação ("mundos estropiados, falhados"), mas também a intuição para alterar concentrações e condensações de matéria ("combinar aglomerados de matéria"). Ainda assim, resisto a postular aqui um talento específico que tivesse inspirado Diderot a estar, em suas especulações, verdadeiramente na vanguarda do conhecimento positivo de seu tempo. Porque sua maior e mais verdadeira força enquanto autor, conforme voltamos a ver em *Carta sobre os cegos*, era conectar a complexidade científica e a abstração filosófica com situações e protagonistas individuais, com que seus leitores pudessem se identificar. Fazendo isso, Diderot conseguiu transformar o Materialismo em imagens de vida, vida no sentido de uma autoexperiência da existência humana que ganhava consciência, de um modo diferenciado, de suas condições corpóreas e, cada vez mais também, do maior entorno espacial e temporal do corpo.

*

Dessas cartas escritas no verão de 1769, em que Diderot pela primeira vez menciona a Sophie Volland *O sonho de d'Alembert*, e prossegue logo depois dando nome aos protagonistas do diálogo, podemos concluir que dar vida aos conceitos e fatos

---

dissipés, se reforment et se dissipent peut-être à chaque instant dans les espaces éloignés, où je ne touche point, et où vous ne voyez pas, mais où le mouvement continue et continuera de combiner des amas de matière, jusqu'à ce qu'ils aient obtenu quelque arrangement dans lequel ils puissent persévérer." Ibid., p.123.

abstratos tinha mesmo se tornado para ele uma preocupação. Parece, pois, justo que, no momento que nos aproximamos do texto, apresentemos os intérpretes do *Sonho*, não apenas através de dados e fatos biográficos, mas também, tanto quanto possível, com a quantidade de memórias e conotações que devem ter representado para o autor e para seus leitores.

É claro que foram múltiplas as razões que levaram Diderot a escolher para seu oponente, num debate filosófico ficcional sobre o Materialismo, Jean le Rond d'Alembert, com quem ele organizara e editara a *Enciclopédia* até janeiro de 1758. Em primeiro lugar, era fácil imaginar uma tal conversa, enquanto parte de sua anterior colaboração e de sua persistente amizade (na verdade, o começo do diálogo finge seguir o debate contínuo, assim se explicando a formulação do título: "Continuação de uma conversa entre M. d'Alembert e M. Diderot"[28]). No seu trabalho para a *Enciclopédia*, d'Alembert complementara Diderot enquanto especialista em Literatura Latina, na teoria da composição musical e, sobretudo, como físico e matemático (embora Diderot se referisse muitas vezes a d'Alembert como "geômetra", seus maiores méritos parecem ter sido no campo da álgebra). Mas também deve ter sido importante que, ao contrário de Diderot, cujo monismo epistemológico só poderia levar ao ateísmo, d'Alembert fosse um dualista de estilo cartesiano – logo, muito provavelmente deísta. No seu conjunto, as posições dos dois dentro do campo alargado do Materialismo pareciam suficientemente divergentes e suficientemente coincidentes para que fosse muito plausível uma troca intelectualmente frutífera. Além de seu perfil intelectual, d'Alembert possuía uma excepcional história de

---

28 "La suite d'un entretien entre M. d'Alembert et M. Diderot."

vida. Nascido três anos depois de Diderot, filho natural de um oficial de artilharia e de uma escritora que havia sido freira, sua mãe o abandonara nas escadas da igreja de Saint-Jean-le-Rond (daí o seu primeiro nome), de onde foi levado para um orfanato. Mas depressa seu pai conseguiu identificá-lo e financiou de modo anônimo sua educação. Se desde muito jovem d'Alembert ganhou reputação como matemático e cientista eminente, sempre o rodeou uma conotação de estranheza social, pelo menos conforme Diderot o recordava.[29] Havia dúvidas, por exemplo, sobre se sua relação com a senhorita Despinasse, com quem d'Alembert vivia desde o começo da década de 1760, alguma vez teria tido uma dimensão erótica. Quando em 1758, em reação a intervenções da censura régia, ele se demitiu de seu lugar de editor da *Enciclopédia*, d'Alembert parecia bastante inflexível em sua decisão, e incapaz de considerar argumentos divergentes. Ainda assim, Diderot conseguiu — ao contrário de seu caso com Jean-Jacques Rousseau — manter a amizade com ele ao longo de vários momentos de precariedade. Em 1765, durante um dos frequentes episódios de doença do matemático, decidiu mesmo visitá-lo várias vezes em seu apartamento, com a senhora Diderot.[30] Fosse como fosse, o impulso do texto de Diderot de imaginar um personagem assim famoso, muito culto, frágil e socialmente inseguro, e ainda sofrendo uma grande febre, prometia efeitos colaterais bem cômicos aos leitores de seu tempo.

O segundo protagonista masculino (para além da presença do próprio autor, que termina com a primeira parte de *O sonho de d'Alembert*) é Théofile de Bordeu, um físico que era

---

29 Wilson, *Diderot*, p.495.
30 Ibid.

respectivamente oito e cinco anos mais novo que Diderot e d'Alembert, e dez anos mais velho que a senhorita d'Espinasse, a única personagem feminina. O verdadeiro Bordeu viria a ser o primeiro pesquisador a definir e a atribuir estatuto anatômico específico ao conceito de "tecido" e, com base em uma série de tratados, atribuiu nova relevância diagnóstica ao pulso. Numa dessas publicações, comparou o corpo humano a um "enxame de abelhas", metáfora que muito impressionou Diderot. Mas Bordeu era também reconhecido entre seus coetâneos como médico praticante (foi nessa função que por várias vezes ajudou a família de Diderot) e como um dos primeiros especialistas a estudar os aspectos psicológicos dos cuidados de saúde. De fato, a intervenção de emergência foi o eixo temático que ele escolheu para a entrada sobre "Crise", que Diderot lhe confiou para a *Enciclopédia*. Essa convergência entre pesquisa empírica, cuidados práticos e uma tendência para a especulação psicológica fez de Bordeu uma pessoa de relevo na "Escola Vitalista", na época altamente valorizada pela medicina francesa. Além do mais, ele era uma presença de elevado charme nos círculos do Iluminismo.

Nunca se saberá ao certo se Bordeu alguma vez conheceu Jeanne Julie Eléonore de Lespinasse, com quem compartilha a maior parte da segunda e última parte do *Sonho*. Tudo quanto sabemos sobre suas conexões com os outros protagonistas do texto já foi referido — nomeadamente que ela partilhou durante largos anos um apartamento com d'Alembert e que Diderot e sua esposa a conheceram em 1765. Tal como d'Alembert, a senhorita Despinasse era filha de pais que não eram casados. A identidade do pai natural jamais lhe foi revelada, mas a mãe, que vivia separada de seu marido aristocrata, inventou o nome "De Lespinasse", junto com uma história acerca de um pai e de uma mãe que de fato nunca existiram. Quando Julie Eléonore completou 22 anos, uma tia se apercebeu de sua espirituosa vivacidade, que contradizia a educação básica que ela recebera num convento, e a levou para Paris, onde a senhorita de Lespinasse rápido se tornou numa figura muito apreciada nos mais prestigiosos *Salons*. Os historiadores da literatura do século XIX viriam a integrar no cânone literário nacional as suas epístolas — mas não existe nenhuma prova de que Diderot alguma vez tenha lido algum de seus textos ou tenha se apercebido de seu perfil e de seus talentos. Teremos de assumir, portanto, que o único motivo para ela aparecer no texto era sua associação com d'Alembert, o que implicava que o papel dela estava ao dispor de Diderot para a modelar como lhe conviesse. Já se especulou acerca de como a imagem dela em *O Sonho* reflete a ideia que Diderot tinha de Sophie Volland — tudo quanto sabemos é que ambos partilhavam o interesse por assuntos filosóficos. Certamente será mais importante sublinhar que, de diferentes perspectivas, a senhorita de Lespinasse acaba ocupando funções tipicamente cobertas pelo autor implícito. Será ela a primeira a se mostrar interessada nas frases fragmentadas que d'Alembert enuncia durante seu ataque de febre; é ela quem faz perguntas cada vez mais ousadas e propõe hipóteses progressivamente mais arrojadas acerca do estatuto do corpo humano; e é ela quem se dirige a Bordeu, com crescente afeição, tentando saber se aquilo que ela imagina sobre os tópicos e as questões da medicina terá algum valor de verdade.

Na primeira das três partes do *Sonho*, porém, é ao papel de "Diderot" que cabe provocar novas questões e assegurar a dinâmica da troca intelectual, muitas vezes contra a resistência de "d'Alembert", que ocupa uma posição com que muitos leitores poderiam se identificar e que frequentemente obriga "Diderot" a afinar suas distinções e argumentos. Quanto ao tom discursivo, esse segmento de abertura se coloca bem dentro do tom filosófico dos debates então decorrentes sobre o Materialismo. Para contrastar, com seus sonhos febris na segunda parte do texto, d'Alembert não só vai progressivamente juntando-se a Diderot nas crenças monistas que antes rejeitara, mas faz isso com imagens e com uma insistência capazes de, em níveis diferentes, transformar conceitos em impressões de vida. Entretanto, a senhorita de Lespinasse não apenas lê a Bordeu suas notas sobre as palavras de d'Alembert, assim causando reações entusiasmadas e saturadas de experiência de aprovação e de interesse; ela também se sente cada vez mais encorajada a levantar questões que acabam alcançando o respeito e o interesse pessoal do médico, além de abrir caminho para a apresentação das narrativas sobre vários casos individuais. Por fim, na breve terceira parte, a senhorita de Lespinasse e Bordeu estão jantando sozinhos (*"D'Alembert foi almoçar fora"*[31]). A conversa dos dois só retorna aos tópicos do Materialismo depois da sobremesa, quando ela tenta se concentrar num fenômeno que suscitava grande interesse ao tempo: a possibilidade da "mistura das espécies" e suas possíveis consequências. O ponto de partida os levará, como nenhuma interpretação do *Sonho* deixa de assinalar, ao problema de saber se podem se derivar regras e constrangimentos morais a partir da mundivisão materialista. Enquanto foco exclusivo, o problema deixa por resolver uma outra dimensão existencial

---

31 "D'Alembert était allé dîner dehors." Diderot, *Le rêve de d'Alembert,* p.169.

que pode bem ser decisiva para a conclusão de *O sonho de d'Alembert* – e mesmo para todo o texto.

*

Precisamos reunir uma quantidade bem grande de conhecimento histórico para preparar a verdadeira leitura de *O sonho de d'Alembert*, pois o texto constituiu parte de uma obsessão intelectual do terceiro quartel do século XVIII, cujo conteúdo está hoje praticamente esquecido, por ser cientificamente antiquado. Mas a obra também é difícil de acessar porque, muito mais do que com *O sobrinho de Rameau* ou com *Jacques, o fatalista*, pertenceu a um momento breve e, por essa razão, muito específico na vida intelectual de Diderot. Os dois principais fenômenos ("os dois grandes fenômenos") e inquietações da agenda do Materialismo, no qual convergem seus três segmentos são, como d'Alembert afirma, emocionado, em seu momento febril, "a passagem do estado de inércia ao estado de sensibilidade e as gerações espontâneas".[32] Com a expressão "gerações espontâneas", ele está se referindo à emergência e ao desaparecimento de diferentes formas de vida que emergiram e desapareceram durante longos períodos, ou seja, ao tópico que para nós se tornou relevante como "evolução". É com certeza característico do temperamento intelectual de Diderot que para ambos esses temas, incluindo a "transição de átomos inertes para seu estado de sensibilidade", não se vislumbravam, dentro das discussões materialistas, quaisquer soluções possíveis.

---

32 "Le passage de l'état d'inertie à l'état de sensibilité; et les générations spontanées." Ibid., p.97.

Nesse espírito orientado para os problemas, o comentário de abertura de d'Alembert sobre a dificuldade que até mesmo ele sentia em assumir a existência de um deus ("Confesso que [...] um Ser de uma natureza tão contraditória é difícil de admitir"[33]) se relaciona de imediato com uma notória fraqueza na posição de Diderot. D'Alembert parece sugerir que quem não acreditar em deus deve assumir que apenas a matéria existe (e ele acrescenta em silêncio: só um tipo de matéria). Isso obriga o seu amigo a demonstrar como a vida, sobretudo toda a vida intelectual, pode emergir da matéria; e essa obrigação conduz ao postulado deliberadamente absurdo de d'Alembert de que uma pedra tem de ter sentimentos: "a pedra deverá senti-la"[34] — porque, se tem base na mesma matéria, até mesmo uma pedra deveria possuir um potencial igual ao dos humanos. Nessas precárias situações de debate, Diderot sempre gostou do desafio de criar argumentos que à primeira vista pareciam impossíveis. "Por que não?" questiona ele, reagindo à pergunta de d'Alembert sobre ele conseguir imaginar uma pedra com sentimentos, e a tentativa de viver de acordo com esse "por que não?" o devolve à distinção entre unidades básicas de matéria em seu estado inerte e ativo. Essa distinção evoca a tese ao mesmo tempo vaga e muito geral de que certos "obstáculos" impedem os átomos inertes de se ativarem, que Diderot ilustrará através do exemplo da ingestão de comida como comportamento que supostamente remove tais obstáculos, assim tornando a matéria em algo sensível:

---

33 "J'avoue qu'[...]un être d'une nature aussi contradictoire est difficile à admettre." Ibid., p.53.
34 "Il faut que la pierre sente." Ibid.

[...] ao comer, o que fazeis? Levantais os obstáculos que se antepunham à sensibilidade ativa do alimento. Vós o assimilais a vós próprio; vós o converteis em carne; vós o animalizais; vós o tornais sensível; e o que executais com um alimento, eu executaria quando me aprouvesse com o mármore.[35]

A última frase já anuncia a rebuscada afirmação de Diderot em reação à dúvida de d'Alembert sobre "uma pedra que sente": que é possível desfazer em pó uma estátua de mármore, usar esse pó como ingrediente para solo de húmus num jardim hortícola e acabar por, ingerindo os vegetais, "transformar a estátua em carne". Uma vez que a passagem sobre ingestão e digestão enquanto ilustração da mudança de matéria inerte em matéria ativa não especifica exatamente o que poderia ser um "obstáculo" contra a ativação da matéria, o pensamento final sobre uma estátua de mármore transformando-se em carne pode ter impressionado os leitores de Diderot mais por ser sintoma de impaciência intelectual, energia e desejo de chegar a um horizonte associativo de vida, do que por sua precisão e competência científica.

A mesma impaciência se evidencia novamente no diálogo quando Diderot coloca sua decisiva questão conceitual sobre o acrescento da "sensibilidade" à "moção" como segunda função pertencente à matéria. Na ausência de uma objeção de base empírica contra a ideia de d'Alembert de que a "sensibilidade

---

35 "En mangeant, que faites-vous? Vous levez les obstacles qui s'opposaient à la sensibilité active de l'aliment; vous l'assimilez avec vous-même; vous en faites de la chair; vous l'animalisez, vous le rendez sensible; et ce que vous éxécutez sur un aliment, je l'éxécuterai, quand il me plaira, sur le marbre." Ibid., p.57.

é essencialmente incompatível com a matéria", Diderot afirma em vez disso, aliás muito agressivamente, que seu amigo deveria sentir pena de si mesmo por não aceitar uma solução puramente conceitual que é tentadora – somente porque promete explicar o que precisa ser explicado:

> Escutai-vos e tereis piedade de vós mesmo; sentireis que, para não admitir uma suposição simples que explica tudo, a sensibilidade, propriedade geral da matéria, ou produto da organização, renunciais ao senso comum, e vos precipitais em um abismo de mistérios, contradições e absurdos.[36]

Sob a pressão da impaciência intelectual, Diderot labora muitas vezes em problemas e hiatos conceituais através de simples gestos deíticos. Um dos casos em que tal sucede é em sua segunda tentativa de produzir evidências da transição da matéria de inerte para ativa – quando convida d'Alembert a "sentar e seguir passo a passo" o desenvolver de um ovo:

> O que é este ovo? Certa massa insensível, antes que o germe seja nele introduzido; e depois que o germe é introduzido, o que é ainda? Certa massa insensível, pois o germe não passa, por sua vez, de um fluido inerte e grosseiro. Como passará essa massa a outra organização, à sensibilidade, à vida? Pelo calor. Quem produzirá o calor? O movimento. Quais serão os efeitos sucessivos do movimento? Em

---

36 "Ecoutez-vous et vous aurez pitié avec vous-même, vous sentirez que, pour n'admettre une supposition simple qui explique tout, la sensibilité propriété générale de la matière ou produit de l'organisation, vous renoncez au sens commun, et vous précipitez dans un abîme de mystères, de contradictions et d'absurdités." Ibid., p.69.

vez de me responder, sentai-vos e acompanhemo-los com os olhos de momento a momento. Primeiro é um ponto que oscila, um filete que se estende e que se colora; carne que se forma; um bico, pontas de asas, olhos, patas que aparecem; certa matéria amarelada que se divide e produz intestinos; é um animal.[37]

O conhecimento comum, aqui, está em vez de uma – ausente – observação científica, cuja interpretação poderia ter preenchido o hiato conceitual existente. Pelo menos o Diderot do diálogo parece satisfeito com qualquer ilustração, exemplo, argumento ou conceito que o aproxime dos horizontes associativos de "vida" e de "carne".

Mas ele não consegue fugir à questão seguinte, colocada por d'Alembert, relacionada com o passo entre um ser que sente e um "ser pensante". Como resposta inicial, Diderot ativa a explicação habitual no seu tempo, segundo a qual certas acumulações maiores de átomos conseguiam se reunir em órgãos que ressoassem com o mundo e, assim, cumprissem a função de uma memória (o que implica uma transição material dessas acumulações de átomos para todos os tipos de linhas, cordas

---

37 "Qu'est-ce que cet oeuf? une masse insensible avant que le germe y soit introduit; et après que le germe y est introduit, qu'est-ce encore? Une masse insensible, car le germe n'est lui-même qu'un fluide inerte et grossier. Comment cette masse passera-t-elle à une autre organisation, à la sensibilité, à la vie? Par la chaleur. Qu'y produira la chaleur? le mouvement. Quels seront les effets successifs du mouvement? Au lieu de me répondre, asseyez-vous, et suivons-les de l'oeil, de moment en moment. D'abord c'est un point qui oscille; un filet qui s'étend et qui se colore; de la chair qui se forme; un bec, des bouts d'ailes, des yeux, des pattes qui paraissent, une matière jaunâtre qui se dévide et produit des intestins; c'est un animal." Ibid., p.68.

e tecidos) –, o que ainda sugere que apenas os humanos dispõem de uma memória suficientemente poderosa para facilitar a transformação da ressonância primária em consciência. Mais do que estabelecer distinções e descrições para funções diferentes da mente humana, Diderot parece estar mais fascinado com o motivo materialista de uma semelhança entre diferentes tipos de "instrumentos" baseados na ressonância: sobretudo pela suposta semelhança entre instrumentos musicais, como o cravo, os animais, os humanos e ainda pela subsequente ideia de que, afinal, a comunicação humana pode não ser assim tão diferente da comunicação animal: "notai que não há no comércio dos homens senão ruídos e ações".[38]

É provável que Diderot, o autor, estivesse ciente, ao menos em certa medida, de sua impaciência intelectual e da consequente incompletude filosófica no desenvolvimento de alguns de seus motivos e afirmações preferidos. Pode ter sido essa a razão que o levou a fazer o ficcional d'Alembert perguntar se, para ele, os diferentes passos desde os elementos básicos da matéria até o pensamento possuíam estatuto de contingência ou de necessidade. E, ao contrário das reflexões apresentadas em *Jacques, o fatalista* sobre necessidade e contingência na interação humana, Diderot faz agora uma forte afirmação do princípio da necessidade como permeando o reino Natural. Ao mesmo tempo, ele lhe concede que uma impressão de contingência (ou de um tipo diferente, mais suave, de necessidade) permanecerá inevitável enquanto os humanos não conseguirem observar e

---

38 "Remarquez qu'il n'y a dans le commerce des hommes que des bruits et des actions." Ibid., p.71.

identificar todo o conjunto de condições que constituem causa necessária na natureza:

> [...] a causa sofreu demasiadas vicissitudes particulares que nos escapam, para que possamos contar infalivelmente com o efeito subsequente. A certeza que temos de que um homem violento se irritará com uma injúria, não é a mesma que aquela de que um corpo que bate em outro menor pô-lo-á em movimento.[39]

Até aqui, vimos como o diálogo de Diderot e d'Alembert, a parte primeira de *O sonho*, se concentra num repertório de conceitos e imagens sobre a transição da matéria inerte para matéria ativa e sobre as consequências dessa transição, um repertório que é mais impressionante devido a sua vivacidade e variedade discursivas do que por seu foco na transparência sistemática. Ele não chega a lidar com assuntos relacionados com as estruturas temporais mais largas da Natureza ("gerações espontâneas") porque literalmente deixa que o d'Alembert ficcional a certo ponto se canse da conversa (o que, visto pelo viés da continuação do texto e de sua estrutura narrativa, acabará por se assemelhar a uma desculpa para terminar uma conversa que se tornou entediante).

No entanto, anteriormente, numa das mais notáveis passagens de todo o texto, a energia do diálogo incorre numa violenta transgressão de uma regra do tato social e, conforme veremos,

---

39 "La cause subit trop de vicissitudes particulières qui nous échappent pour que nous puissions compter infalliblement sur l'effet qui s'ensuivra. La certitude que nous avons qu'un homme violent s'irritera d'une injure n'est pas la même que celle qu'un corps qui frappe un plus petit le mettra en movement." Ibid., p.72-73.

incorre nela mais entre os verdadeiros Diderot e d'Alembert do que entre os protagonistas do texto,[40] alcançando assim uma dimensão de fato ontologicamente diferente. É quando, em sua primeira reação ao ceticismo de d'Alembert no que respeita a tese materialista sobre a emergência do pensamento, o Diderot textual recorre ao conhecimento privado que tinha da relação escandalosa entre os pais biológicos de seu amigo, e de sua educação num orfanato, para ilustrar seu próprio argumento filosófico:

DIDEROT. – [...] Antes de dar um passo à frente, permita que eu vos conte a história de um dos maiores geômetras da Europa. O que era a princípio esse ser maravilhoso? Nada.

D'ALEMBERT. – Como nada! De nada, nada se faz.

DIDEROT. – Tomais as palavras muito ao pé da letra. Quero dizer que antes que a mãe dele, a bela e celerada cônega Tencin, atingisse a idade púbere, antes que o militar La Touche fosse adolescente, as moléculas que deviam formar os primeiros rudimentos de meu geômetra estavam dispersas nas jovens e frágeis máquinas de um e de outro, filtraram-se com a linfa, circularam com o sangue, até que se apresentassem aos reservatórios destinados à sua coligação, os testículos do pai e da mãe. Eis formado esse germe raro; ei-lo, como é a opinião comum, conduzido pelas trompas de Falópio à matriz; ei-lo

---

40 Wilson de fato se refere à "falta de tato" como característica recorrente do temperamento de Diderot, implicando que, ao invés de ser resultado de más intenções, ela emergia de sua confiança e de sua abertura ao mundo: "Diderot tinha um grande coração, era bem-intencionado, bastante negligente, impetuoso e com falta de tato. Embora se considerasse tímido, na realidade ele era dotado de uma superabundante medida de autoconfiança." Wilson, *Diderot*. p.46.

agarrado à matriz por um longo pedículo; ei-lo, crescendo sucessivamente e avançando para o estado de feto; eis chegado o momento de sua saída da obscura prisão; ei-lo nascido, exposto sobre os degraus de Saint-Jean-Le-Rond, que lhe deu seu nome; retirado dos Enjeitados; aferrado à mama da boa vidraceira, sra. Rousseau; aleitado, tornado grande de corpo e de espírito, literato, mecânico, geômetra. Como se produziu isso? Comendo, e por outras operações puramente mecânicas.[41]

Ao referir a "falta de tato" de Diderot, não estou tentando acusar o autor de intenções maliciosas que assim expôs seu antigo amigo – ou seu potencial rival no reconhecimento no

---

41 "DIDEROT: Permettez-moi de vous faire l'histoire d'un des plus grands géomètres de l'Europe. Qu'était-ce d'abord que cet être merveilleux? Rien.

D'ALEMBERT: Comment rien? On ne fait rien de rien.

DIDEROT: Vous prenez les mots trop à la lettre. Je veux dire qu'avant que sa mère, la belle et scélérate chanoinesse Tencin, eût atteint l'âge de la puberté; avant que le militaire La Touche fût adolescent, les molecules qui devraient former les premiers rudiments de mon géomètre étaient éparses dans les jeunes et frêles machines de l'une et de l'autre, se filtrèrent avec la lymphe, circulèrent avec le sang, jusqu'à ce qu'enfin elles se rendissent dans les réservoirs destinés à leur coalition, les testicules de sa mère et de son père. Voilà ce germe rare formé. Le voilà, comme c'est l'opinion commune, amené par les trompes de Fallope dans la matrice; le voilà attaché à la matrice par un long pédicule; le voilà s'accroissant successivement et s'avançant à l'état de foetus; voilà le moment de sa sortie de l'obscure prison arrive; le voilà né, exposé sur les degrés de Saint-Jean-le-Rond qui lui donna son nom; tiré des Enfants-Trouvés; attaché à la mamelle de la bonne vitrière madame Rousseau; allaité, devenu grand de corps et d'esprit, littérateur, mécanicien, géomètre; comment cela s'est fait? En mangeant, et par d'autres opérations purement mécaniques." Diderot, op. cit., p.59-60.

mundo dos *Salons*. Ao contrário: imagino antes o lado socialmente desagradável de uma abertura e de um anseio pela vida, forças motrizes na prosa de Diderot, uma energia que, ademais, implicava o acaso permanente e o permanente risco de diluir ou mesmo de destruir as fronteiras epistemológicas e sociais. Também esse era um nível, porventura o mais extremo dos níveis, da metabolização do Materialismo.

*

No segundo segmento de *O sonho de d'Alembert*, o mais extenso e o mais complexo, o tom das palavras dos protagonistas se altera consideravelmente. Isso acontece devido ao surgimento do médico Bordeu e da senhorita de Lespinasse como dois novos protagonistas da discussão em curso – mas, acima de tudo, acontece através da e na linguagem febril de d'Alembert. A conversa de abertura entre o doutor e a companheira do matemático sugere que d'Alembert regressara para casa depois de seu diálogo com Diderot e parecia preocupado (*soucieux*), começando a falar de um modo confuso tão alarmante que seu criado foi chamar o médico. O diagnóstico do dr. Bordeu lhes dá algum conforto: "Trata-se de um pequeno movimento febril sem nenhuma consequência",[42] mas a preocupação da senhorita de Lespinasse é suficiente para que ela leia ao médico as anotações que fez das palavras de d'Alembert. Ao contrário destes dois personagens, um leitor obviamente não reconhecerá apenas vários pontos de ressonância entre a conversa anterior de Diderot e d'Alembert e o discurso febril deste último, mas verá também

---

42 "C'est un petit mouvement fébril qui n'aura point de suite." Ibid., p.80.

como, em seus sonhos, o matemático tende cada vez mais a ceder perante as posições materialistas do amigo.

Tudo começa com um foco renovado na transição da matéria inerte para matéria ativa — agora e pela primeira vez considerada enquanto consequência do passo dado dos átomos isolados para um grande conjunto atômico, o que significa também que o progresso de uma "contiguidade" para uma "continuidade" de elementos básicos se apresente como decisiva para a emergência dos órgãos, dos corpos e da vida. Nesse contexto, surge uma concepção de "molécula" que de fato não corresponde ao atual entendimento químico de uma configuração estável, que consiste em diferentes átomos. Diderot usou a palavra no sentido de um "tipo especial de átomo, capaz de transformar-se em algo semelhante ao que agora se chamaria uma célula [...], um bloco de construção que poderia ser vitalista, compatível com as propriedades da vida:"[43]

> E a formação dessa continuidade? Ela quase não o atrapalhará... Como uma gota de mercúrio se funde em outra gota de mercúrio, uma molécula sensível e viva se funde em outra molécula sensível e viva... A princípio havia duas gotas, após contato não há mais do que uma. Antes da assimilação, havia duas moléculas, após a assimilação não há mais do que uma... A sensibilidade torna-se comum à massa comum... Com efeito, por que não?[44]

---

43 Wilson, op. cit., p.562.

44 "Et la formation de cette continuité? Elle ne l'embarrassera guère... Comme une goutte de mercure se fond dans une autre goutte de mercure, une molécule sensible et vivante se fond dans une molécule sensible et vivante... D'abord il y avait deux gouttes; après le contact il n'y en a plus qu'une... Avant l'assimilation il y avait deux molécules; après

O final dessa passagem ("Com efeito, por que não?" / "en effet pourquoi non?") revela como, com a racionalidade do d'Alembert ficcional enfraquecida pela febre, ele mais facilmente se deixa levar por aquilo que recorda dos provocatórios pensamentos de Diderot. Ao mesmo tempo, vemos de novo como a vivacidade e a vida funcionam enquanto horizonte conceitual decisivo do texto: é sendo "sensível e viva" que a molécula faz diferença na emergência da mente.

A prosa de Diderot atinge ainda maior grau de intensidade quando ele coloca na boca do d'Alembert ficcional a metáfora de um enxame de abelhas, inventada pelo Bordeu não ficcional, com a intenção de ilustrar o que um órgão – mas também um animal mais complexo, e até mesmo a totalidade de todos os átomos – é suposto ser e em que é suposto se tornar. Se essa ideia da coerência do enxame dependendo de cada abelha "picar a próxima" partiu do conhecimento cotidiano da época (para não falar das atuais observações científicas), ela inicia no texto um novo nível, quase extático, do movimento:

"[...] Já vistes alguma vez um enxame de abelhas escapar de sua colmeia?... O mundo, ou a massa geral da matéria, é a colmeia... Já as vistes formar na ponta do galho de uma árvore um longo cacho de pequenos animais alados, todos aferrados uns aos outros pelas patas? [...] Se uma dessas abelhas resolve picar de uma maneira qualquer a abelha à qual está aterrada [*sic*], o que julgais que acontece? [...] que o conjunto se agitará, se mexerá, mudará de situação

---

l'assimilation il n'y en a plus qu'une... La sensibilité devient commune à la masse commune. En effet pourquoi non?." Diderot, op. cit., p.83-84.

e de forma; que se elevarão ruídos, pequenos gritos, e que aquele que nunca tivesse visto um cacho assim dispor-se, sentir-se-ia tentado a tomá-lo por um animal de quinhentas ou seiscentas cabeças e de mil ou mil e duzentas asas..."[45]

Este é o ritmo extático de linguagem febril com que o d'Alembert de Diderot começa a entrar em especulações cosmológicas. Entretanto, a senhorita de Lespinasse observa que a memória que ele tem de uma gota de água cheia de vida lhe inspirara uma reflexão sobre o universo: "O vaso em que percebia tantas gerações momentâneas, ele o comparava ao universo; via em uma gota de água a história do mundo".[46] Umas palavras adiante, d'Alembert começa a falar sobre certas dimensões do tempo a que provavelmente os leitores de Diderot não estavam acostumados:

[...] mas o que é a nossa duração comparada à eternidade dos tempos? Menos que a gota que peguei com a ponta de uma agulha,

---

45 "Avez-vous quelquefois vu un essaim d'abeilles s'échapper de leur ruche? ... Le monde ou la masse générale de la matière est la grande ruche... Les avez-vous vues s'en aller former à l'extrémité de la branche d'un arbre, une longue grappe de petits animaux ailés, tous accrochés les uns aux autres par les pattes? [...] Si l'une de ces abeilles s'avise de pincer d'une façon quelconque l'abeille à laquelle elle s'est accrochée, que croyez-vous qu'il en arrive? [...] Il s'excitera dans toute la grappe autant de sensations qu'il y a de petits animaux; le tout s'agitera, se remuera, changera de situation et de forme; il s'élèvera du bruit, de petits cris; et celui qui n'aurait jamais vu une pareille grappe s'arranger, serait tenté de la prendre pour un animal à cinq ou six cents têtes et à mille ou douze cents ailes..." Ibid., p.85.

46 "Le vase où il apercevait tant de générations momentanées, il le comparait à l'univers. Il voyait dans une goutte d'eau l'histoire du monde." Ibid., p.93.

comparada ao espaço ilimitado que me rodeia. Sequência indefinida de animálculos no átomo que fermenta, a mesma sequência indefinida de animálculos no outro átomo que se chama Terra. Quem conhece as raças de animais que nos precederam? Quem conhece as raças de animais que sucederão às nossas? Tudo muda, tudo passa, só o todo permanece. O mundo começa e acaba incessantemente.[47]

A escala temporal que o seu discurso febril atinge aqui encoraja d'Alembert a imaginar (do nosso ponto de vista, de maneira pré-evolucionária) o desaparecimento de todas as espécies existentes durante um estado de isolamento entre os elementos básicos da matéria: "Deixai passar a raça atual de animais subsistentes; deixai o grande sedimento inerte atuar alguns milhões de séculos. Talvez seja preciso, para renovar as espécies, dez vezes mais tempo do que é concedido à sua duração."[48] Não existe uma implicação de direção, de teleologia ou de necessidade na concepção de tempo cosmológico do d'Alembert ficcional e de Diderot. Aquilo que mais impressiona os dois, no fluxo de surgimento e desaparecimento de diferentes espécies e objetos, é a sua contiguidade tanto anatômica quanto existencial. Cada coisa

---

47 "Qu'est-ce que notre durée en comparaison de l'éternité des temps? Moins que la goutte que j'ai prise avec la pointe d'une aiguille en comparaison de l'espace illimité qui m'environne. Suite indéfinie d'animalcules dans l'atome qui fermente. Même suite indéfinie d'animalcules dans l'autre atome qu'on appelle la terre. Qui sait les races d'animaux qui nous sont précédés? qui sait les races d'animaux que succèderont aux nôtres? Tout change. Tout passe. Il n'y a que le tout qui reste. Le monde commence et finit sans cesse." Ibid., p.93-94.

48 "Laissez agir le grand sediment inerte quelques millions de siècles. Peutêtre faut-il pour renouveler les espèces dix fois plus de temps qu'il n'est accordé à leur durée." Ibid., p.96.

tem o potencial de tornar-se uma planta, um animal e depois um ser humano, ao passo que os átomos dos seres humanos podem bem se reunir, em níveis menores de complexidade, como animais ou coisas, e chegar até a um estado de isolamento absoluto:

> [...] tudo está em um fluxo perpétuo... Todo animal é mais ou menos homem; todo mineral é mais ou menos planta; toda planta é mais ou menos animal. Não há nada de preciso na natureza... [...] E a vida?... A vida, uma série de ações e reações. Vivo, ajo e reajo em massa... Morto, ajo e reajo em moléculas... Nunca morro, portanto?... Não, sem dúvida, não morro neste sentido, nem eu, nem quem quer que seja... Nascer, viver e passar é mudar de formas... E que importa uma forma ou outra?[49]

Com esse hino ao "prodígio da vida" termina a mais extática passagem do discurso de d'Alembert. Se até aqui fora Bordeu a cumprir o papel de confirmar à senhorita de Lespinasse que todas as suas anotações faziam sentido na perspectiva da medicina vitalista, estes dois protagonistas começam então a elaborar respostas para perguntas novas que a amiga, cada vez mais confiante e mais filosófica, de d'Alembert vai se atrevendo a colocar.

---

49 "Tout est en un flux perpétuel... Tout animal est plus ou moins homme; tout minéral est plus ou moins plante, toute plante est plus ou moins animal. Il n'y a rien de précis en nature... [...] Et la vie? Une suite d'actions et de réactions... Vivant, j'agis et je réagis en masse... mort, j'agis et je réagis en molécules. Je ne meurs donc point... Non, sans doute, je ne meurs point en ce sens, ni moi, ni quoi que soit... Naître, vivre et passer, c'est changer de formes. Et qu'importe une forme ou une autre?" Ibid., p.103-4.

Prosa do mundo

A primeira dessas perguntas se relaciona com a sensação que ela tem de "unicidade"[50] enquanto indivíduo. Surge inicialmente como um exemplo do que a senhorita de Lespinasse acredita dispensar qualquer discussão ou explicação filosófica. Mas Bordeu a provoca, mostrando-lhe que é mesmo difícil elaborar uma descrição conceitual de uma tal autorreferência primária, e ela reage, granjeando a aprovação do médico, com a imagem da intuição de uma aranha como exemplo da intuição — a seu ver materialista — do ser:

SENHORITA DE LESPINASSE – Mas se um átomo faz oscilar um dos fios da teia da aranha, ela recebe o alarme, ela se inquieta, ela foge ou acorre. No centro, é instruída de tudo o que se passa em qualquer ponto que seja do imenso apartamento que atapetou. Por que é que eu não sei o que se passa no meu, isto é, o mundo, já que sou um novelo de pontos sensíveis, já que tudo me preme e eu premo tudo?

BORDEU – É que as impressões se debilitam devido à distância de onde partem.[51]

Seguem-se extensas páginas em que esses dois protagonistas tentam descrever fenômenos e conceitos como "razão",

---

50 No texto em língua inglesa, "togetherness". (N. T.)

51 "MADEMOISELLE DE LESPINASSE: Mais si un atome fait osciller un des files de la toile de l'araignée, alors elle prend l'arme, elle s'inquiète; elle fuit ou elle accourt. Au centre, elle est instruite de ce qui se passe en quelque endroit que ce soit de l'appartement immense qu'elle a tapissé. Pourquoi est-ce que je ne sais pas ce qui se passe dans le mien, ou le monde, puisque je suis un peloton de points sensibles, que tout presse sur moi et que je presse sur tout?
BORDEU: C'est que les impressions s'affaiblissent en raison de la distance d'où elles partent." Ibid., p.107-8).

"emoção", "memória", "vontade" ou "imaginação". Se a maioria dessas descrições nos parece, de um ponto de vista histórico, muito interessante, nenhuma pode parecer-nos convincente pelos padrões de nossos dias. O mesmo se aplica aos muitos casos individuais de malformações e de "aberrações da Natureza", que Bordeu refere, a partir de sua prática clínica, para satisfazer a curiosidade crescente de sua interlocutora. O que aqui julgo ser mais interessante é a impressão de uma insegurança geral relacionada com a diferença entre formas biologicamente "normais" e formas biologicamente "aberrantes." Enquanto efeito discursivo, essa insegurança se assemelha à ausência de perspectivas teleológicas nas especulações sobre diferenças morfológicas que emergem em dimensões mais distendidas de tempo. Assim, o Materialismo do século XVIII vai explorando e jogando através de uma zona imaginativa de variação infinita, mais do que seguindo uma trajetória – evolucionária ou histórica – de eliminação e evolução.

Porém, o parágrafo discursivamente mais excêntrico do segundo segmento de *O sonho de d'Alembert* não se encontra na troca de ideias e observações entre os três protagonistas – e quase nunca é referido pela maioria dos comentários críticos. Logo após ler em suas anotações e mencionar as associações comparativas de d'Alembert sobre a vida numa gota de água e a vida no universo, a senhorita de Lespinasse vê e descreve com manifesta surpresa como a linguagem dele vai progredindo para movimentos do corpo claramente masturbatórios (ainda que o texto de Diderot não refira nem direta nem eufemisticamente esse sentido):

> Depois ajuntou, suspirando: "ó vaidade de nossos pensamentos! ó pobreza da glória e de nossos trabalhos! Ó miséria! Ó pequeneza

de nossas concepções! Não há nada sólido exceto beber, comer, viver, amar e dormir... Senhorita de Lespinasse, onde estais? – Aqui estou". – Então seu rosto tomou cor. Quis apalpar-lhe o pulso, mas não sei onde escondeu a mão. Parecia experimentar uma convulsão. Sua boca entreabrira-se, sua respiração era apressada; soltou um profundo suspiro, depois um suspiro mais fraco e mais profundo ainda; virou a cabeça no travesseiro e adormeceu. Eu o observava com atenção, estava toda comovida sem saber por que, o coração me batia, e não era de medo. Ao cabo de alguns momentos, vi um ligeiro sorriso errar sobre seus lábios. Murmurava bem baixinho: "Em um planeta onde os homens se multiplicassem à maneira de peixes, onde a ova de um homem estivesse comprimida sobre a ova de uma mulher... Eu sentiria menos pesar... [...]"[52]

Expor d'Alembert assim, em uma cena masturbatória, poderá parecer menos chocante do que as palavras anteriores sobre os pais dele e as verdadeiras origens de sua vida, porque faz parte de uma situação ficcional e contrasta menos com a linguagem

---

52 "Puis il ajoutait en soupirant, O vanité de nos pensées! ô pauvreté de la gloire de nos travaux! ô misère, ô petitesse de nos vues! Il n'y a rien de solide, que de boire, manger, vivre, aimer, et dormir... Mademoiselle de Lespinasse, où êtes-vous? – Me voilà. – Alors son visage s'est coloré. J'ai voulu lui tater le pouls; mais je ne savais pas où il avait caché sa main. Il parassait éprouver une convulsion. Sa bouche s'était entr'ouverte. Son haleine était pressée. Il a poussé un profond soupir; et puis un soupir plus faible et plus profond encore. Il a retourné sa tête sur son oreiller et s'est endormi. Je le regardais avec attention, et j'étais tout émue sans savoir pourquoi. Le coeur me battait, et ce n'était pas de peur. Au bout de quelques moments, j'ai vu un léger sourire errer sur ses lèvres. Il disait tout bas... dans une planète où les hommes se multiplieraient à la manière des poissons, où le frai d'un homme pressé sur le frai d'une femme... j'y aurais moins de regret." Ibid., p.94.

febril de protagonista do que os detalhes íntimos e biográficos no tom sóbrio e filosófico do "Diálogo" inicial. Mas, apesar disso, aqui vemos mais um efeito da energia e da casual falta de tato de Diderot, transformando um discurso de ideias em prosa do mundo, com seus efeitos potencialmente perturbadores nos leitores. D'Alembert sorri, imaginando uma vida mais feliz num mundo possível, onde as relações sexuais seriam fisicamente menos íntimas e socialmente menos complicadas. E até sua amiga, com quem o verdadeiro d'Alembert talvez jamais tenha tido sexo, se emociona toda "sem saber por quê". Os conceitos e os argumentos se transformam em prosa do mundo — e assim tornam existencialmente presentes as intuições sobre a vida.

*

Como em tantas outras vezes, Diderot não conseguiu terminar a segunda parte de *O sonho* sem uma passagem de intensidade semelhante a essa. À medida que d'Alembert, o sonhador febril, se silencia e regressa, já como observador um pouco ciumento, a conversa entre Bordeu e a senhorita de Lespinasse perde a direção e se esgota na planura desestruturada de vários estudos de casos médicos e sua discussão. Se parece típico Diderot encerrar o texto com um aleatório constrangimento temporal de um protagonista (Bordeu tem de sair para ir visitar outro paciente), ele provavelmente reparou nessa falha e acrescentou (*après coup*) "algumas páginas" que imaginou, como vimos, serem "surpreendentes" e até mesmo chocantes o suficiente para arrepiar Sophie Volland. Essas páginas começam no final de um jantar no apartamento de d'Alembert, onde uma vez mais se reúnem a senhorita de Lespinasse e Bordeu:

Prosa do mundo

Perto das duas horas, o doutor volta. D'Alembert foi almoçar fora, e o doutor se encontra a sós com a senhorita de Lespinasse. A mesa é servida. Os dois falam de coisas indiferentes até a sobremesa; mas, quando os criados são dispensados, a senhorita de Lespinasse diz ao doutor:

SENHORITA DE LESPINASSE — Vamos, doutor, bebei uma taça de málaga, e em seguida me respondereis a uma pergunta que me passou cem vezes pela cabeça, e que só ousaria propor a vós.

BORDEU — Esse málaga é excelente... E vossa pergunta?

SENHORITA DE LESPINASSE — O que pensais da mistura das espécies?[53]

As misturas entre diferentes espécies biológicas (*mélange des espèces*) era uma obsessão do final do século XVIII[54] e veio se somar ao risco — ou à possibilidade — de transformar uma conversa de serão, que já era íntima, numa cena mais diretamente (ou até mais drasticamente) erótica. Diderot conjura esta dimensão através das tentativas dos protagonistas de evitar suas ameaças,

---

53 *"Sur les deux heures le docteur revint. D'Alembert était allé dîner dehors, et le docteur se trouva en tête-à-tête avec mademoiselle de Lespinasse. On servit. Ils parlèrent de choses assez indifférentes jusqu'au dessert; mais lorsque les domestiques furent éloignés, mademoiselle de Lespinasse dit au docteur:*
MADEMOISELLE DE LESPINASSE: Allons, docteur, buvez un verre de Malaga, et vous me répondrez ensuite à une question qui m'est passé cent fois par la tête et que je n'oserais faire qu'à vous.
BORDEU: Il est excellent ce malaga — Et votre question?
MADEMOISELLE DE LESPINASSE: Que pensez-vous du mélange des espèces?" Ibid., p.169.

54 Starobinski, *Diderot, un diable de ramage*, p.247-273, associa o motivo com a hibridez discursiva d'*O sonho de d'Alembert*. Hei de regressar a este importante ensaio, apesar de não comungar de sua intuição sobre as passagens em que "a mistura das espécies" é vista como um autocomentário alegórico do texto.

231

quer insistindo em suas intenções moralmente próprias, quer procurando eliminar quaisquer conotações "impróprias".

O efeito paradoxal, claramente pretendido, desses esforços reside em uma tensão e atração palpáveis e muito rapidamente crescentes entre o doutor e a amiga de d'Alembert. Antes desse momento, Bordeu pergunta à senhorita de Lespinasse em que aspectos do assunto, dentre "físicos, morais ou poéticos", ela quer se concentrar, e ela opta de imediato – e por segurança – pelo último dos três. A conversa, porém, depressa se desvia. Dando um exemplo de "mistura poética", Bordeu cita o princípio horaciano de combinar nos textos perspectivas "úteis e aprazíveis" (*Omne tulit punctum qui miscuit utile dulci*); a senhorita de Lespinasse lhe garante que, até ali, ela consegue "compartilhar de vossa opinião sem enrubescer" – e, apenas uma página depois, já abandonaram todas as questões de estética textual e concordam em que não pode se fazer nenhum argumento moral contra a "autogratificação" sexual (*les actions solitaires*).

Existe um consenso crítico que identifica a tentativa de Bordeu de aplicar a famosa máxima de Horácio com questões relacionadas à moral do comportamento sexual (junto com suas conclusões previsivelmente libertárias) como tema central da "Continuação do Diálogo". Mas, de fato, no texto, a senhorita de Lespinasse depressa se cansa dos argumentos altamente conceituais de Bordeu sobre esses temas ("Essas questões são muito sublimes para mim"[55]) e, quando o médico repete sua pergunta sobre o aspecto do qual ela prefere lidar com "a mistura das espécies" (se "de física ou de moral?"), a segunda resposta dela

---

55 "Ces questions-là sont trop sublimes pour moi." Diderot, op. cit., p.177.

Prosa do mundo

elimina ainda outra camada de prudência discursiva: "De física, de física"[56] ela insiste.

Após mais alguns bem cautelosos comentários de Bordeu sobre a ausência de conhecimento empírico relativo aos temas em causa, o diálogo ficcional atinge sua parte final com uma estranha fantasia sobre Sátiros mitológicos, vistos como "caprípedes" (*chèvre-pieds*), ou seja, produtos de uma relação imaginária entre cabras e humanos:

> BORDEU – [...] é que tiraríamos dela uma raça vigorosa, inteligente, infatigável e veloz, da qual faríamos excelentes domésticos.
> SENHORITA DE LESPINASSE – Muito bem, doutor. Parece-me que já enxergo, atrás da viatura de vossas duquesas, cinco ou seis grandes e insolentes caprípedes, e isso me rejubila.[57]

O comentário sobre uma utilidade prática do *chèvre-pieds* assinala uma derradeira medida de cautela discursiva. Mas esta depressa se esvai, dando lugar à linguagem muito direta, quando a senhorita de Lespinasse, sob o pretexto de evocar uma razão contra a criação de *chèvre-pieds*, fala da sexualidade provavelmente agressiva e dissoluta deles: "vossos caprípedes seriam desenfreados dissolutos".[58] Uma vez que Bordeu precisa se ausentar de novo, ele concede uma última questão sobre a origem de todos "esses gostos abomináveis" e recorda "uma pobreza de organização das pessoas jovens, e da

---

56 "De physique, de physique." Ibid., p.178.
57 "BORDEU: C'est que nous en tirerions une race vigoureuse, intelligente, infatigable et véloce dont nous ferions d'excellents domestiques. MADEMOISELLE DE LESPINASSE: Fort bien, docteur. Il me semble déjà que je vois derrière la voiture de nos duchesses cinq à six grands insolents chèvrepieds, et cela me réjouit." Ibid., p.180.
58 "Vos chèvres-pieds seraient d'effrénés dissolus." Ibid., p.181.

corrupção da cabeça nos velhos; da atração pela beleza em Atenas, da falta de mulheres em Roma, do medo da varíola em Paris". De fato, Diderot cumpriu, literal e ironicamente, sua promessa feita na carta a Sophie Volland – de que não haveria no texto "nem uma só palavra indigna". Mas é precisamente – e paradoxalmente – essa ausência que produz a impressão de uma atmosfera erótica.

E, no entanto, a tensão predominante na "Continuação" não surge exclusivamente da troca de ideias entre seus protagonistas, nem dos esforços aparentes de evitar que sua mútua atração se torne explícita e mesmo física. Em vez disso, essa dimensão discursiva central se entrelaça, desde o meio do texto, com um crescendo de notas à margem sobre a relação entre Bordeu e a senhorita de Lespinasse. Quando d'Alembert regressa mais sóbrio de seu sonho febril, e depois de sua observação mal-humorada sobre já não ser necessária a presença do médico (a que os outros dois ficam indiferentes), Bordeu havia inserido seus elogios à senhorita de Lespinasse numa descrição da evolução individual dos humanos, para a qual – à semelhança do que Diderot fizera com d'Alembert no diálogo inicial – ele recorre, como exemplo, à existência física de sua interlocutora:

> Primeiro não éreis nada. Fostes, no começo, um ponto imperceptível, formado de moléculas menores, dispersas no sangue, a linfa de vosso pai ou de vossa mãe; este ponto tornou-se um fio delgado, depois um feixe de fios. Até aí, não há o menor vestígio dessa forma agradável que tendes: vossos olhos, esses belos olhos, assemelhavam-se tão pouco a olhos quanto a extremidade de uma raiz de anêmona se assemelha a uma anêmona.[59]

---

59 "D'abord vous n'étiez rien. Vous fûtes en commençant un point imperceptibe, formé de molécules plus petites éparses dans le sang, la

Na página seguinte, Bordeu prossegue e elogia pela primeira vez a inteligência da senhorita de Lespinasse: "é um prazer conversar convosco; compreendeis não só o que vos dizem, mas ainda tirais daí consequências de uma justeza que espanta".[60]

Na ocasião seguinte, um abraço substituirá o elogio: "É isso. Vinde que eu vos abraçarei",[61] e logo a senhorita conversa num tom de ambiguidade agressiva: "Assim, fazei de mim tudo o que vos aprouver, desde que me instruais".[62] Para o final da "Continuação", como vimos, toda a ambiguidade se esvai. Por um instante, Bordeu fica desiludido, porque a companheira de d'Alembert abandonou a linguagem de homem que usara "durante quatro minutos" e regressou a um tom mais feminino: "Depois de ter sido um homem durante quatro minutos, eis que retomais vossa coifa e vossos saiotes, e voltais a ser mulher".[63] Por fim, o adeus da senhorita de Lespinasse a Bordeu é igual a uma apaixonada declaração de amor, sugerindo a possibilidade de cumprimento erótico num futuro ficcional: "Adeus então,

---

lymphe de votre père et de votre mère; ce point devint un fil délié; puis un faisceau de fils. Jusque là, pas le moindre vestige de cette forme agréable que vous avez. Vos yeux, ces beaux yeux, ne ressemblaient non plus à des yeux, que l'extrémité d'une griffe d'anémone ne ressemble à une anémone." Ibid., p.112.

60 "Il y a plaisir à causer avec vous. Vous ne saisissez pas seulement ce qu'on vous dit; vous en tirez encore des conséquences d'une justesse qui m'étonne." Ibid.

61 "C'est cela. Venez que je vous embrasse." Ibid., p.115.

62 "Ainsi faites de moi tout ce qu'il vous plaira, pourvu que je m'instruise." Ibid., p.117.

63 "Après avoir été un homme pendant quatre minutes, voilà vous reprenez votre cornette et vos cotillions et que vous redevenez femme." Ibid., p.177.

doutor; não nos abandoneis por séculos, como costumais proceder, e pensai às vezes que eu vos amo até a loucura".[64]

*

Ao longo de *O sonho de d'Alembert*, descobrimos três momentos discursivos e modalidades diferentes para que o campo conceitual do Materialismo se tornasse em prosa do mundo e assim despertasse e presentificasse perante os leitores sensações de vida. Um foi a narrativa breve (e pouco delicada) de Diderot sobre a pré-história biológica e sexual de d'Alembert – em que os conceitos se tornam miméticos por referência a uma pessoa específica; outro foi a transição entre o discurso onírico de d'Alembert e seus movimentos masturbatórios – em que associações livres se transformavam em ação e experiência direta; o terceiro foi o crescendo desde as palavras de flerte de Bordeu até a declaração de amor da senhorita de Lespinasse – conjurando a densa impressão de um desejo erótico que não fora nunca explicitado no texto.

Após nossa leitura de *O sobrinho de Rameau*, *Jacques, o fatalista e seu amo* e *O sonho de d'Alembert*, poderemos crer que a tendência para tais trajetórias desde a abstração filosófica até a presença existencial ganham força na segunda metade da obra de Diderot. Quando, por exemplo, trinta e três anos após a publicação da *Carta sobre os cegos* e, dois anos antes de sua morte, ele regressa ao texto que lhe valera vários meses de prisão, Diderot não lhe acrescenta novos conhecimentos científicos, mas recordações ternurentas de Mélanie de Salignac, uma jovem cega, amiga e

---

64 "Adieu donc, docteur. Ne nous délaissez pas des siècles, comme vous le faites. Et pensez quelquefois que je vous aime à la folie." Ibid., p.183.

familiar de Sophie Volland. Diderot ficou muito mais impressionado com a graça particular dela e com seu impacto no ambiente do que com a mundivisão específica que as palavras e o comportamento dela deixam extrapolar:

> Possuía uma razão muito sólida, uma doçura encantadora, uma finura não muito comum nas ideias, e ingenuidade.
>
> [...]
>
> De todas as qualidades, o julgamento sadio, a doçura e a jovialidade eram as que mais prezava. Falava pouco e escutava muito: *Eu me pareço aos pássaros*, dizia, *aprendo a cantar nas trevas*.[65]

Ainda não refiri um elemento textual importante, para não dizer decisivo, referente às transições metabolizantes da abstração conceitual para as impressões da presença da vida na linguagem de Diderot – ele não é exclusivo de *O sonho de d'Alembert*, embora sua função nesse texto possa ser particularmente eminente. Num ensaio acadêmico de 1948, Leo Spitzer pela primeira vez chamou a atenção para os ritmos da prosa de Diderot[66], mas nenhuma das múltiplas citações que fez eram da obra em que nos concentramos neste capítulo. Concordo com a intuição de Spitzer, de que Diderot provavelmente estaria só "meio consciente" dos ritmos de sua escrita (66) e que essa meia

---

65 "Elle avait un grand fonds de raison, une douceur charmante, une finesse peu commune dans les idées, et de la naïveté." Diderot, *Letter on the Blind for the Use of Those Who Can See*, p.155.
"De toutes les qualités, c'étaient le jugement sain, la douceur et la gaieté qu'elle prisait les plus. Elle parlait peu et écoutait beaucoup: Je ressemble aux oiseaux, disait-elle, j'apprends à chanter dans les ténèbres." Ibid., p.159. Tradução minha.

66 Spitzer, "Der Stil Diderots," p.59-74.

consciência poderia explicar por que temos tanta dificuldade em os captar e descrever para lá de nossa perceção inicial. Spitzer é bem convincente ao caracterizar como *staccato*, como "orientadas para diante" e como a "força motriz" de sua prosa a forma dominante que emerge dos padrões recorrentes de acento e sílabas em Diderot. E, se é verdade que penso que a comparação entre esta modalidade específica de ritmo e o orgasmo masculino (71) era sobretudo produto da vontade que Spitzer sempre teve de quebrar tabus acadêmicos, acho muito elucidativa sua sugestão de que os ritmos tiveram em Diderot uma função de autoignição, incompatível com, e operando mesmo contra, um consistente pensamento sistemático (72).

Mas como é que o ritmo *staccato* de Diderot surge na disposição da página? Vemos seu padrão mais básico nas passagens apresentadas como anotações feitas pela senhorita de Lespinasse da linguagem febril de d'Alembert. Consistem numa série de pequenos grupos de palavras, justapostas sem estruturas de hipotaxe e por vezes apenas separadas entre si por reticências:

> Adiante, adiante; poder-se-ia talvez chicanar-vos; mas não é isso que me preocupa; jamais procuro apenas criticar... Entretanto, voltemos ao assunto. Um fio de ouro muito puro, lembro-me disso, é uma das comparações que ele me apresentou; uma rede homogênea, entre cujas moléculas outras se interpõem e formam talvez outra rede homogênea, um tecido de matéria sensível, um contato que assimila, sensibilidade ativa aqui, inerte ali [...][67]

---

67 "Passons, passons... On pourrait peut-être vous chicaner; mais je ne me soucie pas. Je n'épilogue jamais... Cependant reprenons... Un fil d'or très pur. Je m'en souviens; c'est une comparaison qu'il m'a faite. Un réseau homogène, entre les molécules duquel d'autres s'interposent

Prosa do mundo

A análise que Jean Starobinski faz de *O sonho de d'Alembert* confirma de modo bem entusiástico a proposta de Spitzer sobre o ritmo nos diálogos de Diderot e sua força de autoignição que conflitua com a sistematização conceitual: "é o processo dinâmico graças ao qual a sistematização pode ser adiada" (247).[68] Em seguida, ele se centra sobre a passagem em que Diderot "indelicadamente" descreve as origens da existência física de d'Alembert, e a identifica como ilustração da "orientação para diante" de sua prosa. Vimos que essa passagem começa com uma resposta monossilábica de Diderot à sua própria pergunta sobre o estado original na emergência do "ser maravilhoso" em que seu amigo, o grande matemático, se tornou: "O que era a princípio esse ser maravilhoso? Nada."[69]

Surge depois uma sequência de fato longa e em *staccato* de grupos de palavras curtas (na maior parte dos casos, introduzidas pela fórmula deítica *le voilà*), representando por ordem cronológica cada um dos passos da evolução biológica e social: "ei-lo agarrado à matriz por um longo pedículo; ei-lo, crescendo sucessivamente e avançando para o estado de feto; eis chegado o momento de sua saída da obscura prisão; ei-lo nascido, exposto sobre os degraus de Saint-Jean-Le-Rond [...]".[70] No final, essa

---

et forment peut-être un autre réseau homogène; un tissu de matière sensible; un contact qui assimile; de la sensibilité active ici, inerte là." Diderot, op. cit., p.84.

68 "c'est le procédé dynamique grâce auquel la systematisation peut être remise à plus tard." Starobinski, op. cit., p.247. Tradução minha.

69 "Qu'était-ce d'abord que cet être marvelleux? Rien." Diderot, op. cit., p.59.

70 "Le voilà attaché à la matrice par un long pédicule; le voilà s'accroissant et s'avançant à l'état de foetus [...]; le voilà né, exposé sur les degrés de Saint-Jean-le-Rond". Ibid., p.60.

reiteração de padrões silábicos semelhantes produzirá uma expectativa e uma tensão rumo a uma passagem mais extensa e mais complexa, em que o indivíduo emergente (i.e., d'Alembert) se transforma em exemplo do desenvolvimento biológico e do destino existencial da humanidade. Isso se dá numa linguagem que regressa, por fim, ao ritmo anterior de *staccato*:

> aleitado, tornado grande de corpo e de espírito, literato, mecânico, geômetra. Como se produziu isso? [...] E aquele que expusesse à Academia o progresso da formação de um homem ou de um animal não empregaria senão agentes materiais cujos efeitos sucessivos seriam um ser inerte, um ser sensível, um ser pensante, um ser que resolve o problema da precessão dos equinócios, um ser sublime, um ser maravilhoso, um ser que envelhece, que enfraquece, que morre, dissolvido e restituído à terra vegetal.[71]

Ao invés de ceder à tentação (que, em última análise, seria banal) de atribuir quaisquer funções miméticas aos ritmos da prosa de Diderot, Starobinski expande a intuição de Spitzer sobre sua energia de "autoignição." Ele especula que, ao adaptar o fluxo da prosa a esses ritmos, deixando que eles simplesmente aconteçam, Diderot recuperava um estado de negligência[72] (*impudence*) que lhe permitia transcender não apenas alguns limites

---

71 "Allaité, devenu grand de corps et d'esprit, littérateur, mécanicien, géomètre; comment cela s'est fait? [...] Celui qui exposerait à l'Académie le progrès de la formation d'un homme ou d'un animal n'emploierait que des agents matériels dont les effets successifs seraient un être inerte, un être sentant, un être pensant, un être résolvant le problème de la précession des équinoxes, un être sublime, un être merveilleux, un être viellissant, dépérissant, mourant, dissous et rendu à la terre végétale." Ibid.

72 No texto em língua inglesa, "carelessness". (N. T.)

de pensamento historicamente específicos, mas talvez mesmo os limites funcionais da linguagem enquanto meio utilizado para exprimir e transmitir proposições e conteúdos:

> Para ter colocado com tão negligente certeza a noção de um "oceano de matéria," para ter se libertado tão vigorosamente da tutela espiritualista, era necessário [...] que a palavra, que se declara nascida da matéria, afirmasse e exercitasse com não menos negligência todo o poder de que esta se sente detentora: poder de imitar, de parodiar, de quebrar, depois acorrentar, de variar seu regime, de gerar por deslocamento lateral outras vozes semelhantes e diferentes, de provocar em torno dela a presença de ouvintes reais e imaginários.[73]

Dois dos poderes retóricos capazes de transcender a dimensão de conteúdo de que Starobinski fala, i.e., a ativação da imaginação e a produção de presença, estão de fato intimamente ligadas ao ritmo.[74] Se pudermos considerar as interações humanas mediadas pelo ritmo como interações pertencentes a um tipo de acoplamento (entre sistemas diferentes) que seja não produtivo (no sentido de conduzir até uma repetição potencialmente infinita de formas específicas, ao invés de facilitar

---

73 "Pour avoir posé avec tant d'impudente certitude la notion d'un 'océan de matière,' pour s'être affranchi si vigoureusement de la tutelle spiritualiste, il fallait [...] que la parole, qui se déclare issue de la matière, affirme et exerce avec non moins d'impudence tout le pouvoir dont elle se sent détentrice: pouvoir d'imiter, de parodier, de romper, puis d'enchaîner, de varier son régime, d'engendrer par déplacement lateral d'autres voix semblables et differentes, de provoquer autour d'elle la présence d'auditeurs réels et imaginaires." Starobinski, op. cit., p.273. Tradução minha.

74 Ver: Gumbrecht, "Rhythm and Meaning".

sua inovação constante), a consequência é que os ritmos devem levar até níveis menores de tensão da atenção (daqui talvez a libertadora "negligência" típica da linguagem de Diderot). Porém, sob essa premissa de uma menor tensão da atenção, os seres humanos se abrem a reações corpóreas imediatas às imagens causadas em nossas mentes pelas percepções do ambiente, ao invés de filtrarem essas imagens através de conceitos que adiam qualquer reação física. Em outras palavras, e adaptando às funções do ritmo: reagimos às imagens provocadas pela linguagem rítmica como se os objetos de referência dessas imagens estivessem fisicamente presentes e próximos de nós, ou seja, como se a linguagem rítmica fosse capaz de conjurar os objetos que descreve, como se conseguisse mesmo fazer presentes esses objetos de referência. Assim, o ritmo assume uma decisiva função de apoio no processo da metabolização de conceitos em vida – porque opera a substituição do que é abstrato em nossas mentes, através de imagens e de impressões intimamente ligadas aos objetos de referência.

Poderemos, além do mais, associar o contexto mais amplo dentro do qual os ritmos da prosa de Diderot cumprem tais funções de apoio (e pode ser esse o derradeiro horizonte da intuição comum a Spitzer e a Starobinski) a efeitos e impressões de intensidade. Se acreditarmos na intuição de Deleuze e Guattari (do livro *Mille plateaux*), de que a palavra "intensidade" se refere, invariavelmente, a processos que levam de um estado inicial de contingência (ou entropia) a um estado final de condensação extrema, sem escolha nem variação (ou, recorrendo a uma metáfora da Física: aos buracos negros), poderemos mesmo descrever o efeito acumulado de metabolização das três conversas ficcionais reunidas em *O sonho de d'Alembert* como uma

Prosa do mundo

tal progressão de intensidade. Conforme Diderot afirma no final do primeiro diálogo, ele de fato acreditava na necessidade (ou seja, no oposto da contingência) como princípio que regia a Natureza, mas estava também muito consciente de que essa vindicação não poderia ainda ser garantida pela densidade nem pela precisão das observações científicas de seu tempo.

Então, em termos discursivamente práticos (e, de fato, conforme demonstram os debates contemporâneos em torno do Materialismo), o ponto de partida de qualquer reflexão sobre a Natureza teria de ser um ponto de contingência, isto é, uma expectativa de múltiplas soluções e respostas possíveis para a maioria das questões centrais comuns. *O sonho de d'Alembert* parece ter transformado essas situações iniciais de abertura, contingência e especulação (como caracterizam a primeira das três conversas) num impulso específico de necessidade, não numa necessidade "lógica" ou "causal," claro, mas em um estado de concretude e certeza existencial que aumentava à medida que o texto avançava. Podemos ilustrar essa linha de trajetória com as intuições febris de d'Alembert chegando a uma ejaculação — ou com os crescentes sentimentos de paixão conjurados (mais do que descritos) na conversa entre a senhorita de Lespinasse e Bordeu. Inventar tais processos textuais de intensidade exige um autor que sinta prazer em se intoxicar com as variações e os ritmos de sua própria linguagem; e pressupõe também um leitor que valorize os momentos de condensação existencial, mais do que os rigores da precisão conceitual e científica.

Fora da zona de conforto de autoignição do texto, porém, Denis Diderot acabou pagando um preço por sua negligência e pela consequente falta de tato social. Embora os comentários sobre *O sonho*, nas cartas que enviou a Sophie Volland, nos

Hans Ulrich Gumbrecht

deem a impressão de que ele tentou limitar a circulação do texto mais ainda do que a de obras anteriores, a verdadeira senhorita de Lespinasse e o verdadeiro d'Alembert vieram mesmo a saber da existência do texto pouco depois de sua produção, provavelmente por uma indiscrição de Jean-Baptiste-Antoine Suard, um jornalista que, à semelhança de Diderot, frequentava o salão do barão d'Holbach. Das palavras de protesto atribuídas à senhorita de Lespinasse, não fica claro se suas objeções se relacionavam principalmente com certas conotações relacionadas ao papel que ela tinha no texto (a saber, com sua suposta paixão pelo doutor Bordeu), ou com o risco de perseguição – através da censura – a que Diderot a expusera, a ela e a d'Alembert, apesar de sua própria experiência negativa: "Senhor Diderot, por experiência própria, deveria, ao que me parece, abster-se de falar ou de fazer outros falarem de mulheres que não conhecem".[75]

Quanto a d'Alembert, sabemos que ele exigiu "incondicionalmente" que o manuscrito fosse queimado ou rasgado. Numa carta verdadeiramente "misteriosa"[76] apresentada como "Envoi" para uma versão presumivelmente revisada de *O sonho de d'Alembert*, Diderot parece de tal modo disposto a cumprir essa exigência, a vários níveis (e assim talvez salvar sua já precária "amizade" com d'Alembert), que acaba por enredar-se em contradições. Entre declarar que regressara aos protagonistas

---

75 "Monsieur Diderot, d'après l'expérience qu'il en a, devrait, ce me semble, s'interdire de parler ou de faire parler des femmes qu'il ne connaît point." Diderot, *Correspondance IX*, p.156. Veja-se as páginas seguintes relativas ao contexto dessa citação, assim como a "Lettre d'envoi" que Diderot datou de "Fin Septembre 1769," dedicada a d'Alembert. Tradução minha.

76 Wilson, op. cit., p.570.

Prosa do mundo

originais da Grécia Antiga numa versão revisada do texto, que rasgara mesmo o manuscrito e acabara por refazê-lo depois de uma sugestão de d'Alembert, é impossível chegar a uma conclusão plausível sobre sua verdadeira reação ao protesto de d'Alembert:

Satisfiz seu desejo tanto quanto mo permitiram a dificuldade do trabalho e o pouco tempo que você me concedeu. Espero que a história desses diálogos lhes desculpe as deficiências. O prazer de perceber por si mesmo as próprias opiniões foi o que as produziu; a indiscrição de algumas pessoas os tirou da obscuridade, o amor alarmado desejou seu sacrifício, a amizade tirânica o exigiu, a amizade demasiado fácil o consentiu; eles foram cortados. Você queria que eu reembalasse as peças; assim fiz [...]

Hei de recordá-lo da palavra sagrada que o compromete a não os comunicar a ninguém. Apenas excluo sua amiga. (157)[77]

As duas últimas frases podem ter seguido a dupla estratégia de sugerir a d'Alembert que o texto havia sido escrito somente para autorreflexão do autor — e de endereçar à senhorita

---

77 "J'ai satisfait à votre désir autant que la difficulté du travail et le peu d'intervalle que vous m'avez accordé me le permettaient. J'espère que l'historique de ces dialogues en excusera les défauts. Le plaisir de se rendre compte à soi-même de ses opinions les avoit produits; l'indiscrétion de quelques personnes les tira de l'obscurité, l'amour allarmé en désira le sacrifice, l'amitié tyrannique l'exigea, l'amitié trop facile y consentit; ils furent lacérés. Vous avez voulu que j'en raprochasse les morceaux; je l'ai fait [...].
Je vous rappellerai la parole sacrée qui vous engage à ne les communiquer à personne. Je n'en excepte que votre ami [sic]." Diderot, op. cit., p.157. Tradução minha.

de Lespinasse um gesto de reconciliação. Era tão insuportável a Diderot qualquer ameaça de perder amigos (e até conhecidos), que ele muitas vezes chegava a se humilhar para evitar que isso acontecesse. Portanto, as palavras aparentemente desesperadas de seu "Envoi" podem ter sido originadas por um impulso sincero. Mas, ao mesmo tempo, Diderot tinha um talento particular para escapar de situações de pressão sem grande prejuízo ou problema. *O sonho de d'Alembert* veio a ficar disponível, com o matemático e a senhorita de Lespinasse como protagonistas, para os subscritores de *Correspondência literária* em 1782, um ano antes da morte de d'Alembert e dois anos antes da de Diderot. A senhorita de Lespinasse morrera antes, em maio de 1776.

✳

Depois de ter considerado nos dois capítulos anteriores *O sobrinho de Rameau* e o fascínio de Diderot pela existência humana enquanto existência corpórea, assim como *Jacques, o fatalista* e as batalhas narrativas com os vetores centrífugos da contingência, nossa leitura de *O sonho de d'Alembert* demonstrou que o Materialismo, enquanto terceira dimensão na mundivisão periférica que deu forma ao pensamento de Diderot, lhe interessava mais devido a sua proximidade com as intuições da vida do que por ser um repertório de questões, respostas e problemas filosóficos. Ele utilizou essa proximidade como rampa de lançamento para diferentes transições rumo a efeitos de presença existencial que só os textos ficcionais conseguem concretizar. Essa função exclusiva coloca *O sonho de d'Alembert* ainda mais distante das obras de Goya, Lichtenberg e Mozart do que *O sobrinho de Rameau* ou *Jacques, o fatalista*.

Apesar de conseguirmos demonstrar com facilidade que ao menos Lichtenberg se sentia próximo de posições materialistas,

Prosa do mundo

a música pressupõe inevitavelmente aquilo a que o Materialismo tenta regressar, ou seja, a uma relação com as nossas percepções do mundo baseada na sensibilidade. Por contraste, parece filosoficamente complicado decidir se essa transição de uma relação abstrata com o mundo para uma relação com o mundo baseada na vida poderá de todo acontecer em pinturas e gravuras como as de Goya, porque elas não nos dão nem um ponto de partida puramente conceitual, nem um tempo interno ao longo do qual possa se abrir a intensidade. Sendo um dos mais distintos filósofos da Natureza do final do século XVIII, Georg Christof Lichtenberg de fato previu, nisso à semelhança de pensadores como Helvécio, d'Holbach ou Diderot[78], que as futuras descrições da mente assentariam progressivamente "num materialismo sutil", sendo que essa palavra "sutil" talvez aludisse ao problema então frequentemente referido, a saber, o de não estarem ainda disponíveis as observações que seriam indispensáveis para comprovar de que modo os mecanismos da Natureza funcionavam segundo leis de necessidade:

> Nossa psicologia terminará por assentar no materialismo sutil à medida que formos sabendo mais sobre um lado (a matéria) e no outro lado conseguirmos alcançar para lá de tudo. (F/425)[79]

---

78 Em seu epílogo a uma edição "Insel Taschenbuch" dos "Sudelbücher" (Frankfurt am Main; Leipzig 1984, p.594), Franz H. Mautner refere Diderot como um dos três pensadores fora da Alemanha que mais se assemelhavam a Lichtenberg (os outros dois eram Joubert e Valéry).

79 "Unsere Psychologie wird endlich bei einem subtilen Matierialismus stille stehn, indem wir immer von der einen Seite (Materie) mehr lernen und von der andern über alles hinausgegriffen." Lichtenberg, op. cit.

Alguns motivos materialistas, como o dos corpos e seus órgãos sendo "máquinas", surgem com frequência nas notas de Lichtenberg e várias vezes contêm promessas de descobertas futuras:

> Se a alma é simples, por que é tão complexa a constituição do cérebro? O corpo é uma máquina e assim deve ser composto por partes mecânicas. O fato de o mecânico em nós se prolongar na distância é comprovado sabendo-se que mesmo as partes internas do cérebro são formadas por uma disposição de que provavelmente não conhecemos nem um centésimo. (F/349)[80]

De uma perspectiva diferente e muito mais crítica, Lichtenberg identifica sinais de um antropocentricismo ("conceitualização inata aos homens"), para o qual o Materialismo seria o saudável antídoto no entendimento (para ele pouco complexo) da mente como "alma" (J/568).[81] Por fim, nenhuma tendência intelectual contemporânea causou mais irada reação de protesto em Lichtenberg do que a obsessão de Lavater de interpretar os rostos das pessoas como impressões de traços de caráter e de posicionamentos morais: "Se a fisionomia vier a ser o que

---

80 "Wenn die Seele einfach ist, wozu der Bau des Gehirns so fein? Der Körper ist eine Maschine und muß also aus Maschinen-Materialien bestehen. Es ist ein Beweis daß sich das Mechanische in uns sehr weit erstreckt, da selber noch die innern Teile des Gehirns mit einer Kunst geformt sind, wovon wir wahrscheinlicher Weise nicht den hundertsten Teil verstehen." Ibid.

81 "Die Vorstellung, die wir uns von einer Seele machen, hat viel Ähnliches mit der von einem Magneten in der Erde. Es ist bloß Bild. Es ist ein dem Menschen angeborenes Erfindungsmittel sich alles unter diesen Formen zu denken." Ibid.

Lavater espera que seja, hão de enforcar crianças antes de elas terem cometido os atos que lhes mereçam a forca" (F/521).[82]

Enquanto essa vontade de extrapolar sentido a partir de traços e produtos do comportamento humano haveria de conquistar o reino da música durante os primeiros anos do século XIX, Mozart ainda não concebia suas composições sob essa premissa. Numa comparação detalhada entre as últimas pautas da vida de Mozart e alguns dos concertos para piano de Beethoven, Karol Berger demonstrou como o impacto das posições do sujeito romântico e de suas formas de solidão de fato não começaram a revelar-se antes de 1800.[83] Tanto quanto sabemos, Mozart jamais se importou em estar existencialmente presente, presente enquanto indivíduo, em sua música.[84] Como se elas fossem a vida, ou a própria natureza, ele queria que suas composições ressoassem na sensibilidade daqueles que as ouviam — sem serem nada, senão elas mesmas. E, não obstante seu famoso conteúdo escatológico, provavelmente era suposto funcionar, a um nível diferente, algo semelhante nas cartas de Mozart para sua prima Marianne de Augsburg. Uma análise formal desses textos revelaria o modo como o seu autor permitia que os "ritmos" emergissem em sua prosa e como um "fluxo assim de palavras cujo efeito se adensava para lá de seu conteúdo conceitual deixava

---

82 "Wenn die Physiognomik das wird, was Lavater von ihr erwartet, so wird man die Kinder aufhängen ehe sie den Taten getan haben die den Galgen verdienen." Ibid.

83 Berger, *Bach's Cycle, Mozart's Arrow. An Essay on the Origins of Musical Modernity*, p.293ff.

84 Ver Hildesheimer, p.59. "Sua verdadeira linguagem, a música, se nutre de nascentes que nos são irreconhecíveis, vive de uma força sugestiva que se eleva acima do sujeito da sua sugestão a tal ponto que nos foge. Seu Criador permanece inacessível para nós."

o autor num estado de arrebatamento".[85] Essa observação converge com os momentos de "autoignição" que Spitzer e Starobinski descobriram nos textos de Diderot, incluindo *O sonho de d'Alembert* como tratado produzido pelo Materialismo.

Poderemos identificar na arte de Goya o equivalente dessas transições entre o Materialismo e os efeitos de vida? No final do capítulo anterior, sugeri que a jovem de peito desnudo que encontramos no fim dos *Desastres de la Guerra* (que poderia até ser a resposta pictórica de Goya a uma pergunta acerca da sobrevivência da verdade no seu tempo), junto com a legenda "Esto es lo verdadero" ("Isto é o verdadeiro") talvez tivesse sido feita para representar a vida. Tornar a vida visualmente presente seria, então, o contrapontístico efeito materialista de várias gravuras que, ao invés de mostrarem cenas de tortura, morte ou remoção de cadáveres, versam sobre a acumulação de corpos mortos em seus estados iniciais de decadência: "Enterrar y callar" ("Enterrar e calar") (18) por exemplo, "Tanto y más" ("Tanto e mais") (22), ou "Muertos recogidos" ("Mortos recolhidos") (63). Como vimos, a partir do ângulo do Materialismo do século XVIII, a decadência era vista como um processo de isolamento progressivo entre os elementos básicos da matéria, de fato um contraponto da ativação da vida através da proximidade cada vez maior de átomos e moléculas anteriormente inertes.

O equivalente visual desse contraste surge particularmente condensado, entre imagens de decadência e emergência, de Morte e Vida, na sequência final dos *Desastres de la Guerra*. De acordo com os números sequenciais no canto superior esquerdo de cada gravura, as duas alegorias sobre a possível "Morte da

---

85 Ibid., p.127f.

Verdade" e a alusão de fecho à vida aparecem separadas por uma cena com a legenda "Fiero Monstruo!" ("Monstro feroz!"), em que se vê um "monstro" gigante em forma de cão, devorando minúsculos cadáveres humanos. Ora, se não creio que o próprio Goya tivesse associado esse motivo grotesco a um pensamento como o da tese de Diderot acerca de digestão iniciando o regresso à vida da matéria morta, talvez não seja descabido que os conceitos materialistas tenham um potencial específico de sugerir conexões entre diferentes grupos das gravuras de Goya. A essa observação poderemos acrescentar "Esto es peor" ("Isto é pior") (37) e "Grande hazaña! Con muertos" ("Grande façanha! Com mortos") (38), talvez as duas mais perturbadoras cenas de toda a coleção, nas quais partes dos cadáveres entram em estados de fusão, hibridismo e, em última análise, metabolismo com as árvores às quais estão ligadas e amarradas. De fato, todas as formas que aqui estou apontando na obra de Goya parecem ter em comum um impulso conceitual e existencial com o Materialismo contemporâneo, o impulso de diluir e de eliminar fronteiras categóricas entre coisas, plantas, animais e humanos.

*

Ora, se o Materialismo do século XVIII não pode deixar de parecer-nos absolutamente histórico, quer devido aos níveis rudimentares de conhecimento científico em que tinha de se apoiar, quer devido a seu posterior desvio todo-ofuscante para uma dimensão de protossociologia dentro do Marxismo, suas vindicações básicas há muito se tornaram premissas intelectuais e existenciais demasiado óbvias para sequer serem referidas. Quem, em nosso presente (exceto um ou outro criacionista) alguma vez duvidaria que o aparato cognitivo e o potencial intelectual humano devem ter emergido de configurações básicas da matéria? O movimento que identificamos como central em *O sonho de d'Alembert*, a saber, a transição das observações científicas e dos conceitos abstratos para intuições que conjuram "o milagre da vida" enquanto presença existencial, encontrou sua continuação histórica na "Filosofia da Vida" ("Lebensfilosofie") enquanto discurso modelado no final do século XIX. Ao mesmo tempo que seguiam e em larga medida admiravam o crescimento acelerado do conhecimento científico, alguns de seus mais eminentes pensadores, como Henri Bergson, Wilhelm Dilthey e sobretudo Friedrich Nietzsche, se sentiam forçados a indicar uma também crescente necessidade de reagir a esse movimento com novas concepções da existência individual e coletiva.

Esse não é o lugar para concentrar-me nas circunstâncias específicas que levaram a que a "Lebensfilosofie", principalmente através do eco que algumas de suas posições tiveram no fascismo italiano e no nazismo alemão, caísse em larga e duradoura desgraça intelectual. Essa reação crítica ainda é plausível o suficiente para que sua sombra de legítimo ceticismo cubra qualquer tentativa de reconectar-se diretamente até mesmo com as principais obras e autores da "Lebensfilosofie". Ao mesmo tempo, me surpreende ver que (ainda que isso raramente seja aflorado), além de algumas notáveis exceções individuais,[86] em larga medida a filosofia não conseguiu reconquistar o espaço de reflexão que a "Lebensfilosofie" procurou ocupar como resposta

---

86 Penso sobretudo nas obras de meu amigo Robert Harrison: *Forests, The Dominion of the Dead, Gardens* e *Juvenescence* (todas publicadas pela University of Chicago Press).

ao progresso da Ciência e à necessidade de repensar a dimensão corpórea de nossa existência. Não temos nenhuma nova versão de uma "Filosofia da Natureza" que dialogue com a ciência contemporânea (e possivelmente com novos ramos da Engenharia), e a "Filosofia da Ciência" hoje se limita a uma – por regra muito cautelosa – crítica epistemológica das práticas avançadas de pesquisa e das estratégias na representação de seus resultados. Até mesmo a hábil crítica que Martin Heidegger fez, em seu ensaio de 1938 "A época das imagens de mundo",[87] aos fracassos existenciais inerentes à ciência newtoniana com a insistência na necessidade de desenvolver uma nova relação com a Natureza, de um viés de "Zuhandenheit" ("disponibilidade à mão") em vez de "Vorhandenheit" ("presença à mão"), não teve continuação em suas posteriores reflexões estranhamente piedosas sobre "esquartejado" ("Geviert") como variedade para uma relação existencialmente viável com nosso ambiente material.

Certos motivos do pensamento ecológico atual (ou "ecofilosofia") conseguem, sim, larga ressonância, mas persistem num espantoso antropocentrismo em seus sempre apaixonados manifestos dirigidos quer à sobrevivência infinita da humanidade, quer ao seu castigo "por mau comportamento ecológico", com ameaças de extermínio iminente. Em nossa luta vã para iniciar reações de relevância existencial, entre o respeito excessivo pela ciência e as premissas morais intelectualmente paralizantes, *O sonho de d'Alembert* pode servir como alternativa inspiradora do passado. É claro que seu potencial nada tem a ver com nenhum dos

---

87 Recorreu-se à tradução de Claudia Drucker publicada como material didático da pesquisadora: "A época das imagens de mundo". Disponível em: http://imagomundi.com.br/filo/heidegger_imagens.pdf. (N. T.)

conceitos, imagens e posições historicamente específicos que tentei identificar em seu contexto. Ao contrário, a inspiração potencial deriva da energia, da liberdade e, sobretudo, da negligência com que Diderot anotou alguns pensamentos provocatórios e atitudes de mudança durante uns poucos dias mornos do verão de 1769.

VI
"Que quadros!"[1]
Atos de juízo e a singularidade
dos fenômenos n'*Os salões*

Durante os últimos meses de 1767, o pequeno grupo de aristocratas da Europa do Leste e Central que subscreviam a *Correspondência literária, filosófica e crítica* de Friedrich Melchior (o Barão von Grimm) teve a oportunidade de ler o que Denis Diderot pensava sobre a sua própria aparência e sobre como era representado numa série de retratos, entre os quais um de grande formato, feito por seu velho amigo, o pintor da corte, Louis-Michel van Loo, que havia sido exposto no Salão de pintura e escultura contemporânea desse ano no Louvre.[2] Foram nove as

---

1 "Que quadros!" "Quels tableaux!" Diderot usava muito frequentemente essa exclamação, e sempre como expressão de juízo positivo, quando, em seus debates dos bianuais Salões de Arte de Paris, se referia quer a conjuntos de quadros, quer a obras individuais (por exemplo, na primeira frase de uma reflexão sobre a paisagem e as pinturas marítimas de Claude Josef Vernet, no Salão de 1767). Diderot, *Oeuvres Esthétiques de Diderot*, p.568.

2 "Quadro de van Loo exposto no Salão de 1767, atualmente no Museu de Coutances [...]: A descrição muito precisa de Diderot não permite qualquer dúvida: é o *Diderot* do Louvre, de frente, escrito em

vezes, entre 1759 e 1781, e com três interrupções, que Diderot cobriu esses eventos bianuais para a *Correspondência literária*, em diferentes tons e com níveis diferentes de precisão, e todos os comentadores concordavam que sua escrita sobre arte atingiu seu máximo em 1765 e 1767. Nessa altura, ao invés de analisar quadros e esculturas na ordem pela qual apareciam nas paredes e em alguns espaços abertos do Louvre, ele desenvolveu uma abordagem de comparação, discussão e avaliação das obras de diferentes artistas em segmentos separados.[3]

Em um desses segmentos, a reação de Diderot ao quadro de van Loo, apresentado no catálogo do Salão como "8. Le Portrait M. Diderot" ("8. O Retrato Sr. Diderot"), se destaca porque, começando com uma tripla referência de abertura a si mesmo enquanto objeto de representação, enquanto amigo do artista e enquanto pensador, nos permite intuir uma vontade de independência em relação às afirmações, específicas do gênero, de objetividade, valores estéticos e tradições discursivas que de há muito determinavam a crítica de arte: "EU. Adoro Michel; mas adoro mais ainda a verdade" (509). Nas palavras que surgem depois do pronome "EU," Diderot se refere ao famoso dito de Aristóteles, segundo o qual ele era "amigo de Platão mas ainda

---

seu escritório, e não a réplica do museu de Langres, a três quartos e de mãos juntas" (citado de uma nota de rodapé em *Oeuvres estétiques*, p.509). Escrevi sobre esse retrato no capítulo 2.

3 Essa mudança não fica clara na seleção de textos das *Oeuvres esthétiques* (de onde cito parcialmente e que não inclui os anos iniciais dos *Salões* de Diderot). Para uma visão mais abrangente, veja-se a edição completa de *Diderot: Salons*. Texte établi et présenté par Jean Seznec. Oxford, 1975. (a reação de Diderot ao retrato de van Loo aparece no volume III, p.66*ss*.).

mais amigo da verdade;"[4] "EU" refere a sua parecença no retrato de van Loo; mas o pronome também se conecta com o sujeito gramatical da frase seguinte e pode, por isso, dar mais peso a seu conteúdo como princípio pessoal (a verdade é um valor mais elevado do que a amizade); por fim, essas palavras se reúnem numa forma sintática muitas vezes articulada com atos da faculdade de julgar. Mas, se podemos assumir que priorizar a verdade acima da amizade deve ter sido um princípio moral para os leitores de Diderot, mais do que o resultado de um juízo moral, leremos nessas palavras o anúncio o mais amigável possível de um juízo estético não totalmente positivo do quadro de van Loo.

Nas frases que se seguem, surge uma série de juízos rápidos e diretos referindo a relação entre o retrato e a autoimagem de Diderot, em que gestos amigáveis de aprovação são repetidamente sabotados através de comentários críticos:

> Bastante parecido; ele pode dizer àqueles que não o reconhecem, como o jardineiro da ópera cômica; "É que ele nunca me viu sem uma peruca." Muito vivo; é sua doçura, com sua vivacidade; mas demasiado jovem, cabeça demasiado pequena, bonito como uma mulher, cobiçoso, sorridente, fofo, fazendo boquinha, coração ao pé da boca; nada da sabedoria colorida do *Cardeal de Choiseul* [...].[5]

---

4 Diderot, *Selected Writings on Art and Literature*, p.288. "MOI. J'aime Michel; mais j'aime encore mieux la vérité" (509).

5 "Assez ressemblant; il peut dire à ceux qui ne le reconnaissent pas, comme le jardinier de l'opéra comique; 'C'est qu'il ne m'a jamais vu sans perruque.' Très vivant; c'est sa douceur, avec sa vivacité; mais trop jeune, tête trop petite, joli comme une femme, lorgnant, souriant, mignard, faisant le petit bec, la bouche en coeur; rien de la sagesse de couleur du Cardinal de Choiseul."

Diderot detecta um certo grau de semelhança entre o retrato e ele mesmo, mas acrescenta de imediato que alguns dos visitantes da exposição poderão não ter tido a mesma reação, uma vez que no quadro ele não está usando peruca.[6] Do mesmo modo, a aprovação da vivacidade (*vivacité*) do retrato se transforma em observações e lamentos muito mais persistentes acerca de um efeito visual de efeminação que contrasta com outro quadro de van Loo exibido nesse mesmo ano, em que o Cardeal Choiseul surge vestido "com a cor da sabedoria".

Nossa breve descrição inicial deste texto já apreende uma estrutura básica dos escritos de Diderot sobre pintura. Se sucedem múltiplas referências a pequenos detalhes nas obras de que trata, e suas reações, como unidades elementares sem qualquer convergência ou necessidade aparente. E, apesar disso, o leitor depressa identifica um movimento que vai se dirigindo a uma avaliação positiva ou negativa, e isso devido a uma sintaxe e a um ritmo emergentes nesses juízos, que acentuam uma ou a outra opção (neste caso, a negativa). Quando essa tendência se fixa, Diderot fica livre para se permitir entrar em digressões por vezes irônicas, que pressupõem e acabam por oferecer alguma inconfidência dos círculos culturais de Paris. É nesse espírito que ele refere a linda vestimenta que está usando no retrato (na verdade, fora presente de uma admiradora abastada) como perigo

---

6 As duas edições dos *Salões* não explicam por que Diderot terá atribuído ao "jardineiro da ópera cómica" esse potencial erro de julgamento. Além da possibilidade de referir-se a uma história há muito esquecida, de 1767, o gesto pode ser genérico, no sentido de mencionar alguém que apenas veria Diderot na esfera pública, em que era impossível ele não usar uma peruca.

Prosa do mundo

para suas deduções de impostos: "e depois, um luxo de roupas de arruinar o pobre homem de letras, se o cobrador de impostos vier cobrá-los em seu roupão".[7]

O texto prossegue com uma alternância semelhante entre juízos e subsequentes digressões. Primeiro, Diderot elogia a atenção que van Loo prestou aos objetos ao seu redor em seu local de trabalho ("O escritório, os livros, os acessórios tão bem quanto possível"[8]) e à forma de suas mãos – "exceto a esquerda, que não está bem desenhada" ("De resto, belas mãos bem modeladas, exceção feita à mão esquerda, que não está desenhada"[9]). Depois, continua explicando a ausência, que antes detectara, da seriedade de expressão em seu rosto, e recorda as conversas de cortejamento que a mulher do pintor (referida na terceira pessoa do singular) tivera com ele enquanto o retrato estava sendo produzido: "Foi essa louca senhora van Loo que veio falar com ele, enquanto ele estava sendo pintado, que lhe deu aquele ar, e que estragou tudo".[10] É contra esse fundo que ele imagina, também muito caracteristicamente, o que poderia ter sido uma melhor representação, na ausência da Senhora van Loo:

[...] era preciso tê-lo deixado sozinho e abandoná-lo a seu devaneio. Então, sua boca teria se entreaberto, seus olhares distraídos teriam

---

7 "et puis un luxe de vêtement à ruiner le pauvre littérateur, si le receveur de la capitation vient à l'imposer sur sa robe de chambre."

8 "L'écritoire, les livres, les accessoires aussi bien qu'il est possible."

9 "Du reste, de belle mains bien modelées, exceptée la gauche qui n'est pas dessinée."

10 "C'est cette folle madame Van Loo qui venait jaser avec lui, tandis qu'on le peignait, qui lui a donné cet air- là, et qui a tout gâté." (510)

se afastado, o trabalho de sua cabeça, fortemente ocupada, teria sido pintado em seu rosto; e Michel teria feito uma coisa linda.[11]

Dessa reação já não ambígua e de sua certeza de como um "filósofo" deveria parecer, Diderot avança subitamente para uma perspectiva da posteridade e para uma autoimagem profundamente diferente. Como ele seria lembrado por seus netos? Certamente não com o ar efeminado que via contradizer a seriedade de sua escrita. O verdadeiro problema, como afirma numa passagem que cito noutro capítulo, era que ele possuía a cada dia "cem fisionomias diferentes" –, embora depois negasse a afirmação, dando uma descrição coerente daquilo que acreditava ser seu verdadeiro aspecto:

> Ao longo de um único dia, tinha cem fisionomias diferentes, de acordo com as coisas que me afetavam. Era sereno, triste, sonhador, ternurento, violento, apaixonado, entusiasmado; mas nunca fui tal como aqui me vedes. Tinha uma testa alta, os olhos muitos vivazes, traços bem fortes, a cabeça como a de um orador antigo, uma bonomia que raiava a tolice, o rústico de tempos de antanho. (290)[12]

---

11 "Il fallait le laisser seul, et l'abandonner à sa rêverie. Alors sa bouche se serait entre-ouverte, ses regards distraits se seraient portés au loin, le travail de sa tête, fortement occupée, se serait peint sur son visage; et Michel eût fait une belle chose."

12 "J'avais en une journée cent physiognomies diverses, selon la chose dont j'étais affecté. J'étais sérain, triste, rêveur, tendre, violent, passionné, enthousiaste. mais je ne fut jamais tel que vous me voyez là. J'avais un grand front, des yeux très vifs, d'assez grand traits, la tète tout à fait du caractère d'un ancien orateur, une bonhomie qui touchait de bien près à la bètise, à la rusticité des anciens temps." Diderot, *Oeuvres esthétiques*, p.510. [Gumbrecht refere que citara antes esta passagem

Prosa do mundo

Essa divergência entre a vontade de Diderot de parecer-se com "um orador antigo" e sua impressão de ter "cem fisionomias diferentes", com que ele contraria não apenas o retrato de van Loo, mas qualquer representação sua, é muito difícil de explicar — e pode nos ajudar mais tarde a traçar uma dinâmica pré-consciente em seu pensamento e em sua escrita sobre pintura. Por agora, isso o impele a comparar o quadro em questão a uma série de outros retratos e bustos, entre os quais ele prefere o trabalho de um quase desconhecido, Jean-Baptiste Garand: "Nunca fui tão bem feito quanto por um pobre diabo chamado Garand, que me captou como sucede a um tolo que diz algo bem dito. Quem vê meu retrato de Garand, me vê a mim".[13] A partir desse juízo, o texto deixa de concentrar-se nos detalhes e nas condições de semelhança e começa a se suavizar, com comentários sobre cópias feitas de retratos diferentes e sobre problemas gerais com que outros artistas se debatiam em suas obras retratísticas. Essas mudanças na tonalidade discursiva não somente são mais uma característica da escrita de Diderot sobre pintura, mas também confirmam nossa impressão mais geral de que não era seu forte enquanto autor oferecer contornos e resolução textual.

Em sua oscilação entre atos de faculdade de juízo com referência precisa, digressões anedóticas e narrativas, especulações sobre possíveis obras alternativas e comparações entre quadros diferentes representando objetos idênticos, os comentários de Diderot a propósito do retrato de van Loo é uma ótima leitura — mas

---

("a passage that I already quoted in a previous chapter"), mas de fato esta é a sua primeira ocorrência. (N. T.)]

13 "Je n'ai jamais été bien fait que par un pauvre diable appelé Garand, qui m'attrapa, comme il arrive à un sot qui dit un bon mot. Celui qui voit mon portrait par Garand, me voit." Ibid., p.512.

definitivamente não nos dá a possibilidade de extrair dele nada que chegue perto de um método ou de um conjunto coerente de critérios que ele estivesse seguindo. Ainda assim, a certa altura ele escreveu que os *Salões* constituíam sua melhor obra intelectual, devido a – e não apesar de – sua dinâmica centrífuga:

> É certamente a melhor coisa que tenho feito desde que cultivo as letras, seja como se considere, pela diversidade de tons, pela variedade dos objetos, e pela abundância de ideias que jamais, imagino eu, passou por qualquer cabeça que não a minha. É uma mina de piadas que às vezes são leves, às vezes fortes. Às vezes, é pura conversa, como fazemos junto à lareira. Outras vezes, é tudo o que posso imaginar de eloquente ou de profundo.[14]

Essa autoavaliação, ao mesmo tempo extática e novamente centrífuga, encontra equivalente no âmbito muito confuso das reações críticas à escrita de Diderot sobre pintura. Por um lado, existe a aceitação unânime de que, de um ponto de vista histórico, a "criação da crítica de arte na cultura francesa", ou até mesmo a "invenção da crítica de arte enquanto gênero novo"[15] ocorreu

---

14 Diderot, *Letters to Sophie Volland*, p.148. "C'est certainement la meilleure chose que j'ai faite depuis que je cultive les lettres, de quelque manière qu'on la considère, soit par la diversité des tons, la variété des objets, et l'abondance des idées qui n'ont jamais, j'imagine, passé par aucune tête que la mienne. C'est une mine de plaisanteries tantôt légères, tantôt fortes. Quelquefois c'est la conversation toute pure comme on la fait au coin du feu. D'autres fois, c'est tout ce que je puis imaginer ou d'éloquent ou de profond." Carta a Sophie Volland (10 de novembro de 1765). In: *Correspondance*, vol.V, p.167.

15 Delon, *Album Diderot. Iconografie choisie et commentée par Michel Delon*, p.92. Ver também Jean Seznec na introdução ao primeiro volume de sua edição dos *Salons*, p.16ss, e Paul Vernière in: *Oeuvres esthétiques*, p.439.

Prosa do mundo

em seus *Salões* — ainda que não surja quase nenhuma descrição rigorosa da forma e do conteúdo dessa inovação. Por outro lado, há a observação mais diferenciada de Jean Starobinski, segundo a qual "*é como se* Diderot tivesse inventado a moderna crítica de arte" (*comme s'il l'avait créé*), pois, ao invés de desenvolver uma nova forma de escrita, ele foi o primeiro autor a "assimilar as vozes que rodeavam as obras de arte, a orquestrá-las livremente e a conectá-las com a literatura".[16]

Até aqui, vimos que a caminhada de Diderot rumo a um gênero novo não se apoiava em novos critérios epistemológicos, nem em novas formas discursivas. Em vez disso, marcou um começo, sem que fosse traçada uma possível linha de diferença ou de separação, o que explica por que todas as elaboradas tentativas de circunscrever a prática dos *Salões* de Diderot através de uma fórmula coerente estão condenadas a ser enumerações eternamente repetidas dos mesmos *topoi*, motivos e critérios. Quase todas as referências acadêmicas (incluindo as minhas) citam o autoelogio que Diderot faz de sua crítica de arte como "a melhor parte de sua obra", sua abertura para reconsiderar os ajuizamentos, suas frequentes e flagrantes contradições, suas digressões, seu desejo de ficar intensamente emocionado pelas obras de arte e, sobretudo, sua própria consciência de que estava em jogo uma multiplicidade não coordenada de perspectivas e de valores.[17]

---

16 Starobinski, op. cit., p.335-73, citado aqui a partir da p.336ss.

17 O exemplo mais completo de tal descrição sem contornos conceituais é o ensaio de Jean Seznec "Diderot critique d'art (1967)", in: Schlobach, *Denis Diderot*, p.111-125.

A autocaracterização de Diderot, irônica e pertinente, como "un chien de chasse indiscipliné",[18] ou seja, um "cão de caça indisciplinado", reagindo a qualquer impulso exterior e se atirando para cima de todas as presas (ou seja, para cima de qualquer efeito emocional que se oferecesse), se torna plausível quando passamos em revista as perspectivas e valores que permeavam seu envolvimento intelectual com as obras de arte.[19] Ele queria olhar para os quadros "como um surdo observa as expressões e os gestos de um grupo de pessoas conversando", o que provavelmente significaria que ele queria se concentrar sobre os detalhes mais do que sobre os temas abrangentes das obras. Mas ele também seguia a tradição, que vinha desde Horácio, de lidar do mesmo modo com a pintura e com os textos (*ut pictura poesis*). Além do mais, Diderot queria que sua "alma fosse atingida" por cenas de emoções potentes e esperava que tais momentos tivessem em sua imaginação um efeito estimulante. Numa atitude mais formal, ele tentava identificar a "linha única e clara ligando todos os elementos das grandes obras de arte". Mas preferia objetos de referência "enormes, bárbaros e ferinos" em vez de impressões de harmonia e candura. Diderot apreciava igualmente a verdade, sem jamais preocupar-se em especificar como ela poderia ser identificada e mantida. Como ponto negativo, ele jamais abandonou um preconceito quase agressivo contra todos os tipos de alegorias e contra as rotinas discursivas do maneirismo.

---

18 Ver: Seznec, op. cit., p.115; (também no prefácio ao vol.1 da edição completa dos *Salões*, p.17); Wilson, op. cit., p.524.

19 Ver: Wilson, op. cit., p.526*ss*. O capítulo 58 de sua biografia (p.522-41) é dedicado a "Diderot as Critic and Philosopher of Art" ["Diderot como Crítico e Filósofo de Arte." (N. T.)].

Prosa do mundo

Por mais tenazes que muitos especialistas tenham sido, na tentativa de transformar essa incoerência de Diderot numa virtude de abertura não dogmática,[20] a caracterização de sua prática de crítica de arte com que nos presenteiam é bastante inconclusiva — pois nunca conseguem identificar com precisão a forma ou a substância de sua suposta inovação histórica. A única exceção positiva, além de Starobinski, pode ser o livro de Michael Fried sobre a pintura e o espectador no tempo de Diderot.[21] Ali, ao invés de tentar obter da prática diderotiana de crítica de arte uma concepção abrangente, ou mesmo um "programa", Fried entende que ela é impulsionada por uma tendência nova e provavelmente pré-consciente para deixar o espectador ser "absorvido" para dentro dos espaços tridimensionais imaginados, tendência essa que era mais "dispersa do que concentrada, mais espontânea do que sistemática", um "resíduo de atos de ajuizamento e de interpretação mais do que objeto de cânones imutáveis e leis fixas".

*

Os atos de ajuizamento serão o objeto focal de análise neste quarto e último capítulo, tentando reconstruir as áreas e níveis do enquadramento epistemológico em que a obra de Diderot se encaixa. Escolhi os *Salões* como corpo textual de referência porque, conforme vimos, eles emergem de uma larga variedade de

---

20 Ver, por exemplo, Wilson, p.531: "Mas seu método de articular proposições conflituantes possibilita, torna mesmo inevitável, encontrar em suas obras numerosas afirmações contraditorias. Porventura a maior virtude desse modo de procurar a verdade é que ele pressupõe uma abordagem experimental e não dogmática."

21 Fried, *Absorption and Theatricality. Painting and Beholder in the Age of Diderot.*

práticas de ajuizamento sobre as quais vamos nos concentrar. O conhecimento e as descrições da história da arte serão trazidos e discutidos apenas na medida em que forem necessários para descrever atos de ajuizamento em suas múltiplas dimensões ("morfologia") e seguindo as formas de reiteração e acumulação em que funcionavam ("sintaxe").

Fechar a nossa tentativa de reconstruir a epistemologia informal de Diderot com um capítulo sobre o ajuizamento não foi uma decisão aleatória. Até agora, observamos como várias dimensões contrastantes com a epistemologia da mundivisão histórica, tal como se estabeleceu na corrente predominante das culturas ocidentais entre 1780 e 1830, deram forma, na obra de Diderot, a uma autorreferência específica (e periférica) e à concepção de uma relação com o ambiente em volta. A partir da leitura de *O sobrinho de Rameau*, reconstruímos uma experiência de existência humana como existência corpórea e uma concretude específica na percepção de si e do mundo daí resultante (que pode ser ilustrada pelo contraste entre a singularidade do "sobrinho de Rameau," que tem um nome individual, e o caráter genérico do "filósofo" com que ele interage).

Na análse de *Jacques, o fatalista e seu amo*, vimos depois como Diderot liberou os poderes existencial e intelectualmente avassaladores da contingência (e da complexidade do mundo) em diferentes dimensões e em diferentes dinâmicas temporais, sem tentar sujeitá-los ao controlo des-complexificador de um princípio de "necessidade". Um dos efeitos colaterais disso, como vimos, além da premissa da contingência, foi que as transformações se desenrolavam no tempo sem qualquer ordem ou previsibilidade e, assim, produziam impressões narrativas de singularidade (para as quais Diderot usava o adjetivo

Prosa do mundo

"bizarras"). As três partes de *O sonho de d'Alembert* nos mostraram como o Materialismo do século XVIII agregou, numa abordagem monista, a versão corpórea da autorreferência humana e uma referência do mundo mediada através dos sentidos mais do que através dos conceitos. Incapaz de cumprir a promessa do Materialismo, de demonstrar que todas as relações e desenvolvimentos dentro de seu monismo possuíam o estatuto filosófico de "necessidade", Diderot reagiu a esse fracasso intelectual com uma afirmação extática da vida e de sua intensidade.

Ao contrário da mundivisão histórica (e sobretudo ao contrário dos desenvolvimentos e da sistematização que teriam na filosofia de Hegel), a epistemologia de Diderot fez aumentar o grau de complexidade nas relações entre os humanos e seu ambiente, em todos os níveis de interação. Em outras palavras: o mundo que emergiu de sua epistemologia não reclamou nenhuma ordem inerente, pois uma ordem inerente produziria a impressão de "tudo se encaixar". Por isso, nesse último nível, a obra intelectual de Diderot exigia uma prática de ajuizamento individual como ferramenta para lidar com a complexidade existencial potencialmente infinita e para manter afastada essa complexidade. Tal ajuizamento decorria muitas vezes como luta travada em seus textos contra a esmagadora complexidade, com conotações por vezes desesperadas e por vezes rejubilantes. Que estruturas e imagens específicas do "mundo" essa reiterada prática de ajuizamento acabou produzindo é uma das questões que teremos de encarar nas páginas que se seguem. Ela nos levará a desenvolver um conceito específico de "singularidade".

A descrição e análise dos atos de ajuizamento nos *Salões* de Diderot passará por sete fases. Começaremos com duas abordagens ao conceito de "ajuizamento", uma histórica, ilustrando sentidos diferentes, do terceiro quartel do século XVIII, e a outra sistemática e recorrendo ao livro de Florian Klinger sobre "ajuizamento" como guia para distinguir várias dimensões que confluem na prática da faculdade do juízo ("morfologia"). Após uma descrição dos Salões como instituição cultural do seu tempo (terceira fase), ilustrarei as dimensões simultâneas no ato de ajuizamento com exemplos textuais dos primeiros *Salões* de Diderot (quarta fase). Para uma discussão da "sintaxe" do ajuizamento, em contraponto, recorrerei a seus escritos de crítica de arte de 1765 e 1767, que nos levarão de novo à questão sobre possíveis afinidades nas obras de Goya, Lichtenberg e Mozart (quinta e sexta fase). O capítulo termina avaliando a prática diderotiana de ajuizamento como contributo para a constituição de um conceito específico de mundo.

*

Quem tentar compreender a prática e a filosofia do ajuizamento durante a época do Iluminismo não pode deixar de ter em conta a *Crítica da faculdade do juízo*, de Immanuel Kant. Porém, de uma perspectiva estritamente histórica, essa regra não se aplica no nosso caso, pois a *Terceira crítica* só apareceu em 1790, seis anos depois da morte de Diderot. Além do mais, há motivos bastantes para duvidar que Diderot tivesse a paciência necessária para acompanhar as pertinentes discussões de Kant, em sua sutileza e consequência argumentativa. Ainda assim, os dois pensadores tinham em comum uma premissa fundamental em suas reflexões sobre juízos estéticos. Procurei demonstrar como o ajuizamento veio a se tornar uma atividade central dentro da obra de Diderot, devido ao fascínio dele pelas complexas situações de contingência, mas também pelos efeitos acumulados de

Prosa do mundo

sua frequente incapacidade de cumprir a promessa de desvelar padrões de necessidade nas observações da natureza e da sociedade. Enquadrado em uma estrutura incomparavelmente mais autorreflexiva e rigorosa, o percurso que levou Kant até a *Crítica da faculdade do juízo* obedecia a uma lógica semelhante, pois começava a partir do entendimento de que, em sua convergência, a *Crítica da razão pura* (com sua análise da "compreensão" (*Verstand*) e a *Crítica da razão prática* (com sua análise da "razão" (*Vernunft*) não cobriam todas as reações filosoficamente relevantes do espírito humano ao seu redor. Entre a "compreensão" e a "razão" persistia um horizonte de situações para cuja descrição e análise não estavam disponíveis critérios dedutivos ou indutivos que fossem pertinentes. Mais exatamente, essas eram as situações com que Kant lidava na *Terceira crítica*, e entre as quais, longe de ser a única modalidade em causa, o juízo estético veio a ser fulcral com suas três dimensões de "desinteresse", ausência de critérios quantitativos ou qualitativos e o paradoxo de uma busca de consenso na pura consciência de sua impossibilidade.

Ao contrário, o ensaio de David Hume "Of the standard of taste" ["Sobre o padrão do gosto"], de 1757, não apenas se inicia a partir de premissas semelhantes às de Diderot, mas coloca no centro da atenção algumas condições de que dependeria a prática diderotiana de ajuizamento. A observação de Hume de que os juízos sobre beleza e gosto inevitavelmente pertenciam ao nível do "sentimento", o que significa que apenas se referem a si mesmos, estão certos e não podem reclamar qualquer objetividade, é decisiva. Mas Hume aceita, isso sim, que certos juízos estéticos parecem mais plausíveis do que outros, e explica mesmo essa experiência observando que tais juízos normalmente se baseiam em convenções culturais. Para ele, um bom juiz seria alguém com um "forte senso, aliado a um sentimento delicado, melhorado com a prática, aperfeiçoado pela comparação e livre de qualquer preconceito". Imagino que Diderot teria gostado de aceitar essas palavras para descrever sua própria prática, apesar de que nem a comparação entre obras de arte nem a eliminação do preconceito estavam entre suas maiores preocupações.

Podemos, ainda assim, assumir com alguma certeza que, na *Enciclopédia*, a entrada "Juízo" assinada "D. J." e provavelmente escrita pelo Chevalier de Jaucourt,[22] publicada em 1765, seja o documento histórico mais próximo aos pensamentos que Diderot associava ao "ajuizamento". Existem três aspectos desse texto que merecem ser destacados. Em primeiro lugar, ele associa a prática do ajuizamento com situações caracterizadas por uma ausência de evidências e pelo consequente predomínio da probabilidade:

> Se há coisas que se expõem a nossos olhos com evidência plena, muito mais numerosas são aquelas a respeito das quais temos uma luz obscura, ou, por assim dizer, um crepúsculo de probabilidade. Por isso, o uso e a excelência do juízo se restringem de ordinário a

---

22 A edição online da *Enciclopédia* menciona como autor Louis de Cahusac, um escritor de libretos falecido em 1759. Se é verdade que o ano de sua morte não excluiria necessariamente a possibilidade da autoria de Cahusac (a publicação da *Enciclopédia* foi interrompida em 1757, depois dos primeiros sete volumes, e só foi retomada em 1765, com o surgimento simultâneo dos volumes VIII-XVII), não existem provas de que ele teria a competência exigida por um artigo de conteúdo filosófico ("metafísico"). Ao referir-me ao Chevalier de Jaucourt como autor provável dessa entrada, sigo o conselho de Dan Edelstein, meu colega em Stanford e eminente especialista da história intelectual do século XVIII francês.

Prosa do mundo

observar a força e o peso das probabilidades; em seguida, avaliá-las com justeza; por fim, após ter tudo somado, decidir-se pelo lado que mais pesa na balança.[23]

Se, em segundo lugar, o ajuizamento ocorre "nas trevas da probabilidade" e não à luz brilhante da evidência, ele exige poder e tenacidade intelectual, ou seja, uma disposição que Kant chamaria de "capacidade" do juízo. Eis a passagem que nos interessa, da *Enciclopédia*:

O *juízo* [...] trabalha para aprofundar as coisas, distinguir cuidadosamente uma ideia de outra, e evitar que uma infinidade delas o prive de escolha. [...] É suficiente notar aqui que o *juízo* preciso consiste, em grande medida, em representar-se para si mesmo as ideias com nitidez e ser capaz de distingui-las com exatidão. O espírito que reúne ou separa as ideias tais como elas na realidade são tem um *juízo* reto.[24]

---

23 No original: "S'il y a des choses exposées à nos yeux dans une entière évidence, il y en a un beaucoup plus grand nombre, sur lesquelles nous n'avons qu'une lumière obscure, & si je puis ainsi m'exprimer, un crépuscule de probabilité. Voilà pourquoi l'usage & l'excellence du jugement se bornent ordinairement à pouvoir observer la force ou le poids des probabilités; ensuite à en faire une juste estimation; enfin, après les avoir pour ainsi dire toutes sommées exactement, à se déterminer pour le côté qui emporte la balance." A tradução utilizada aqui e a seguir está presente no volume 6 da edição da Editora Unesp, *Enciclopédia. Metafísica*. Organização de Pedro Paulo Pimenta e Maria das Graças de Souza. Trad. Pedro Paulo Pimenta, Maria das Graças de Souza e Thomaz Kawauche. São Paulo, Editora Unesp, 2017.

24 No original: "Le jugement [...] travaille à approfondir les choses, à distinguer soigneusement une idée d'avec une autre, à éviter qu'une infinité ne lui donne le change. [...] Il suffit de remarquer ici, que c'est à se

Por fim, a *Enciclopédia* dissocia a competência e a faculdade de juízo da erudição e de qualquer processo prolongado de aprendizagem. Ser um bom juiz é uma dádiva da Natureza: "Felizes aqueles que conseguem formar (um *juízo* certo). Mais felizes aqueles a quem a Natureza dotou dessa rara prerrogativa".[25] Lichtenberg foi ainda mais longe na separação entre competência de ajuizar e erudição e agilidade mental, quando descreveu bons juízos como sendo privilégio dos "grandes homens", ou seja, de homens de princípios firmes:

> Homens demasiado sutis raramente são grandes homens, e suas investigações muitas vezes têm tanto de inútil quanto de rigoroso. Eles vão se distanciando mais e mais da vida prática quando deveriam se aproximar dela. Assim como o instrutor de dança ou de esgrima não começa com a anatomia das pernas e das mãos, uma filosofia sólida e útil pode começar muito mais acima do que com sentidos tão sutis. O pé deve estar posicionado desta forma, ou você cairá, você tem que acreditar nisso, pois seria absurdo não o fazer – esses são alicerces muito bons.[26]

Conforme vimos, Denis Diderot se deleitava e se orgulhava de sua prática de juízo estético, mas era muito vago nas reflexões sobre as condições desse juízo. No sétimo e último capítulo

---

représenter nettement les idées, & à pouvoir les distinguer exactement les unes des autres, lorsqu'il règne entre elles quelque différence, que consiste en grande partie la justesse du jugement. Si l'esprit unit ou sépare les idées, selon qu'elles le sont dans la réalité, c'est un jugement droit."

25 Tradução minha. "Heureux ceux qui réussissent à former (un *jugement* droit). Plus heureux encore ceux que la nature a gratifiés de cette rare prérogative."

26 Lichtenberg, *Philosophical Writings*, p.72 (do Caderno de Anotações E, 418).

de seu "Essai sur la peinture", escrito em 1766, mesmo entre seus dois melhores e mais prolíficos *Salões*, ele quase antecipa a observação kantiana de que o "gosto" necessário para apreciar obras de arte não pode se referir a quaisquer critérios estáveis:

> Mas o que significam todos esses princípios, se o belo é uma questão de capricho, e se não existe uma regra eterna e imutável do belo? Se o gosto é um capricho, então de onde vêm essas emoções deliciosas, que surgem tão repentinamente, tão involuntariamente, tão tumultuosamente no fundo de nossas almas [...]?[27]

Na primeira resposta à sua própria pergunta, Diderot declara que nunca deixou de acreditar na legitimidade de tais sentimentos fortes. Em seguida, ele tenta argumentar que "o verdadeiro, o bom e o belo" são qualidades próximas umas das outras o suficiente para se apoiarem mutuamente. Ao mesmo tempo, ele admite o caráter puramente especulativo dessa afirmação: "não é nada, é uma verdade puramente especulativa".[28] Um pouco depois, tal como Hume, Diderot tenta atribuir ao gosto uma fundamentação como "experiência reiterada" e acrescenta que, na ausência de tal fundamentação, é possível confiar no "instinto e no tato":

---

27 "Mais que signifient tous ces principes, si le beau est une chose de caprice, et s'il n'y a aucune règle éternelle, immuable du beau? Si le goût est une chose de caprice, d'où viennent donc ces émotions délicieuses qui s'élèvent si subitement, si involontairement, si tumultueusement au fond de nos âmes [...]" Diderot, *Oeuvres esthétiques de Diderot*, p.736. Tradução minha.

28 "ce n'est rien, c'est une vérité purement spéculative." Ibid. Tradução minha.

Mas o que é o gosto? Uma facilidade adquirida, através de experiências reiteradas, de captar o verdadeiro ou o bom, com o contexto que a torna bela, e de se emocionar com essa beleza, prontamente e vividamente. Se as experiências que determinam o ajuizamento estão presentes na memória, teremos o gosto esclarecido, se a memória delas já passou, e apenas restar a sua impressão, teremos o tato, o instinto.[29]

Mais tarde, Diderot joga com a "sensitividade" enquanto base do gosto, mas depois anula plausivelmente essa ideia, afirmando que um grau particularmente elevado de sensitividade pode tornar-se um problema para a capacidade de fazer distinções. O tratado termina com a afirmação de que, para se reconhecer uma "obra de gênio", que, por definição, tem de ser única, o gênio também tem de estar do lado de quem observa:

Daí a incerteza do sucesso de qualquer obra de gênio. Ela está sozinha. Só é possível apreciá-la trazendo-a imediatamente para mais perto da natureza. E quem pode refazer esse caminho? Outro homem de gênio.[30]

*

---

29 "Qu'est-ce donc que le goût? Une facilité acquise, par des expériences réitérées, à saisir le vrai ou le bon, avec la circonstance qui le rend beau, et d'en être promptement et vivement touché. Si les expériences qui déterminent le jugement sont présents à la mémoire, on aura le goût éclairé; si la mémoire en est passée, et qu'il n'en reste que l'impression, on aura le tact, l'instinct." Ibid., p758. Tradução minha.

30 "De là l'incertitude du succès de tout ouvrage de génie. Il est seul. On ne l'apprécie qu'en le rapprochant immédiatement à la nature. Et qui est-ce qui sait remonter jusque-là? Un autre homme de génie." Ibid., p.740. Tradução minha.

Prosa do mundo

As reflexões de Diderot sobre o juízo de gosto são típicas de um movimento circular de pensamento em que os autores do século XVIII, incluindo, ao mais alto nível de sofisticação conceitual e argumentativa, Immanuel Kant, se viam enredados sempre que tentavam analisar a prática do ajuizamento em geral e do juízo estético em particular. Assumia-se uma falta de evidência (e de critérios estáveis) como condição geral que tornava necessários os ajuizamentos. Porém, uma vez ocorrido o ajuizamento, ele ativava uma necessidade retrospectiva de identificar possíveis critérios sobre os quais ele poderia se fundar. Mas, como não havia modo de satisfazer essa necessidade, ela acabava levando de volta à conclusão de que toda a prática de ajuizamento começava numa falta de evidência.

Para poder escapar a essa circularidade, precisamos parar de pedir critérios de ajuizamento e substituir essa questão por uma análise da complexidade interna que constitui os atos de ajuizamento, uma complexidade que reúne várias dimensões e operações intelectuais. Em seu livro sobre *Judging*,[31] Florian Klinger esteve à altura do desafio dessa tarefa, e com notável precisão conceitual. Recorrerei aos resultados de seu trabalho para desenvolver uma descrição abstrata do ato de ajuizamento, descrição abstrata que depois informará nossa análise histórica da prática de ajuizamento de Diderot em seus *Salões*.[32]

---

31 Klinger, *Urteilen*.

32 É bem possível que nesse meu sumário eu não faça justiça ao grau de diferenciação filosófica com que Klinger opera em sua análise. Mas, mesmo de um nível comparativamente superficial de apropriação intelectual, a descrição que ele faz de sete dimensões diferentes, relevantes para o ato de ajuizamento, deu-me a clarificação decisiva para meu próprio pensamento sobre o tema.

Na verdadeira prática de ajuizamento, normalmente não temos consciência de suas múltiplas dimensões convergentes, que Klinger distingue. Ajuizar, apesar de sua complexidade intrínseca que só se revela através de uma análise filosófica, pode ser (e na maioria das vezes é mesmo) experienciado como parte de nosso processamento permanente e habitual do cotidiano. Como algumas das reflexões do tempo de Diderot já nos demonstraram, atos de ajuizamento se tornam necessários e ocorrem sempre que a evidência está em falta, e é precisamente essa falta de evidência que explica a impressão de complexidade que eles projetam. Ora, enquanto todas as dimensões de ajuizamento se reportam a uma falta de evidência como condição básica, não têm como pertencer ao mesmo nível ontológico. Falando em sentido restrito, portanto, não deveria referir-me a essas dimensões, como já fiz e continuarei a fazer, como "morfologia" — porque isso normalmente pressupõe que todas as formas que compõem as diferentes morfologias (por exemplo, as gramáticas das línguas) pertencem ao mesmo nível de realidade. Se, apesar desse problema, recorro a essa designação, é a partir da perspectiva de uma descrição em que sua pertinência conjunta ao ato de ajuizamento poderá eliminar a diferença ontológica entre as múltiplas dimensões em jogo.

De um ponto de vista histórico, podemos observar flutuações consideráveis para a vida humana quanto à importância atribuída ao ajuizamento. Klinger sublinha (e concordo com ele) que essa apreciação parece particularmente elevada em nosso presente do início do século XXI, e nisso ele segue uma intuição apresentada por Jean-François Lyotard há mais de quarenta anos, segundo a qual a condição fulcral identificada por Kant como específica ao juízo estético (a não disponibilidade de critérios quantitativos ou qualitativos estáveis) tornou-se a premissa geral para o ajuizamento atual. Mas esse aspecto histórico central no livro de Klinger não terá qualquer função no modo em que estou utilizando sua análise para a descrição da prática diderotiana de ajuizamento. Nem eu prestarei atenção específica ao fato de os ajuizamentos que ocorrem nos *Salões* de Diderot serem exclusivamente juízos estéticos. É que, conforme já referi, este capítulo se concentra na performance diderotiana de ajuizamento como parte de sua epistemologia geral – e claramente periférica –, usando os textos dos *Salões* como uma entre diversas ilustrações possíveis dessa prática (não mudaria muito se eu descrevesse o mesmo ato com materiais de base textual diferente).

A primeira dimensão com que Klinger lida em seu livro é a "retidão"[33] (*Richtigkeit*). Aqui, ele desenvolve uma série de aspectos pertencentes à "ausência de evidência" como pré-condição básica do ajuizamento. A retidão pode ser vista como premissa central de uma mundivisão não metafísica em que, primeiro, somos muitas vezes confrontados com uma ausência de evidência impossível de ultrapassar, tendo por consequência a contingência; em que, segundo, não acreditamos que estejam ou devessem estar sempre disponíveis soluções logicamente persuasivas; e em que, terceiro, não perdemos a confiança de que alguns ajuizamentos podem ser mais úteis e mais corretos (*richtiger*) do que outros. Por mais que, em certas condições pareçam semelhantes – e praticamente o sejam – situações

---

33 Não existe um equivalente preciso, na língua inglesa, para o conceito de *Richtigkeit*, com suas fortes conotações práticas e pragmáticas. Apesar de menos elegante do ponto de vista verbal, optei por "rightness" ["retidão"] como tradução predominante, pela proximidade semântica com *Richtigkeit* – se bem que "appropriateness" ["justeza"] e "accuracy" ["rigor"] sejam alternativas idiomaticamente mais convincentes, mas semanticamente menos precisas.

diferentes de contingência, elas sempre são únicas, específicas e singulares, ao passo que as razões que invocamos para fazer e explicar ajuizamentos sempre pertencem a um nível mais elevado de abstração. Podemos, pois, afirmar que, dentro da "retidão", a esfera do "singular" e a esfera do "geral" são convergentes.

Os ajuizamentos produzirão necessariamente "formas" (a segunda dimensão, em Klinger) porque, em situações de contingência, tipicamente escolhemos uma entre muitas possibilidades disponíveis – e não outra(s). Este momento de escolha vem à mente sobretudo quando falamos sobre a faculdade do juízo. A "forma" é a linha divisória entre a(s) opção(ões) selecionada(s) e a(s) opção(ões) não selecionadas. Cada uma das obras de arte sobre as quais Diderot escreveu poderia ser considerada (para ele) boa ou má, poderia ser excelente na cor ou na atenção ao detalhe, poderia parecer carregada de *pathos* ou demasiado abstrata, e ele sempre parecia ansioso por mencionar as opções potenciais que não havia escolhido. Atos subsequentes de ajuizamento produzirão acumulações dessas formas em que eles possam convergir ("caber") ou divergir e utilizo o conceito de "sintaxe" para designar tais efeitos cumulativos. Poderemos achar que as sequências de ajuizamentos e as formas que eles produzem são previsíveis, entediantes, repetitivas. Porém, impressões desse tipo não evitarão que cada sequência seja individual e nova quando surge pela primeira vez (todas se baseiam em atos e, como tal, são performativas).

A terceira dimensão da faculdade de juízo é a sua "positividade" (*Setzung*[34]). A positividade, na explicação de Klinger, cons-

---

34 *Setzung* enfatiza o ato no qual e através do qual as formas passam a fazer parte de uma realidade, enquanto "positividade" acentua o estatuto de realidade de uma forma enquanto consequência do ato que a produziu.

tui um estatuto e um nível de realidade de que se excluem (por exemplo) as especulações – porque as especulações apresentam seus conteúdos como meras possibilidades (de ver o mundo). Pelo contrário, através dos ajuizamentos nós produzimos formas que imediatamente se tornam factuais, fazendo parte de uma realidade (não metafísica). Até mesmo os ajuizamentos que subsequentemente revisamos ou contradizemos (como tantas vezes aconteceu nos *Salões* de Diderot) permanecem factuais, pois, quando ocorreram pela primeira vez, eram eventos cuja facticidade não pode se desfazer.

A "aferição" (*Anmessung*)[35] descerra uma outra dimensão do ajuizamento que se refere à realidade. Atos de ajuizamento não apenas acrescentam à realidade novas formas, mas, fazendo-o, também (e naturalmente) pressupõem que a realidade existe. Ao tentar fazer juízos bons (e não apenas juízos aleatórios), pretendemos levar em conta a realidade existente, com tanto de sua complexidade quanto nos for possível perceber e processar. Poderemos também nos preocupar em saber como as formas que produzirmos irão "encaixar" ou alterar a realidade em modos que esperamos que aconteça. Mas nem é certo no momento do juízo nem se tornará claro numa retrospectiva imediata se isso acabará sendo assim. Por isso, poderemos até afirmar que, mais uma vez, é uma questão de ajuizamento saber se um ajuizamento foi bom, não tão bom ou ruim. Um juiz ou um crítico de arte não pode se descrever como "certo" ou "errado" da mesma maneira que alguém trabalhando numa equação matemática, e ainda assim temos a certeza de que, a longo prazo, é

---

35 O prefixo *an-* em *An-messung* sugere uma referência a um objeto específico de medição, que a palavra inglesa *measurement* não transmite.

possível distinguir bons juízes de juízes ruins, bons críticos de arte e críticos de arte ruins.

A quinta dimensão na análise de Klinger é a "relevância". Os ajuizamentos transformarão a contingência em necessidade, não em "necessidade" no sentido de uma coerência lógica, mas na necessidade de uma forma que precisa ser levada em conta. Objetos ou condições "relevantes" são precisamente aqueles que precisam ser levados em conta em circunstâncias específicas e, portanto, a "relevância" inclui a consciência de que certas formas precisam ser levadas em conta e se tornarão importantes (ou não) dentro de contextos mais amplos. Assim, cada ajuizamento e cada forma, enquanto seu produto, têm seu estatuto específico, suas funções específicas e sua importância específica dentro de horizontes mais amplos, em última análise dentro do horizonte do mundo como um todo.

O "poder" constitui a sexta dimensão do juízo, de acordo com Klinger – e eu gostaria de explorar esse aspecto de dois ângulos diferentes (Klinger menciona apenas o primeiro deles). Os ajuizamentos são eventos e, como tal, fazem acontecer alguma coisa. Nesse sentido, o conceito de Klinger (e até o de Kant) de "poder" converge com seu uso na teoria dos atos de fala, na qual ele refere a sua dimensão "performativa" e a suas funções (por exemplo, o "poder" através da qual um ato de fala executado por um funcionário público transforma duas pessoas num par casado). Mas quero igualmente apontar o "poder" que possui o ajuizamento enquanto energia exigida para produzir formas em situações de contingência – uma energia exigida porque normalmente hesitamos em tomar decisões na ausência de evidência ou necessidade. Este segundo sentido de "poder" se aproxima por vezes de aspectos de agressão: por exemplo,

Prosa do mundo

quando Diderot se sente obrigado a fazer juízos duros sobre certos quadros em particular, apesar de saber que isso prejudicará a reputação dos artistas julgados (e, em alguns casos, os artistas assim julgados negativamente eram amigos de Diderot).

Por fim, existe a dimensão da "poética". Sua precondição e sua pertinência residem na inevitável "opacidade" do ajuizamento, que decorre do desafio de produzir formas em situações que carecem de evidência (e sem recurso a princípios metafísicos). A poética do ajuizamento transforma essa opacidade numa experiência dos contornos e das formas produzidas e, de acordo com Klinger, essa transformação pode produzir intensidade (graus diferentes de intensidade, como ele especifica, dependendo do grau da inovação produzida pela forma em questão). Para os "jogos de linguagem" do juízo estético, Klinger continua sugerindo, essa produção de intensidade é a única razão para existir (eu preferia dizer, com mais cautela, que a intensidade parece muitas vezes ser a principal razão, mas dificilmente é a única razão para a existência dos jogos de linguagem do juízo estético). Seja como for, o próprio efeito de intensidade pode nos ajudar a entender por que Diderot estava tão convencido que em sua crítica de arte ele atingira a parte mais aprazível, e a melhor, de suas atividades intelectuais.

*

Para se entender as formas discursivas que Diderot usou e desenvolveu em sua crítica de arte, é indispensável dispor de algum conhecimento histórico sobre os *Salões* e a *Correspondência literária* como as duas instituições a que sua prática constantemente se referia e de dentro das quais ela emergia. Foi a Académie Royale de Peinture et de Sculpture que tomou a decisão de exibir ao público pintura e escultura contemporâneas em 1663,[36] não por coincidência numa altura em que alguns observadores ousaram pela primeira vez pensar que a arte e a literatura nacional coevas poderiam se comparar e até mesmo competir com obras da Antiguidade grega ou latina. O primeiro Salon abriu na semana da Páscoa de 1667, durante quatorze dias, e desde seu começo a exposição foi pensada e organizada como evento a ser repetido de dois em dois anos.

Surpreendentemente, poucas mudanças estruturais ocorreram entre esse começo e o último Salon, que teve lugar durante a Revolução Francesa de 1791. Desde a sua inauguração, as exposições foram financiadas pelo Rei e decorreram no Louvre, embora tivesse demorado algum tempo até emergir um itinerário definitivo pelo qual as obras pudessem ser vistas (o único elemento invariável de todos os Salons era um retrato do Rei, apresentado como primeiro quadro). Tal como o espaço da exposição, seu calendário também oscilou várias vezes entre os meses de abril e de agosto, até que, em 1746, se decidiu de vez pelo verão e pela abertura ao público durante cerca de vinte dias. Se o número total de obras não teve nunca um limite oficial, cerca de um quarto eram esculturas e a totalidade jamais ultrapassou as 220 – até que, em 1765, subiu para 432, assim se mantendo até 1791.

Ao longo de todo o século que durou sua existência, os Salons estavam sob a responsabilidade administrativa da Académie Royale de Peinture et Sculpture, com sua própria estrutura hierárquica interna. Apenas os membros dessa Academia (em

---

36 A minha descrição histórica dos *Salons* é sobretudo devedora da introdução de Jean Seznec ao primeiro volume de *Salons*, p.8-33.

número ilimitado, ao contrário da Académie Française de língua) tinham permissão – mas não a obrigação – de exibir suas obras, o que veio a motivar muitas estratégias agressivas e confrontos em seu processo de escolha. A cada dois anos, a Académie Royale designava um membro (normalmente, um que não estivesse entre seus mais distintos artistas) para ocupar o lugar de *tapissier*, que se encarregava de escolher os quadros e as esculturas a exibir, determinando seus lugares no itinerário da exposição (os quais, devido às diferentes condições de iluminação e configurações temáticas, tinham impacto considerável nas reações dos visitantes).[37]

Além de tudo o mais, esse *tapissier* organizava a sessão de abertura, representava a Académie e cada um dos Salons na esfera pública emergente, e editava um catálogo (*Livret*), em que se listavam todas as obras expostas, com uma breve descrição, mas sem quaisquer comentários interpretativos. A entrada era gratuita, mas era preciso pagar um preço nada negligenciável pelo *Livret*, o que torna ainda mais notável que, ao fim de poucos anos, tivessem sido produzidas e vendidas vinte mil cópias em sucessivas reimpressões. Sem dúvida nenhuma, em 1750 os Salons tinham se tornado um evento altamente popular na vida cultural de Paris, e faziam parte das raras ocasiões em que se juntavam membros de diferentes estatutos sociais: "Os grandes senhores se queixam de lá encontrarem lacaios [...]. Os burgueses

---

37 Em seu apêndice, os três volumes da edição de Seznec *d'Os Salões* apresenta reproduções de muitas das obras exibidas em 1759, 1761, 1763, 1765 e 1767. A documentação de cada ano é precedida por documentos da planificação dos Salons, que proporcionam uma boa impressão de como as pinturas estavam penduradas e de como as esculturas se distribuíam nos diferentes espaços reservados no Louvre.

vêm em grande número e parecem muito felizes por encontrar um guia benevolente, algum garoto bem-falante, que estudou em pormenor o *Livret*. Os *beaux-esprits*, os intelectuais de então, são igualmente assíduos, alguns pretendem vir todos os dias".[38]

Enquanto na *Correspondência literária* procurava se dar a um punhado de aristocratas por toda a Europa (entre os quais a imperatriz da Rússia, a irmã de Frederico II da Prússia, a rainha da Suécia e o rei da Polônia) uma impressão detalhada e bem-informada, de dentro, da vida intelectual que ia existindo em Paris, o seu editor Melchior Grimm se via incondicionalmente obrigado a cobrir os *Salons*. Durante vários anos ele mesmo cumpriu essa função – até que, em 1759, pediu a Denis Diderot que o substituísse. Ironicamente, apenas um ano antes de ter escrito seu primeiro *Salão*, Diderot formulara um comentário cético sobre o gênero em questão e sobre a competência que ele exigia:

> Nossos simples homens de letras [...] não sabem nada de desenho, nem de iluminação, de coloração, nem da harmonia do conjunto, nem do toque do artista etc. Arriscam-se, a qualquer momento, a elevar aos píncaros uma produção medíocre e a passar, com desdém, ao lado de uma obra-prima da arte.[39]

---

38 "Les grands seigneurs se plaignent d'y rencontrer des laquais [...]. Les bourgeois y sont très nombreux, et semblent fort heureux de trouver un guide bénévolé, quelque garçon beau parleur, qui a étudié de près le 'Livret.' Les beaux ésprits, les intellectuels d'alors, sont aussi assidus, certains prétendent venir tous les jours". Seznec, Introduction, p.12. Tradução minha.

39 "[Nos] simples littérateurs [...] ne s'entendent ni au dessin, ni aux lumières, ni au coloris, ni à l'harmonie du tout, ni à la touché, etc. A tout moment ils sont exposés à élever aux nues une production médiocre et

Embora ele não acreditasse que os artistas estivessem numa posição especialmente melhor para ajuizar sobre suas próprias obras de um ponto de vista estético, Diderot tentou ativamente, ao longo dos vinte e dois anos em que trabalhou com os Salons, ganhar experiência em primeira mão no que dizia respeito a todos os aspectos técnicos da produção artística, e em aumentar seu conhecimento sobre o cânone da história da arte. Ele aproveitou a viagem a São Petersburgo para visitar vários museus e coleções de relevo, percorreu com afinco os estúdios de artistas franceses seus contemporâneos e usou cada oportunidade para passear com eles pelos Salons. Apesar disso, Diderot sabia, conforme confessou a Grimm em 1763, que seu conhecimento e sua experiência jamais seriam totalmente adequados aos múltiplos níveis e dimensões da tarefa que lhe fora entregue:

> Sabe, meu amigo, o que seria necessário para descrever um Salon ao meu gosto e ao seu? Todos os tipos de gostos, um coração sensível a todos os encantos, uma alma suscetível a uma infinitude de diferentes entusiasmos, uma variedade de estilos que correspondesse à variedade de pincéis.[40]

Agora que estamos chegando perto dos textos dos *Salões* propriamente ditos, é importante lembrar que, naturalmente, os

---

à passer dédaigneusement devant un chef-d'oeuvre de l'art." Diderot, *Salons*, p.16. Tradução minha.

40 "Pour décrire un Salon à mon gré et au vôtre, savez-vous, mon ami, ce qu'il faudrait avoir? Toutes les sortes de goût, un coeur sensible à tous les charmes, une âme susceptible d'une infinité d'enthousiasmes différents, une variété de styles qui répondit à la variété des pinceaux." Ibid., p.18. Tradução minha.

leitores da *Correspondência* não poderiam ver as obras sobre as quais ele escrevia, o que explica em parte por que essa prática de ajuizamento tantas vezes surge associada a extensas descrições dos quadros e das esculturas em causa, descrições essas que, numa época de reprodução fotográfica, talvez consideremos desnecessariamente detalhadas. Mesmo assim, imagino que o ritmo dos ajuizamentos de Diderot estivesse mais presente no pensamento de seus primeiros leitores do que as imagens evocadas neles. Dadas as condições altamente restritas (quase secretas, na verdade) em que circulava a *Correspondência*, Diderot certamente sentiu-se tentado a ser particularmente ousado e direto em sua crítica, de um modo que certamente teria evitado se os artistas tivessem a possibilidade de ler seus textos.

Em última análise, Diderot estava indeciso entre o desejo de ter um número de leitores superior ao que a *Correspondência* garantia e o alívio de poder ser honesto e direto sem expor nem magoar em público os artistas:

> Às vezes, me vejo dilacerado por sentimentos opostos. Há momentos em que gostaria que essa obra caísse do céu toda impressa, no meio da capital; mais frequentemente, quando penso na dor profunda que causaria a inúmeros artistas [...] eu lamentaria que viesse a público.[41]

*

---

41 "Je me trouve parfois tiraillé par des sentiments opposés. Il y a des moments où je voudrais que cette besogne tombât du ciel tout imprimé au mileu de la capitale; plus souvent, lorsque je réfléchis à la douleur profonde qu'elle causerait à une infinité d'artistes [...] je serais désolé qu'elle parût." Ibid., p19. Tradução minha.

Prosa do mundo

Nos primeiros dois *Salões* que escreveu, em 1759 e 1761, vemos de fato que Diderot segue o rumo de uma prática intelectual e discursiva que supostamente haveria de familiarizar os leitores com obras de arte que eles não tinham oportunidade de ver. Como já disse, ele seguia as pinturas e as esculturas pela ordem em que apareciam nas primeiras edições do *Livret* — mas, de 1761 em diante, ele começou a formar uma visão mais independente, que reunia as diferentes obras de cada um dos artistas em exposição. Aquilo que Klinger chama de "retidão", ou seja, a ausência de critérios transcendentes ou de autoridade, era a premissa central e quase obsessivamente invocada na morfologia da incipiente crítica de arte de Diderot e em seus atos de ajuizamento. Como se usasse por casualidade um argumento da análise que Kant fez do juízo estético, Diderot, num comentário para seu amigo Grimm, que prefaciou seu segundo *Salão*, escreveu sobre a expectativa de que as opiniões dele e de seu amigo sobre diferentes quadros e esculturas divergissem:

> Eis aqui, meu amigo, algumas ideias que me vieram ao pensamento quando vi as pinturas que expusemos no *Salon* este ano. Atiro-as no papel, sem me preocupar em classificá-las ou em escrevê-las. Haverá algumas verdadeiras, haverá algumas falsas. Umas vezes você vai me achar muito severo, outras vezes muito indulgente. Talvez eu condene o que você aprovaria; farei graça onde você condenaria; você será ainda exigente onde eu já me darei por satisfeito. Não quero saber. A única coisa que está em meu coração é poupar-lhe alguns momentos que você usaria melhor. [42]

---

42 "Voici, mon ami, des idées qui m'ont passé par la tête à la vue des tableaux qu'on a exposé cette année au Salon. Je les jette sur le papier,

Indiretamente, essas palavras tocavam os assinantes da *Correspondência* tanto quanto eram explicitamente dirigidas a Grimm, assim fixando o tom de uma conversa informal (em que Grimm chegou a intervir, nas fases iniciais[43]), mais do que o de um tratado filosófico mais formal. Por vezes, esse tom, enquanto premissa de ajuizamento, levava Diderot a imaginar, com uma amigável autoironia, o quanto ele gostaria de possuir um ou outro dos quadros descritos, e como Grimm, de visita a sua casa, poderia discordar da escolha – ao mesmo tempo que não os poderia ignorar completamente: "Não me incomodaria possuir esse quadro. Todas as vezes que você viesse em minha casa, você diria mal dele, mas haveria de vê-lo".[44]

---

sans me soucier ni de les trier ni de les écrire. Il y en aura des vraies, il y aura des fausses. Tantôt vous me trouverez trop sévère, tantôt trop indulgent. Je condamnerai peut-être où vous approuveriez; je ferai grâce où vous condamneriez; vous exigerez encore où je serai content. Peu m'importe. La seule chose que j'ai au coeur, c'est de vous épargner quelques instants que vous emploieriez mieux." Ibid., p.108. Tradução minha.

43 Por exemplo, no final do segundo dos *Salões* de Diderot, no seguimento de um juízo particularmente favorável sobre um quadro de Greuze: "O Senhor Diderot tem razão. Não seria bom nos extasiarmos demasiado perante este belo quadro. Jamais vi nada tão aprazível, tão interessante, tão suave em seu efeito. Oh! como são belos e tocantes os modos de vida simples, como o espirituoso e o elegante nada são, em comparação!" "M. Diderot a raison, on ne saurait trop s'extasier sur ce charmant tableau. Je n'en ai pas vu de plus agréable, de plus intéressant, et dont l'effet soit plus doux. O que les moeurs simples sont belles et touchantes, et que l'esprit et la finesse sont peu de chose auprès d'elles!" Ibid., p.144-46. Tradução minha.

44 "Je ne serois pas fâché d'avoir ce tableau. Toutes les fois que vous viendriez chez moi, vous en diriez du mal, mais vous le regarderiez." Ibid., p.69. De um modo semelhante, Diderot sempre tinha implícito um juízo positivo quando imaginava que uma obra poderia estar na posse de Grimm: "Gostaria muito mais que esses últimos (quadros)

Prosa do mundo

Noutros casos, especialmente quando se referia a artistas mais jovens, a insegurança de seu ajuizamento o fazia adiar um veredito final: "Esse homem será um grande artista, ou nada. É preciso aguardar".[45]

Porém, era muito mais frequente que a ausência de critérios transcendentes não impedisse Diderot de fazer juízos claros e, assim, de produzir formas múltiplas de distinguir com agudeza aquilo de que gostava daquilo que não apreciava. Paradoxalmente, a insegurança básica parece ter lhe conferido um excepcional nível de liberdade na expressão de suas reações e opiniões. Isso fica particularmente evidenciado no contraste entre suas avaliações finais dos Salons de 1759 e de 1761. No geral e na convergência de diferentes perspectivas mais específicas, ele foi arrasador para o de 1759:

> Temos muitos artistas; poucos bons, nem um excelente; eles escolhem bons temas; mas lhes falta a força; não têm nem espírito, nem calor, nem imaginação. Quase todos pecam pela cor. Muito desenho, nada de ideias.[46]

---

estivessem em seu escritório do que na casa desse vilão Trublet, a quem pertencem." "J'aimerois bien mieux que ces derniers [tableaux] fussent dans votre cabinet que chez ce villain Trublet à qui ils appartiennent." Ibid., p.66. Tradução minha.

45 "Cet homme deviendra un grand artiste ou rien. Il faut attendre." Ibid., p.68. Tradução minha. Diderot se refere a Gabriel François Doyen, que, em 1759, tinha 33 anos.

46 "Nous avons beaucoup d'artistes; peu de bons, pas un excellent; ils choisissent de beaux sujets; mais la force leur manque; ils n'ont ni esprit, ni chaleur, ni imagination. Presque tous pèchent par le coloris. Beaucoup de dessein, point d'idées." Ibid., p.69. Tradução minha.

Dois anos mais tarde, o ajuizamento de Diderot ficou mais decididamente positivo, tão positivo, na verdade, que a impressão o animou a afirmar um estatuto geral de superioridade da arte francesa contemporânea:

> Nunca tivemos um Salon tão bom. Quase nenhum quadro absolutamente mau; mais quadros bons que medíocres e um grande número de excelentes [...]. já não se pinta na Flandres. Se há pintores em Itália e na Alemanha, estão mais dispersos; têm menos quem os emule e quem os encoraje. A França, portanto, é o único país onde esta arte se mantém, e até com algum brilho.[47]

Claro que não parece muito provável que a pintura francesa tivesse melhorado tão drasticamente no espaço de dois anos. Vejo mais, nesse efeito de contrastes, o sintoma da alegria que Diderot sentia em fazer fortes afirmações hiperbólicas e, assim, captar a emoção de seus leitores.

Quando aplicado a obras e artistas individuais, esse tom produzia muitas vezes a positividade de reprovação absoluta e de absoluto elogio – com o efeito de criar classificações pessoais, sempre protegidas pela distância da *Correspondência* em relação à esfera pública e aos olhos dos artistas. Era frequente Diderot nem se preocupar em justificar seus juizos, ou em descrever as percepções sobre as quais estes se baseavam:

---

47 "Jamais nous n'avons eu un plus beau Salon. Presque aucun tableau absolument mauvais; plus de bons que de médiocres, et un grand nombre d'excellents [...]. On ne peint plus en Flandre. S'il y a des peintres en Italie et en Allemagne, ils sont moins réunis; ils ont moins d'émulation et moins d'encouragement. La France est donc la seule contrée où cet art se soutienne, et même avec quelque éclat." Ibid., p.140. Tradução minha.

Prosa do mundo

Há uma má Adoração dos Reis Magos, de Colin de Vermont. De Jeurat, uns Cartuxos em Meditação; ainda é pior, silêncio nenhum; nada de selvagem; nada que lembre a Justiça divina, nenhuma ideia, nenhuma adoração profunda; nenhum recolhimento interior; nada de êxtase; nada de terror.[48]

Até mesmo ele não lembrar certas obras referidas nos *Livrets* poderia levar a juízos de valor negativos: "Não me lembro de ter visto [...] os outros quadros de Challe. Conheceis a desdenhosa inadvertência com que passamos pelas composições medíocres".[49] Neste espírito de crescente confiança, Diderot começou por transformar o seu próprio entusiasmo por algumas obras em particular e, muito surpreendentemente, a sua resistência aos detalhes noutras pinturas que não o convenciam por completo, em elogio ou reprovação dos artistas que as haviam criado. Numa passagem do *Salão* de 1761, uma dessas reações positivas aos efeitos de "audacidade e força", numa obra de Jacques Dumont le Romain, acabou mesmo por prevalecer sobre o incondicional preconceito usual em Diderot contra qualquer tipo de alegoria:

Sabeis que nunca aprovei a mistura entre seres reais e seres alegóricos, e o quadro sobre a *Proclamação da Paz em 1749* não fez com que

---

48 "Il y a de Colin de Vermont une mauvaise Adoration des Rois. De Jeurat, des Chartreux en meditation; c'est pire encore, point de silence; rien de sauvage; rien qui rapelle la Justice divine, nulle idée, nulle adoration profonde; nul receuilment intérieur; point d'extase; point de terreur." Ibid., p.64. Tradução minha.

49 "Je n'ai pas mémoire d'avoir vu [...] les autres tableaux de Challe. Vous sçavez avec quelle dédaigneuse inadvertence on passe sur les compositions médiocres." Ibid., p.66. Tradução minha.

mudasse minha opinião. Os seres reais perdem sua veracidade ao lado dos seres alegóricos, e estes sempre lançam na composição alguma obscuridade. A porção de que aqui se trata não é sem efeito. Está pintada com ousadia e força. É com certeza uma obra de mestre.[50]

Enquanto uma entre várias dimensões da faculdade do juízo, a aferição se tornou claramente mais importante para Diderot entre o Salon de 1759 e o de 1761. Qualquer detalhe que ele identificasse como improvável contra sua própria percepção da realidade era excluído de uma avaliação favorável. Eis um exemplo, referente a uma outra "Adoração dos Reis Magos", também notável como caso antecipado das digressões irônicas em que Diderot se deleitaria em seus anos derradeiros:

> Me diga como uma almofada colorida pode surgiu em um estábulo onde a miséria acoitou mãe e filho, e onde a respiração de dois animais aquece um recém-nascido na rudeza da estação? Aparentemente, um dos reis enviara por seu escudeiro uma almofada para mais comodamente se prostrar.[51]

---

50 "Vous savez que je n'ai jamais approuvé le mélange entre des êtres réels et des êtres allégoriques, et le tableau qui a pour sujet la *Publication de la Paix en* 1749 ne m'a pas fait changer d'avis. Les êtres réels perdent de leur vérité à côté des êtres allégoriques, et ceux-ci jettent toujours quelque obscurité dans la composition. Le morceau dont il s'agit n'est pas sans effet. Il est peint avec hardiesse et force. C'est certainement l'ouvrage d'un maître." Ibid., p.108. Tradução minha.

51 "Dites-moi comment un coussin de couleur a pu se trouver dans une étable où la misère réfugiait la mère et l'enfant, et où l'haleine de deux animaux réchauffait un nouveau-né contre la rigueur de la saison? Apparamment qu'un des rois avait envoyé un coussin d'avance par son écuyer pour pouvoir se prosterner avec plus de commodité." Ibid., p.134. Tradução minha.

Prosa do mundo

Considerar os quadros contra sua própria visão da realidade também viria a ser a base a partir da qual Diderot fazia sugestões aos artistas sobre como deveriam imaginar e representar cenas históricas ou mitológicas:

> Não basta que me mostrem em Psique a curiosidade de ver o Amor; eu tenho de perceber ainda o medo de despertar. Ela deveria ter a boca entreaberta e estar com medo de respirar. É o seu amante que ela vê pela primeira vez, em risco de o perder. Que alegria de vê-lo, e de o ver assim belo![52]

Dessa aferição das obras em particular, através de suas próprias ideias sobre a representação de certas temáticas foi somente um pequeno passo até a comparação de obras expostas nos Salons com quadros dos mestres canonizados, ou com os efeitos de outros gêneros e tradições nacionais. Assim, Diderot gostava de invocar a exuberante imaginação de Rubens e de apontar o gosto italiano como medida para os efeitos drásticos que depois fazia convergir com suas próprias visões, muitas vezes prejudicando artistas menos famosos:

> Finalmente, do Sr. Briand, há uma *Passagem das Almas do Purgatório para o Céu*. Este pintor relegou seu purgatório para um canto do seu quadro. Só algumas figuras dali escapam em uma tela de extensão

---

52 "Ce n'est pas assez de me montrer dans Psyché la curiosité de voir l'Amour; il faut que j'y aperçoive encore la crainte de s'éveiller. Elle devrait avoir la bouche entr'ouverte et craindre de respirer. C'est son amant qu'elle voit, qu'elle voit pour la première fois, au hasard de le perdre. Quelle joie de le voir et de le voir si beau!" Ibid., p.119. Tradução minha.

imensa [...]. Lidar com tal tema exigiria a força de ideias, das cores e da imaginação de Rubens, e experimentar uma daquelas máquinas que os italianos chamam de *opera da stupire*. Uma cabeça fecunda e ousada teria aberto o ígneo golfo na parte inferior de seu quadro; haveria de ocupar toda a extensão e toda a profundidade.[53]

Desde logo na página de abertura de seu *Salão* inaugural, o impacto emocional dos quadros e das esculturas em Diderot – ou a ausência desse impacto – surgia como critério central (se não único) de relevância em sua prática de ajuizamento. Ele descrevia esses "efeitos" como inescapáveis e impossíveis de conjurar pela vontade de qualquer espectador. Ou então, de um outro ângulo, Diderot pressupunha que a psique do espectador (i.e., a sua própria psique) era o contexto subjetivo derradeiro em que as formas, cores e conteúdos objetivos das obras de arte poderiam revelar certas funções – ou não: "Me lembro que a Anunciação é tratada de maneira seca, rígida e fria; que não tem efeitos".[54] Pelo contrário, alguns parágrafos adiante, admitia que um doente pintado por Josef-Marie Vien tinha "provocado um efeito" nele (65). Apesar de passagens como essa, e embora a dimensão de relevância já ocupasse um lugar importante em seus

---

53 "Enfin il y a d'un M. Briand un *Passage des âmes du purgatoire au ciel*. Ce peintre a relégué son purgatoire dans un coin de son tableau. Il ne s'en échappe que quelques figures perdues sur une toile d'une étendue immense [...]. Pour se tirer d'un pareil sujet, il eût fallu la force d'idées, de couleurs et d'imagination de Rubens, et tenter une de ces machines que les Italiens appellant *opera da stupire*. Une tête féconde et hardie aurait ouvert le gouffre de feu au bas de son tableau; il eût occupé toute l'étendue et toute la profondeur". Ibid., p.136. Tradução minha.

54 "Je me rappelle que l'Annonciation est traitée d'une manière sèche, roide et froide; qu'elle est sans effet". Ibid., p.66. Tradução minha.

Prosa do mundo

primeiros *Salões*, Diderot se desiludia muitas vezes com a experiência de certas obras expostas – entre elas, especificamente muitas das esculturas – que não lhe "diziam" nada:

> Talvez haja coisas belas entre os quadros de que não vos disse nada, e entre as esculturas de que não vos falo: é porque ficaram mudos, nada me disseram.[55]

Um dos motivos para essa desilusão poderia ter a ver com a ausência de familiaridade reflexiva, da parte de Diderot, com as inclinações de seu próprio gosto. Provavelmente, ele não sabia ainda que tipo de arte mais ecoava em si. Só nos últimos anos Diderot viria a ter plena consciência (e ele o afirmou explicitamente) de que os quadros com temas de grande carga moral o despertavam mais do que qualquer outro gênero, o que levou a uma mudança considerável no foco de sua escrita sobre arte e nas formas de seus ajuizamentos.

Ao contrário da perspectiva da relevância, a dimensão de poder quase não deixou vestígios na prática de ajuizamento dos *Salões*. Podemos certamente especular que, ao passo que as instituições bem circunscritas definem com grande rigor os efeitos (o "poder", no léxico de Klinger) de diferentes atos de ajuizamento (sendo o exemplo mais óbvio o caso da sala de um tribunal), as situações menos formais (entre as quais se encontra a ida a uma exposição de arte) têm seu horizonte de "poder" no impacto emocional espontâneo que os momentos de experiência

---

55 "Peut-être y a-t-il de belles choses parmi les tableaux don't je vous ai point parlé, et parmi les sculptures don't je ne vous parle pas: c'est qu'ils ont été muets, et qu'ils ne m'ont rien dit." Ibid., p.138. Tradução minha.

subjetiva podem produzir – o que significaria que, nesses casos institucionalmente informais, o "poder" converge com aquilo que tenho chamado de "relevância". Ao mesmo tempo, vimos como, assim que Diderot ultrapassou suas dúvidas e inseguranças iniciais, o ajuizamento se tornou uma atividade fácil para ele e que não lhe exigia esforço algum, nem poder de autoconvicção. Por fim, há um excerto interessante no primeiro *Salão*, em que ele decidiu excluir de sua avaliação estética o poder dos detalhes eróticos de um certo quadro, porque associava esse poder específico mais com a excitabilidade erótica ("o vício") do espectador do que com o "talento" e o "ajuizamento" do artista:

> Existe volúpia nesta pintura, pés descalços, coxas, mamilos, nádegas; e talvez seja menos o talento do artista do que o nosso vício o que nos detém. A cor realmente brilha. As mulheres ocupadas em servir as figuras principais se apagam com ajuizamento; verdadeiras, naturais e belas, sem causar distração.[56]

No caso da poética dos primeiros *Salões* de Diderot, ela manifestou-se a partir de um nível muito elementar. Juntos, os ajuizamentos que não tinham muitas nuances nem exclamações ingênuas estabeleciam o tom. Claro que cada exclamação traçava uma linha de separação entre obras consideradas irrelevantes e obras para as quais ele pretendia atrair a atenção de seus

---

56 "Il y a de la volupté dans ce tableau, des pieds nus, des cuisses, des tétons, des fesses; et c'est moins peut-être le talent de l'artiste qui nous arrête que notre vice. La couleur a bien de l'éclat. Les femmes occupées à servir les figures principales sont éteintes avec jugement; vraies, naturelles et belles, sans causer de distraction." Ibid., p.64. Tradução minha.

leitores, e acerca das quais ele se forçava a escrever, uma vez que os assinantes da *Correspondência literária* não podiam vê-las. Assim, na maior parte dos casos, as exclamações assinalavam momentos de juízo de valor positivo para Diderot, e também momentos felizes, pois, como ele escreveu numa nota para Grimm no começo do primeiro *Salão*, acima de tudo ele estava gozando os impulsos de admiração e de louvor:

> Muitos quadros, meu amigo; muitos quadros ruins. Gosto de elogiar. Fico feliz quando admiro. Não quero mais do que estar feliz e admirar.[57]

Em contrapartida, quase nunca fazia o esforço de se abalançar a comparações complexas e ainda não se permitia abrir o *staccato* dos atos de ajuizamento àquelas longas digressões cujas flutuações genéricas e intelectuais mais tarde dominariam seu discurso crítico.

Mais do que confiar na autorreflexão conceitual ou em experimentos discursivos, Diderot deixou que a opacidade de suas reações se transformasse numa transparência não proposital em momentos de negligência que provavelmente emergiam de seus ritmos de ajuizamento e da intensidade que produziam. Se levarmos a sério essas passagens, elas nos causam a impressão de que a escrita dos *Salões* de Diderot se apoiava em grande medida numa atitude casualmente maliciosa e condescendente em relação aos artistas. Por exemplo, detalhes eróticos bem pintados

---

57 "Beaucoup de tableaux, mon ami; beaucoup de mauvais tableaux. J'aime à louer. Je suis heureux quand j'admire. Je ne demandois pas mieux que d'ètre heureux et admirer." Ibid., p.63. Tradução minha.

invariavelmente viravam ocasiões para ele imaginar impulsos de desejo carnal primário no processo de produção de uma obra:

A cabeça [da ninfa] tem uma juventude, graciosidade, verdade, nobreza. Por toda parte há uma moleza carnal; e aqui e ali verdadeiros detalhes que fazem crer que o artista não se poupou nos modelos. Mas como fará para os encontrar assim belos?[58]

Grotescas fantasias físicas ou sexuais, assim como jogos de palavras suscitadas pelos quadros, surgem amiúde entre passagens de crítica detalhada e juízos negativos devastadores:

E esse julgamento de Páris? O que posso vos dizer? O lugar da cena parece ter sido uma paisagem remota, silenciosa, deserta, mas rica; parece que a beleza das deusas deve manter o espectador e o juiz na incerteza; que só se poderia conhecer o verdadeiro caráter de Páris por um golpe de gênio. O Senhor de la Grenée não viu tantas dificuldades. Ele estava longe de suspeitar o efeito sublime da cena. Seu jovem sátiro que ri da flauta de Pan tem mais garganta do que uma garota. O resto é cor, tela e tempo perdido.[59]

---

58 Tradução minha. "La tête [de la nymphe] a de la jeunesse, des grâces, de la vérité, de la noblesse. Il y a partout une grande molesse de chair; et par ci par là des vérités de detail qui font croire que l'artiste ne s'épargne pas les modèles. Mais comment fait-il pour en trouver des beaux?" Ibid., p.69. Tradução minha.

59 Tradução minha. "Et ce jugement de Pâris? Que vous en dirai-je? Il semble que le lieu de la scène devoit être un paysage écarté, silencieux, désert, mais riche; que la beauté des déesses devoit tenir le spectateur et le juge incertain; qu'on ne pouvoit rencontrer le vrai caractère de Pâris que par un coup de génie. Mr de la Grenée n'y a pas vu tant de difficultés. Il étoit bien loin de soupçonner l'effet sublime du lieu de la scène.

Prosa do mundo

No conjunto, havia mais energia do que sutileza, mais espontaneidade do que estilo pessoal reconhecível nas diferentes dimensões (na "morfologia") da prática inicial de ajuizamento de Diderot. Com certeza, em suas preferências e critérios a coerência não lhe preocupava. Mas já entre 1759 e 1761 a tarefa que ele empreendera inicialmente sem grande entusiasmo começou a lhe importar. Provavelmente, menos devido a uma apreciação particular das obras sobre as quais escrevia, e mais pela oportunidade de processar seu pensamento e sua capacidade de ressonância emocional num elevado nível de intensidade.

*

Conforme referi, existe um consenso bem fundamentado entre os especialistas de que a qualidade dos textos em que Diderot se dedica à crítica de arte, quer em termos de mestria discursiva, quer de gozo palpável, atingiu seu apogeu nos *Salons* de 1763, 1765 e especialmente 1767.[60] De um ponto de vista estrutural, também fica evidente como os textos mais extensos, que ele então começou a dedicar a obras individuais, começava agora a abrir para séries de acumulações das formas que emergiam de seus atos de ajuizamento, assim produzindo um efeito que já chamei de "sintaxe" da sua prática. Creio que foi através dessa sintaxe, e através das cada vez mais frequentes digressões que dela resultavam, que a crítica de arte de Diderot veio a influenciar profundamente sua relação com o mundo ao redor,

---

Son jeune Satyre qui s'amuse du sifflet de Pan a plus de gorge qu'une jeune fille. Le reste, c'est de la couleur, de la toile et du temps perdu." Ibid., p.66. Tradução minha.

60 Ver, entre outros: Wilson, op. cit., p.527; Fried, op. cit., p.109; Seznec, op. cit., p.16.

influência essa que o levou a dar mais atenção à singularidade dos fenômenos individuais e mais o dispôs a se relacionar com eles.

Ao mesmo tempo, e enquanto continuava a tentar cumprir a função de oferecer a seus leitores um arrolamento completo das obras exibidas a cada dois anos, foi durante a década de 1760 que Diderot desenvolveu uma preferência e uma sensibilidade mais diferenciada por um gênero de pintura inovador naquele tempo, concentrado em temas particularmente carregados de *pathos*. Dentro desse horizonte, de longe a maioria de suas páginas foi dedicada a obras de Jean-Baptiste Greuze, que gozou da valorização de Diderot em sua polêmica com a Académie Royale sobre o novo estilo. Apesar de uma série de tentativas sofisticadas de tornar o trabalho de Greuze valioso para o nosso gosto atual com base em uma historicização em vários níveis, acho difícil – para não dizer improvável – encontrar hoje prazer estético nessas pinturas. É que, além de um grau comparativo de resistência contra a convergência entre intenções morais e exuberância pictórica, que é o cerne das obras de Greuze, também perdemos um pouco do desejo de ressonância emocional direta que era tão natural para Diderot e seus contemporâneos.

Ora, se em nossa análise dos *Salões* de 1759 e 1761 tentamos ilustrar acima de tudo as dimensões e as formas da prática de ajuizamento de Diderot, irei agora me concentrar, em relação a cinco quadros individuais, sobre como o efeito cumulativo de atos subsequentes de ajuizamento transformou sua consciência quanto à especificidade das obras em questão e até mesmo quanto à especificidade dos fenômenos representados. Dito de outro modo: em vez de subsumir as pinturas em conceitos genéricos, o seu discurso fez com que cada vez mais essas obras e seus objetos de referência emergissem num novo estatuto

Prosa do mundo

de singularidade. Um texto particularmente entusiástico, escrito em 1763, se referia a um dos vários retratos da esposa de Greuze pintados por seu marido. Depois de uma frase de abertura que antecipava o julgamento excessivamente positivo de Diderot ao aludir ao preço "ilimitado" que esta obra poderia vir a render, ele continuou com uma série de exclamações elogiando aspectos "verdadeiros" da aparência da senhora Greuze e de suas roupas, sem distinguir claramente entre a beleza dela e os feitos do marido enquanto pintor:[61]

> Juro que este retrato é uma obra-prima que um dia não terá preço. Como ela usa o cabelo! Como esse cabelo castanho é real! Como vai bem esta fita que aperta a cabeça! Que linda é essa longa trança que ela levanta com uma das mãos nos ombros e que volteia várias vezes em seu braço! Eis o cabelo, por fim![62] .

Então, Diderot se concentrou durante um instante na representação igualmente "verdadeira" de suas mãos como uma realização técnica do artista, para logo regressar à perspectiva anterior, em que não distinguira entre o retrato e a pessoa

---

61 O retrato em questão pertence àquelas obras para as quais o suplemento dos *Salões* de Seznec não fornece uma documentação pictórica. Isso significa que, na leitura do texto de Diderot, nos encontramos numa situação semelhante à dos leitores da *Correspondência literária* em 1763.

62 "Je jure que ce portrait est un chef-d'oeuvre qui, un jour à venir, n'aura point de prix. Comme elle coiffée! Que ces cheveux châtains sont vrais! Que ce ruban qui serre la tête fait bien! Que cette longue tresse qu'elle relève d'une main sur les épaules et qui tourne plusieurs fois autour de son bras, est belle! Voilà des cheveux, pour le coup!" Diderot, *Oeuvres esthétiques*, p.530. Cito os textos escritos para os *Salões* entre 1773 e 1781 editado por Paul Vernière.

retratada: "É preciso ver o cuidado e a verdade com que são pintados o interior dessa mão e as dobras de seus dedos. Que sutileza e que variedade de tons na testa."[63]

Nesse momento, nos apercebemos de uma mudança discursiva. Diderot se refere a outros críticos que consideraram a imagem da senhora Greuze muito "séria e honesta", o que lhe permite mencionar que ela estava grávida quando seu marido fez o retrato. Deixando de ser apenas um retrato geral da senhora Greuze, o quadro passa a ser uma representação da senhora Greuze em um momento específico de sua vida:

> Censuramos nesse rosto sua seriedade e sua gravidade; mas não é esse o carácter de uma mulher prenhe, que sente a dignidade, o perigo e a importância da sua condição? [...] Por que não censuramos também essa tez amarelada nas têmporas e na direção da testa, esse pescoço pesado, esses membros que caem e essa barriga que começa a se fazer notar?[64]

Ainda de um outro ângulo, Diderot acrescenta a impressão de que esta obra supera todas as pinturas penduradas perto dela ("esse retrato mata todos os que estão em redor"[65]) e assim

---

63 "Il faut voir le soin et la vérité dont le dedans de cette main et les plis de ses doigts sont peints. Quelle finesse et quelle variéteé de teintes sur le front". Ibid. Tradução minha.

64 "On reproche à ce visage son sérieux et sa gravité; mais n'est-ce pas là le caractère d'une femme grosse qui sent la dignité, le péril et l'importance de son état? [...] Que ne lui reproche-t-on pas aussi ce teint jaunàtre sur les tempes et vers le front, cette gorge qui s'appesantit, ces membres qui s'affaissent et ce ventre qui commence à se relever?" Ibid. Tradução minha.

65 "ce portrait tue tous ceux qui l'environnent". Ibid. Tradução minha.

Prosa do mundo

chega, após mais alguns elogios à técnica de Greuze, a um tipo diferente de relacionamento entre ele próprio e o corpo feminino representado, relação que viria a ser central para a sua escrita de crítica de arte:

> A delicadeza com que a parte inferior desse rosto é tocada e a sombra do queixo projetada no pescoço é extraordinária. Ficaríamos tentados a passar a mão naquele queixo, se a austeridade da pessoa não detivesse o elogio e a mão.[66]

A separação entre as diferentes partes do corpo em uma série de julgamentos individuais foi, sem dúvida, condição para esse desejo de tocar o queixo da senhora Greuze – com o qual Diderot entra no espaço do quadro em seu próprio imaginário. Este é o efeito de "absorção" descrito e analisado no estudo de Michael Fried sobre a arte do final do século XVIII na França. Pela primeira vez estamos perante uma transição do ritmo de ajuizamento para uma digressão que preencherá um espaço tridimensional imaginado, como estava prestes a se tornar típico dos *Salões* de Diderot em meados da década de 1760. Com base nisso, não nos surpreendemos mais ao ler que, no final, a senhora Greuze parecia estar viva e olhando para Diderot (e para seus leitores):

---

66 "La délicatesse avec laquelle le bas de ce visage est touché et l'ombre du menton portée sur le cou est inconceivable. On serait tenté de passer sa main sur ce menton, si l'austérité de la personne n'arrètait et l'éloge et la main." Ibid. p.530-31. Tradução minha.

Colocai uma escada entre esse retrato e vós, vede com um óculo, e vereis a própria natureza; vos desafio a negar perante mim que esta figura vos olha e vive.[67]

Diderot terminou a passagem com uma explicação, disfarçada sob a forma de conselho para Greuze, sobre a condição emocional que o capacitaria para sempre a produzir efeitos tão soberbos: "Ah! Senhor Greuze, quão diferente você é de si mesmo quando é a ternura ou o interesse que guia seu pincel!"[68]

Quando, dois anos mais tarde, Diderot escreveu sobre um outro retrato da senhora Greuze, também pintado por seu marido, primeiro pareceu se conectar diretamente com seu motivo de apego emocional e erótico enquanto premissa para a grande arte: "Esse pintor está com certeza apaixonado por sua mulher; e não se enganou."[69] Mas depressa seus ajuizamentos seguiram um rumo diferente, oscilando entre a reserva, a apreciação e a rejeição:

---

67 "Mettez l'escalier entre ce portrait et vous, regardez-le avec une lunette, et vous verrez la nature même; je vous défie de me nier que cette figure ne vous regarde et ne vive." Ibid. Tradução minha.

68 "Ah! Monsieur Greuze, que vous êtes différent de vous même lorsque c'est la tendresse ou l'intérêt qui guide votre pinceau!" Ibid. Tradução minha.

69 Diderot, *Selected Writings on Art and Literature*, p.242. "Ce peintre est certainement amoureux de sa femme; et il n'a pas tort." Ibid., p.540. Tal como o retrato de 1763, este último não aparece na documentação de Seznec. Após a frase sobre a ligação de Greuze com sua esposa, Diderot novamente "entrou" na cena da pintura, dessa vez por meio de memórias de seus encontros com a senhora Greuze numa fase anterior de sua vida: "Também a amei, eu, quando era jovem, ela se chamava senhorita Babuty. Tinha uma pequena livraria no Quai des Augustins; abonecada, branca e direita como um lírio, vermelha como uma rosa". "Je l'ai bien aimée, moi, quand j'étais jeune, et qu'elle s'appelait Mademoiselle

No Salon anterior, havia um *Retrato da Senhora Greuze grávida*; o interesse por sua condição desapareceu; a verdade dos detalhes fez com que você baixasse os braços. Esse aqui não é tão bonito; no entanto, o todo é gracioso; está bem colocado; nele, a atitude é de volúpia; suas duas mãos mostram delicadezas de tom que encantam. Apenas a esquerda não está junto; ela tem até um dedo quebrado; é doloroso. (242)[70]

Se, de início, Diderot parecia indeciso, seus atos de ajuizamento cada vez mais se voltam para o lado negativo, a partir da frase sobre o "dedo quebrado". Mesmo um detalhe que ele havia destacado anteriormente como evidência do compromisso de Greuze com a natureza e a verdade, a cor "amarelada" da pele da sra. Greuze, agora o irrita por excessivamente realista:

As pinceladas na testa são muito amarelas: sabemos que as mulheres que tiveram filhos ficam com essas manchas; mas se forçamos a imitação da natureza a ponto de querer reproduzi-las, devemos matizá-las; é caso para embelezar um pouco, isso pode ser feito sem que a semelhança se ressinta.[71]

Babuty. Elle·occupait une petite boutique de libraire sur le Quai des Augustins; poupine, blanche et droite comme le lis, vermeille comme la rose." A cena continuou com um diálogo entre o jovem autor e a senhorita Babuty.

70 "Il y avait, au Salon dernier, un Portrait de Mme Greuze enceinte; l'intérêt de son état arrêtait; la vérité des détails vous faisait ensuite tomber les bras. Celui-ci n'est pas aussi beau; cependant l'ensemble en est gracieux; il est bien posé; l'attitude en est de volupté; ses deux mains montrent des finesses de ton qui enchantent. La gauche seulement n'est pas ensemble; elle a même un doigt cassé; cela fait peine." Ibid., p.540-1.

71 "Les passages du front son trop jaunes: on sait bien qu'il reste aux femmes qui ont eu des enfants de ces taches-là; mais si l'on pousse l'imitation de la nature jusqu'à vouloir les rendre, il faut les affaiblir; c'est

E, enquanto alguns pontos de vista mais positivos seguem cada ajuizamento decididamente crítico até o final da descrição ("quanto ao resto, o virar da boca, os olhos, todos os outros detalhes são deliciosos"[72]), Diderot não regressa ao seu entusiasmo de dois anos antes, nem sobre a arte de Greuze nem sobre a beleza de sua esposa.

O contraste entre esses textos escritos à distância de dois anos nos ajuda a desvelar mais algumas perspectivas sobre o que entendo por "singularidade" como consequência da sintaxe na prática de ajuizamento de Diderot. Em primeiro lugar, as reações positivas ou negativas observadas antes não tiveram impacto em cada ato novo e presente, nem no processo de ajuizamento; em segundo lugar, Diderot tomava cada obra ou objeto de referência no contexto da situação específica em que encontrava cada um (a senhora Greuze durante a gravidez não era a mesma que a senhora Greuze dois anos depois); um terceiro nível conectado à singularidade eram as mudanças em curso na própria disposição, humor ou memória de Diderot. Por fim, tal singularização de efeitos nos objetos e pessoas representados parece ter estimulado Diderot a se imaginar interagindo com eles no espaço imaginário.

Mesmo em casos sem contraponto crítico ou ambiguidade, como vimos no texto sobre o retrato anterior da senhora Greuze, o *staccato* do ajuizamento de Diderot trouxe à tona impressões e efeitos de diferenciação individual. Embora admirasse todas as pinturas de paisagens terrestres e marítimas de

---

là le cas d'embellir un peu, puisqu'on le peut sans que la resemblance en souffre." Ibid.

72 "au reste, le tour de la bouche, les yeux, tous les autres details sont à ravir." Ibid.

Jean-Claude Vernet, sem exceção ("é sempre a última obra deste grande mestre que é considerada a mais bela"[73]), ele sujeitou cada uma delas a uma análise, na qual destacou e elogiou seus diferentes elementos em detalhe:[74]

> Não sei o que elogiaria nesse pedaço. Será o reflexo da lua nas águas ondulantes? Serão essas nuvens sombrias e carregadas de seu movimento? Ou este navio que passa na frente do astro noturno e que o envia de volta e se fixa ao seu imenso afastamento? É o reflexo no fluido da pequena tocha que este marinheiro está segurando na extremidade da barca? Serão essas duas figuras encostadas na fonte? É o incêndio cujo brilho avermelhado se espalha por todos os objetos ao redor, sem destruir a harmonia? Será o efeito total desta noite? (309)[75]

Paradoxalmente, até a visão abrangente ("o efeito total desta noite" / "l'effet total de cette nuit") aqui se transforma num aspecto de singularidade, separado de todas as observações sobre detalhes pictóricos que Diderot vai acumulando.

---

73 "C'est toujours le dernier ouvrage de ce grand maître qu'on appelle le plus beau." Ibid. p.576.

74 Das sete obras que Vernet expôs no Salon de 1767, na documentação Seznec apenas mostra três – e nenhuma parece corresponder àquela que Diderot descreve.

75 "Je ne sais pas ce que je louerai de préférence dans ce morceau. Est-ce le reflet de la lune sur les eaux ondulantes? Sont-ce ces nuées sombres et chargées de leur mouvement? Est-ce ce vaisseau qui passe au-devant de l'astre de la nuit, et qui le renvoie et attache à son immense éloignement? Est-ce la réflexion dans le fluide de la petite torche que ce marin tient à l'extrémité de la nacelle? Sont-ce les deux figures adossées à la fontaine? Est-ce le brasier dont la lueur rougeâtre se propage sur tous les objects environnants, sans détruire l'harmonie? Est-ce l'effet total de cette nuit?" Ibid.

Um processo análogo se desenrola ao longo de um texto que assinala sua descoberta da arte moralista de Greuze, num quadro intitulado "La Pitié Filiale" ("A Piedade Filial"),[76] exposto no Salon de 1763:

> Em primeiro lugar, gosto do gênero; é pintura moral. O quê! Não se dedicou já o pincel, o suficiente e por muito tempo, à libertinagem e ao vício? Não deveríamos nos contentar em vê-lo finalmente trabalhando junto com a poesia dramática para nos tocar, nos instruir, nos corrigir e nos convidar à virtude?[77]

Mais uma vez, Diderot apresenta com grande detalhe os elementos da obra (neste caso, um grupo de membros da mesma família e os móveis da sala onde se encontram), sem distinguir claramente entre o tema do quadro e a sua representação, entre seu juízo estético e a identificação de elementos que compõem a pintura; mais uma vez ele se deixa absorver pela cena evocada, a ponto de acreditar que "ouviu" a voz do pai doente:

> O protagonista, aquele que ocupa o centro do palco e que fixa as atenções, é um velho paralítico estendido em sua poltrona, a cabeça apoiada em uma almofada e os pés em um banquinho. Está vestido; suas pernas doentes enroladas em um cobertor. Ele está cercado por seus filhos e netos, muitos deles ansiosos por servi-lo. Sua bela

---

76 Veja-se o n.º 113 no suplemento documental de Seznec, op. cit.

77 "D'abord le genre me plaît; c'est de la peinture morale. Quoi donc! Le pinceau n'a-t-il pas été assez et trop longtemps consacré à la débauche et au vice? Ne devons-nous pas être satisfaits de le voir concourir enfin avec la poésie dramatique à nous toucher, à nous instruire, à nous corriger et à nous inviter à la vertu?" Ibid., p.524. Tradução minha.

Prosa do mundo

cabeça é de um caráter tão comovente, ele parece tão sensível aos serviços que lhe são prestados, lhe custa tanto falar, sua voz é tão fraca, seus olhares tão ternos, sua tez tão pálida que ele deve estar sem entranhas para não os sentir se mexerem.[78]

Diderot prossegue com uma descrição paciente de cada uma das oito pessoas que compõem a cena, insistindo que as diferenças entre eles estão cuidadosamente explicitadas: "Aqui, cada um tem exatamente o grau de interesse que se adequa à sua idade e seu caráter".[79] No final da análise, ele regressa a essa apreciação num tom mais decidido e radical. A beleza da obra e seu impacto no espectador, escreve Diderot, emergem de seu caráter "único", da singularidade de cada uma das pessoas invocadas:

> Esta pintura é linda, muito linda, e ai de quem a olhar como um instante a sangue frio! O caráter do velho é único; o caráter do genro é único; a criança que traz uma bebida, única; a velha, única. Para onde quer que olhemos, ficaremos encantados.[80]

---

78 "Le principal personnage, celui qui occupe le milieu de la scène et qui fixe l'attention, est un vieillard paralytique étendu dans son fauteuil, la tète appuyée sur un traversin et les pieds sur un tabouret. Il est habillé; ses jambes malades son envelopées d'une couverture. Il est entouré de ses enfants et de ses petits-enfants, la plupart empressés à le servir. Sa belle tète est d'un caractère si touchant, il paraît si sensible aux services qu'on lui rend, il a tant de peine à parler, sa voix est si faible, ses regards si tendres, son teint si pàle, qu'il faut ètre sans entrailles pour ne pas les sentir remuer." Ibid., p.525. Tradução minha.

79 "Chacun ici a précisément le degré d'intérêt qui convient à l'âge et au caractère." Ibid., p.526. Tradução minha.

80 "Ce tableau est beau et très beau, et malheur à celui qui peut le considerer un moment de sang froid! Le caractère du vieillard est unique; le caractère du gendre est unique; l'enfant qui apporte à boire, unique;

Quando Diderot finalmente se pergunta como Jean-Baptiste Greuze foi capaz de produzir uma pintura que lhe é tão comovente, ele surge com uma fórmula para o artista que faz ressoar sua autocaracterização na crítica ao retrato de van Loo, pois descreve Greuze como um homem com múltiplos traços de identidade: "ele é brusco, delicado, insinuante, cáustico, galante, triste, alegre, frio, quente, sério ou louco, segundo aquilo que projeta".[81] É aqui que a prática do ajuizamento literalmente começa a atomizar identidades antes estáveis.

Por diversas vezes, seguindo os comentários de Diderot sobre diferentes pinturas, chegamos a um limiar entre seu mundo real de observador e os mundos imaginários que as imagens evocaram para ele. Mas ainda não nos concentramos em um caso individual, no qual ele ultrapassou esse limite decidido o bastante para se envolver – e se perder – em uma digressão que o leva através do reino imaginário. Isso aconteceu exatamente quando ele escreveu sobre outra obra de Greuze exibida no Salon de 1775, sob o título "A moça que chora seu pássaro morto" / "La jeune fille qui pleure son oiseau mort".[82] Mais uma vez, o texto começa com uma exclamação, neste caso com uma exclamação que atribui a obra ao gênero poético e pictórico do idílio e, portanto, a uma tonalidade emocional específica:

---

la vieille femme, unique. De quelque còté qu'on porte ses yeux, on est enchanté." Ibid., p.528. Tradução minha.

81 "il est brusque, doux, insinuant, caustique, gallant, triste, gai, froid, chaud, sérieux ou fou, selon la chose qu'il projette." Ibid., p.529. Tradução minha.

82 Número 54 na documentação do Salon de 1765.

Prosa do mundo

A bela elegia! O poema encantador! que lindo idílio Gessner faria disso! Esta é a vinheta de uma peça deste poeta. Quadro delicioso![83]

Diderot não hesita em classificar a obra como "talvez aquela que teve mais forte impacto emocional de todas as exibidas neste *Salon*".[84] Depois, continua com uma sequência particularmente longa de detalhes e atos de elogio, quase sempre na forma exclamativa, pelo modo como são dispostas as obras:

Como está naturalmente colocada! que linda é sua cabeça! como está elegante o penteado dela! como é expressivo o seu rosto! Sua dor é profunda; ela se entrega a seu infortúnio, por inteiro. Que lindo catafalco é essa gaiola! As graças desta guirlanda de folhagens que serpenteia! Ó, a bela mão! a mão linda! o braço lindo! Veja a verdade dos detalhes desses dedos; e aquelas covinhas, e aquela quietação, e aquele tom de rubor que a pressão da cabeça coloca sobre as pontas de seus dedos delicados, e o encanto de tudo isso.[85]

---

83 "La jolie élégie! Le charmant poème! la belle idylle que Gessner en ferait! C'est la vignette d'un morceau de ce poète. Tableau délicieux!" Ibid., p.533. Tradução minha.

84 Com a expressão "mais forte impacto emocional," procuro transmitir o sentido setecentista do adjetivo "intéressant" que Diderot está usando aqui.

85 "Comme elle est naturellement placée! que sa tête est belle! qu'elle est élégamment coiffée! que son visage a d'expression! Sa douleur est profonde; elle est à son malheur, elle y est tout entière. Le joli catafalque que cette cage! Que cette guirlande de verdure qui serpente autour a de grâces! O la belle main! la belle main! le beau bras! Voyez la vérité des détails de ces doigts; et ces fossettes, et cette mollesse, et cette teinte de rougeur dont la pression de la tête a coloré le bout de ses doigts délicats, et le charme de tout cela." Ibid.

Como já vimos com outras pessoas retratadas, o foco nas mãos e nos dedos da moça leva Diderot a imaginar que ele a está tocando – mas ele também acha que tal contraste seria inapropriado: "Nos aproximaríamos dessa mão para beijá-la, não fosse respeitarmos essa jovem e sua dor".[86]

Com esse impulso corpóreo de sua imaginação, porém, ele atravessa o limiar entre sua posição de observador e o espaço ocupado pela jovem a quem ele de imediato se dirige:

> Mas, mocinha, sua dor é muito profunda, bem refletida! O que significa esse ar sonhador e melancólico! O quê! por um pássaro! Você não chora, você está em aflição; e o pensamento acompanha sua aflição. Isso, pequena, abra seu coração para mim: me diga a verdade; é pela morte desse pássaro que você se retrai, com tamanha força e tristeza, para dentro de si mesma?[87]

Meio observador e meio personagem ficcional no espaço da pintura, Diderot parece convencido de que o motivo "verdadeiro" das lágrimas e aflição da jovem não é a morte de seu pássaro.[88] Então, para reconfortá-la, ele confessa o que acredita

---

86 "On s'approcherait de cette main pour la baiser, si l'on ne respectait cette enfant et sa douleur." Ibid.

87 "Mais, petite, votre douleur est bien profonde, bien réfléchie! Que signifie cet air rêveur et mélancholique! Quoi! pour un oiseau! Vous ne pleurez pas, vous êtes affligée; el la pensée accompagne votre affliction. Ça, petite, ouvrez-moi votre coeur: parlez-moi vrai; est-ce la mort de cet oiseau que vous retire si fortmement et si tristement en vous même?" Ibid., p.533-34.

88 Na verdade, ele acreditava que esse era também o entendimento da obra pretendido por Greuze: "O tema deste pequeno poema é tão fino que muitas pessoas não o ouviram; acreditavam que essa jovem estava

Prosa do mundo

ter acontecido, uma história sobre como, na ausência da mãe, a moça foi seduzida por um rapaz e perdeu a virgindade. Depois de muito mais lágrimas e de um longo silêncio, ela finalmente reage com uma derradeira e indiferente tentativa de insistir no pássaro como explicação original para sua aflição:

"E meu pássaro?..." – Você sorri. (Ah! Meu amigo, que linda! Ah! Se você a tivesse visto sorrir e chorar!) Continuei. "Bem, seu pássaro! Quando você se esquece de si mesma, você se lembra do seu pássaro? Quando se aproximou a hora do retorno de sua mãe, aquele que você ama partiu. Como ele estava feliz, contente, transportado! como lhe foi difícil se afastar de você!... Como você olha para mim! Eu sei tudo isso."[89]

---

chorando apenas por seu canário. Greuze já pintou o mesmo assunto uma vez: ele colocou em frente a um espelho rachado uma garota alta vestida de cetim branco, penetrada por uma profunda melancolia. Não acham que seria tão estúpido atribuir as lágrimas da jovem deste Salon à perda de um pássaro quanto a melancolia da jovem do Salon anterior ao espelho quebrado?" Ibid., p.238-39. "Le sujet de ce petit poème est si fin, que beaucoup de personnes ne l'ont pas entendu; ils ont cru que cette jeune fille ne pleurait que son serin. Greuze a déjà peint une fois le même sujet: il a placé devant une glace fêlée une grande fille en satin blanc, pénétrée d'une profonde mélancolie. Ne pensez-vous pas qu'il y aurait autant de bêtise à attribuer les pleurs de la jeune fille de ce Salon à la perte d'un oiseau que la mélancolie de la jeune fille du précédent Salon à son miroir cassé?" Ibid., p.536.

89 "'Et mon oiseau?... – Vous souriez.' (Ah! mon ami, qu'elle était belle! ah! si vous l'aviez vu sourire et pleurer!) Je continuai. 'Eh bien, votre oiseau! Quand on s'oublie soi-même, se souvient-on de son oiseau? Lorsque l'heure du retour de votre mère approcha, celui que vous aimez s'en alla. Qu'il était heureux, content, transporté! qu'il eût de peine à s'arracher d'auprès de vous!...Comme vous me regardez! Je sais tout cela'" Ibid., p.535-36.

Nesse ponto, Diderot está realmente perdido na cena imaginada da conversa, "perdido" a ponto de descrever a beleza da garota para seu amigo (Grimm?) como se ela fosse um personagem real, e não um produto de sua imaginação estimulada pelo quadro de Greuze.

O que finalmente facilita sua saída do espaço imaginado será a crítica de um detalhe pictórico desencadeado pela pergunta de seu amigo sobre a idade da menina:

> Mas então, quantos anos ela tem?... O que vou lhe responder? e que pergunta você me fez? Sua cabeça tem de quinze a dezesseis anos, e seu braço e sua mão têm de dezoito a dezenove. É um defeito dessa composição que se torna ainda mais perceptível, que com a cabeça apoiada na mão, uma das partes dá tudo contra a medida da outra. Coloque a mão de forma diferente e você não perceberá que ela é um pouco forte e caracterizada demais. É, meu amigo, a cabeça foi tirada de um modelo e a mão de outro.[90]

Mesmo assim, o texto termina com a recomendação de não dar demasiado peso ao erro de Greuze na avaliação dessa obra: "Este pintor poderia fazer igualmente bem, mas não melhor" (239).[91]

---

90 "Mais quel âge a-t-elle donc?...Que vous répondrai-je? et quelle question m'avez-vous faite? Sa tête est de quinze à seize ans, et son bras et sa main sont sont de dix-huit à dix-neuf. C'est un défaut de cette composition qui devient autant plus sensible, que la tête étant appuyée contre la main, une des parties donne tout contre la mesure de l'autre. Placez la main autrement, et l'on ne s'apercevra plus qu'elle est un peu trop forte et trop caractérisée. C'est, mon ami, que la tête a été prise d'après un modèle, et la main d'après un autre." Ibid., p.536-37.

91 "Ce peintre peut avoir fait aussi bien, mais pas mieux." Ibid.

Prosa do mundo

Pela primeira vez, acompanhamos todo o movimento na descrição de uma obra individual, partindo do ritmo do ajuizamento de Diderot até o limiar que ele atravessa para se tornar parte do quadro de Greuze, e daí para a conversa ficcional em que ele se perde e da qual só regressa quando sente um impulso (imaginário) de focar criticamente em um detalhe da obra. Nessa narrativa, a menina se torna o personagem individual a quem Diderot reage com franqueza e empatia, assegurando-lhe, talvez contra sua verdadeira convicção moral, de que não havia motivo para se preocupar e que o moço que tomou sua virginidade manterá a promessa de casar-se com ela: "O que farei? que acontecerá comigo? E se ele for ingrato? ... – Que loucura! Nada temeis: isso não poderá ser, não será assim!" (238).[92]

A um nível filosófico mais abstrato, podemos especular que a reação intensa de Diderot a esse quadro pode ter implicado na questão, claramente séria e relevante para um pai do século XVIII, de saber que conselho um homem mais velho deveria dar a uma mocinha que perdera sua virginidade. Talvez ele tenha entrado em uma cena ficcional em que pudesse consolar a moça por se ver incapaz de dar respostas pertinentes num discurso de ética e moralidade mais sério. O texto ilustraria então sua tendência, identificada e analisada pelo grande estudioso de Diderot, Herbert Dieckmann, de se envolver e até de se perder em digressões sempre que o pensamento abstrato e os discursos sistemáticos estabelecidos não produzissem as soluções que ele esperava. Segundo Dieckmann, Diderot "estava ciente da tendência irresistível de seguir seus pensamentos de forma informal, em vez de orientá-los

---

92 "Que ferai-je? que deviendrai-je? S'il était ingrat? ... – Quelle folie! Ne craignez rien: cela ne se peut, cela ne sera pas!" Ibid. p.536.

ou estruturá-los de acordo com um plano pré-determinado."[93] Isso era certamente verdade para sua crítica de arte e para a sintaxe do ajuizamento enquanto nível central dessa crítica, pois elas produziam visões de mundo repletas de perfis de singularidade e individualidade para coisas e objetos, perfis aos quais Diderot poderia reagir com abertura, empatia e generosidade.

Ao mesmo tempo, tais atos de ajuizamento e as digressões que se seguiam, como a maioria das outras práticas intelectuais na obra de Diderot, desencadeavam uma energia sob cujo impacto sua falta de tato veio a constituir um perigo – tanto mais que ele estava ciente da circulação restrita dos *Salões*. Nem Jean-Baptiste Greuze e sua esposa foram poupados. O comentário bastante desfavorável dedicado ao retrato da senhora Greuze na exposição de 1765, por exemplo, terminaria com a insinuação de que o artista estava ansioso por atrair a atenção do observador para os peitos de sua esposa – embora eles não oferecessem uma visão eroticamente atraente:

> [...] O pescoço sustenta maravilhosamente a cabeça. É bonito em desenho e em cor, e, como deveria, se prende aos ombros; mas por causa desse peito eu não poderia olhar para ela; e, mesmo aos cinquenta, eu não odeio peitos. O pintor inclinou o rosto para a frente e, com essa atitude, parece estar dizendo ao observador: "Veja o peito da minha mulher". Eu o vejo, senhor Greuze. Bem, sua esposa tem o peito mole e amarelo. Se é assim, pior para você, para ela e para o quadro. (243)[94]

---

93 Dieckmann, "Das Problem der Ausdrucksform des Denkens bei Diderot", p.75-100. (Citação na p.87).

94 "Le cou soutient la tête à merveille. Il est beau de dessin et de couleur, et va, comme il doit, s'attacher aux épaules; mais pour cette gorge, je

Prosa do mundo

Em outras ocasiões, entre as quais um comentário devastador sobre as pinturas de Pierre-Antoine Baudouin, exibidas no Salon de 1767, a energia do julgamento irrompe em jogos de palavras tão humilhantes para os espectadores quanto para os artistas:

> Sempre quadrinhos pequenos, ideias pequenas, composições frívolas, adequadas para o tocador de uma pequena amante, na pequena casinha de um pequeno amo; feitos para abadezinhos, advogadozinhos, grandes financeiros ou outros personagens sem moral e de gosto mínimo. (171)[95]

Às vezes, Diderot se permitia escrever com palavras agressivamente condescendentes, mesmo sobre pintores cujo trabalho e personalidade ele muito apreciava[96], como foi o caso de Claude Josef Vernet:

---

ne saurais la regarder; et si, même à cinquante ans, je ne hais pas les gorges. Le peintre a penché sa figure en devant, et par cette attitude il semble dire au spectateur: "Voyez la gorge de ma femme." Je la vois, monsieur Greuze. Eh bien, votre femme a la gorge molle et jaune. Si elle ressemble, tant pis encore pour vous, pour elle et pour le tableau." Ibid., p.541.

95 "Toujours petits tableaux, petites idées, compositions frivoles, propres au boudoir d'une petite maîtresse, à la petite maison d'un petit maître; faites pour de petits abbés, de petits robins, de gros financiers ou autres personnages sans moeurs et d'un petit goût." Ibid., p.469.

96 Ao contrário de Vernet, Jean-Baptiste Greuze, claramente o artista francês contemporâneo preferido de Diderot era conhecido por ser particularmente difícil e antipático (ver: Starobinski, *Diderot, un diable de ramage*, p.360). Se no confronto de Greuze com a Académie, na questão do gênero "moralista" na pintura, Diderot o apoiava, ele criticava abertamente o comportamento público de Greuze, como se revela no comentário sobre a reação de Vernet a seu colega numa conversa privada: "Vernet respondeu, 'O fato é que você tem um enxame de inimigos,

Parece que todos os nossos artistas deram em degenerar este ano. Os excelentes não são mais que bons, os bons são medíocres e os maus são detestáveis. Você dificilmente adivinhará sobre quem estou fazendo esta observação; é sobre Vernet, sim, esse Vernet a quem amo, a quem devo gratidão e a quem tanto me apraz elogiar.[97]

De 1769 em diante, Diderot regressou a formas de discurso progressivamente mais curtas do que aquelas que vinha praticando nos anos anteriores. Chegado a 1781, no último *Salão* de sua vida, ele chegara a ajuizamentos breves, muitas vezes centrífugos, muito claros e claramente subjetivos, agora exclusivamente fundados nos "efeitos" que tinham sobre ele. Foi o caso de dois comentários sobre pinturas de Hubert Robert, evocando um incêndio na Opéra de Paris e as ruínas do Coliseu de Roma:

A eclosão do incêndio na Ópera teve algum efeito; mas é efeito duro e seco; não há ali ar suficiente e as figuras não parecem muito bem desenhadas.

---

e entre eles há alguém que parece amá-lo loucamente, mas que há de arruiná-lo.' – 'E quem é essa pessoa?' lhe perguntou Greuze. – 'É você,' respondeu Vernet." "C'est, lui répondit Vernet, que vous avez une nuée d'ennemis, et parmi ces ennemis un quidam qui a l'air de vous aimer à la folie, et qui vous perdra. – Et qui est ce quidam? lui demanda Greuze. – C'est vous, lui répondit Vernet." Ibid., p.537. (Tradução minha.)

97 "Il semble que tous nos artistes se soient cette année donné le mot pour dégénérer. Les excellents ne sont que bons, les bons sont médiocres et les mauvais sont détestables. Vous aurez de la peine à deviner à propos de qui je fais cette observation; c'est à propos de Vernet, oui, de ce Vernet que j'aime, à qui je dois de la reconnaissance et que je me plais tant à louer." Ibid., p.580. Tradução minha.

Gosto mais do interior da sala queimada; acho que está melhor, sim, mas não gosto das figuras. De resto, essas figuras estão bem agrupadas.

(AS RUÍNAS DO COLISEU DE ROMA) Parecem-me iguais em tom; as massas estão lá e estão produzindo efeito; Só queria uma variedade que não destruísse esse efeito; daria harmonia e aumentaria a magia pitoresca.[98]

A maioria dos especialistas em Diderot associou essa mudança em sua escrita de crítica de arte à falta de inspiração, devido à idade avançada e a uma crescente impaciência com a tarefa que ele ainda tinha que cumprir para a *Correspondência*. Mas pode bem ter resultado de uma reação mais deliberada, com base na frustração com a experiência de que, ao invés de lhe proporcionar uma segurança crescente e critérios mais sólidos, a prática continuada de ajuizamento dos *Salões* progredira na direção oposta, isto é, rumo a descrições cada vez mais internamente complexas, uma mais forte centrifugalidade, e uma maior consciência de quão inevitável essa deriva era, dentro de sua forma de crítica de arte.

Escritos entre 1776 e 1777 em sua versão mais antiga e nunca publicados antes da morte de Diderot, os *Pensées détachées*

---

98 "L'éruption de l'incendie de l'Opéra fait de l'effet; mais cet effet est dur et sec; il n'y a pas assez d'air, et les figures n'en sont pas très bien dessinées. L'intérieur de la salle incendiée me plaît davantage; je le trouve mieux d'accord, mais je n'en aime pas les figures. Du reste, ces figures sont bien groupées. (LES RUINES DU COLYSEE DE ROME) Me paraissent égales de ton; les masses y sont, et produisent de l'effet; j'y voudrais seulement une variété qui ne détruisit pas cet effet; cela donnerait de l'harmonie et ajouterait à la magie pittoresque." Ibid., p.653-55. Tradução minha.

sur la peinture (*Pensamentos isolados acerca da pintura*) parecem refletir uma tensão paradoxal entre saber mais a cada dia e, no entanto, tornar-se cada vez mais inseguro e sucinto em seus atos de julgamento: "menos ignorante de um *Salon* ao outro, estou mais reservado e mais tímido."[99] Falar assim de forma tão aberta e autocrítica sobre sua subjetividade enquanto base única para escrever sobre arte, base que ele aprendera que jamais superaria, deve ter sido uma derrota para Diderot – e consistia, portanto, um corajoso ato de siceridade:

> Além disso, não se esqueçam que não garanto nem minhas descrições nem meu julgamento sobre coisa alguma; minhas descrições, porque não há memória sob o céu que possa transportar fielmente tantas composições diversas; meu julgamento porque não sou um artista, nem mesmo um amador. Apenas vos digo o que penso e o digo com toda a minha franqueza. Se me acontece de um momento para outro me contradizer, é porque de um momento para outro fui afetado de maneira diferente, igualmente imparcial quando elogio e dedico um elogio, quando acuso e quando deixo minhas críticas.[100]

---

99 "moins ignorant d'un Salon à l'autre, je suis plus réservé et plus timide." Starobinski, op. cit., p.341. Tradução minha.

100 Tradução adaptada. Ver: Diderot, *On Art and Artists: An Anthology of Diderot's Aesthetic Thought*, p.59-60. "Au reste, n'oubliez pas que je ne garantis ni mes descriptions, ni mon jugement sur rien; mes descriptions, parce qu'il n'y a aucune mémoire sous le ciel qui puisse emporter fidèlement autant de compositions diverses; mon jugement parce que je ne suis ni artiste, ni même amateur. Je vous dis seulement ce que je pense et je vous le dis avec toute ma franchise. S'il m'arrive d'un moment à l'autre de me contredire, c'est que d'un moment à l'autre j'ai été diversement affecté, également impartial quand je loue et je me dédis d'un éloge, quand je blame et que je me dépars de ma critique." Starobinski, op. cit., p.340-41.

Prosa do mundo

Esta é mais uma diferente descoberta autorreflexiva da singularidade, da singularidade como premissa central para a prática de ajuizamento e da consequência contundente que ela teve em todas as reivindicações de objetividade acerca da escrita sobre arte. Se, biograficamente falando, aperceber-se disso foi desanimador para Diderot e pode tê-lo empurrado para menos digressões, e mais sucintas, nos *Salões* finais a interação entre subjetividade e singularidade estava prestes a se tornar a base de seu papel como inovador decisivo na história da crítica de arte. É que, em vez de considerar os efeitos da singularidade como deficiência inevitável, a crítica de arte moderna começa por afirmar a experiência de que ajuizamentos sérios precisam emergir de reações subjetivas.

Quando Diderot percebeu que lhe era impossível reunir todos os seus julgamentos e critérios em um estado de coerência, ele começou a sentir uma energia — mais do que confirmações de princípios morais:

> Não odeio os grandes crimes, primeiro porque se faz deles belas pinturas e belas tragédias; depois, as ações grandes e sublimes, assim como os grandes crimes, têm o mesmo caráter de energia. Se um homem não fosse capaz de incendiar uma cidade, outro homem não seria capaz de correr para o abismo para salvá-la.[101]

---

101 Ibid. p.235. "Je ne hais pas les grands crimes, premièrement parce que'on en fait des beaux tableaux et de belles tragédies; et puis, c'est que les grandes et sublimes actions et les grands crimes portent le mème caractère d'énergie. Si un homme n'était pas capable d'incendier une ville, un autre homme ne serait pas capable de se précipiter dans un gouffre pour la sauver." Ibid., p.360.

Não parece muito persuasivo justificar o fascínio pelos crimes destacando sua condição de precondição para ações moralmente positivas. Mas, como Diderot deve ter se sentido desiludido com sua prática de julgamento e sua suposta falta de fundamento moral, ele pode não ter entendido seu estatuto como fonte da energia que sentia – e buscou antes a raiz dessa energia em certos temas exibidos nas obras de arte. Já a "intensidade" – no mesmo sentido que Diderot associou à palavra *énergie* – é o aspecto mais importante das reflexões de Florian Klinger sobre a retórica do ajuizamento.[102] Se a linguagem do ajuizamento, ele escreve, ocorre como um "engajamento criativo com o mundo", então sua força, que é a improbabilidade das formas produzidas por meio do ajuizamento, juntamente com a frequência de seus atos (em sua sequência sintática), explicam um ímpeto de intensidade. Em relação à linguagem crítica de Diderot, e convergindo com nossa leitura de *O sonho de d'Alembert*, podemos então dizer que a prática do ajuizamento, por meio de sua intensidade, teve seu estatuto existencial enquanto dimensão central da vida.

*

E qual era o estatuto do ajuizamento nas obras de Goya, Lichtenberg e Mozart? Com relação a Goya, é claro que precisamos reconhecer que, embora as imagens tenham se tornado o objeto favorito de ajuizamento durante sua vida, elas não podem, em hipótese alguma, se tornar o local real de uma prática de ajuizamento. É que, se ajuizar é um ato que inevitavelmente produz mudanças no mundo ao impor formas aos fenômenos

---

102 Klinger, op. cit., p.606-611.

vivenciados em sua contingência, ele requer uma temporalidade aberta ao contraste entre um "antes" e um "depois", contraste que as imagens em sua simultaneidade não conseguem conceder. Dito isso, vimos como a arte de Goya frequentemente – e talvez centralmente – confrontava seus observadores com provocações imediatas e quase agressivas para julgar, provocações que iam muito para lá de seu estatuto geral como potenciais objetos de juízo estético.

A pronunciada ambiguidade do "Capricho" (43), com a legenda "El sueño de la razón produce monstruos", foi apenas o caso mais emblemático de tais provocações para o ajuizamento. Ainda mais existencialmente cativante deve ter sido um impulso intelectualmente semelhante, inerente à dimensão da atrocidade, tal como aparece nos *Desastres de la Guerra* – o impulso de minar o conforto moral até então dominante de reagir a cenas de crueldade a partir de perspectivas partidárias. Os observadores dos *Desastres* foram obrigados a enfrentar, talvez pela primeira vez na história, os fracassos morais dos protagonistas com os quais se aliavam politicamente. Finalmente, e diferente das duas cenas alegóricas sobre "A Verdade Morta" e "A Verdade Ressurreta" nos *Desastres* de Goya, me sinto francamente compelido à vida pela imagem belissimamente perturbadora daquela jovem, talvez grávida ("Esto es lo verdadeiro"), obrigada a fazer parte do seu mundo e a descobrir, através do julgamento, o que poderia ser a vida evocada por esta obra.

Também Lichtenberg, como já vimos, tinha uma perspectiva claramente orientada para a prática em relação às questões de ajuizamento, mas, ao contrário de Diderot, viveu para ser exposto à *Terceira crítica* de Kant e aos subsequentes debates. Mas, ao invés de distinguir filosoficamente os diferentes tipos de julgamento e suas respectivas dimensões, Lichtenberg parece ter sentido acima de tudo a urgência e até mesmo a necessidade de chegar a um acordo com situações de contingência através da prática do julgamento. Ele não somente recomendou confiar mais em "homens grandes" do que em "homens excessivamente sutis" em tais momentos de escolha: também experimentou a dúvida enquanto premissa intelectual mais produtiva para ajuizar do que a certeza:

> Quem quer que reflita sobre a história da filosofia e das ciências naturais descobrirá que as maiores descobertas foram feitas por pessoas que consideravam meramente provável o que outros propunham como certo. [...] Uma tal filosofia é mais recomendável, pois acumulamos nossas ideias e opiniões em um momento em que nossa compreensão está mais fraca.[103]

Se pudermos ver nesta declaração uma afinidade com a dimensão cumulativa da sintaxe de ajuizamento de Diderot (como reação à incerteza), Lichtenberg foi ainda mais longe na mesma direção. Ele observou que, embora nossa relação com o mundo fosse inevitavelmente "idealista" (no sentido de que até mesmo "a crença de que representações e sensações são causadas por objetos fora de nós" é "apenas outra representação ou ideia"), só poderia estar certo quem "acreditou que não estamos sendo enganados" por aquelas representações e sensações. Não sendo assim, acrescentou, não teríamos um ponto de referência ("um ponto de aferição") para nossos julgamentos, decisões e

---

103 Lichtenberg, *Philosophical Writings*, p.97-98. (Do Caderno de Anotações H, 15).

Prosa do mundo

ações, nem uma base para lidar com pessoas "que não refletem muito por si mesmas. Quando a filosofia fala, é sempre compelida a se expressar na linguagem da não filosofia".[104]

Uma vez que as reflexões de Lichtenberg sobre a prática do ajuizamento eram claramente mais perspicazes do que as de Diderot, aquele também conseguiu se apaziguar, por motivos práticos e filosóficos, com a situação da não fundamentação ontológica que jamais deixou de importunar Diderot – ainda que, em última análise, nunca o bastante para o impedir de ajuizar. Por fim, para Mozart, os atos de ajuizamento devem ter estado tão profundamente inseridos em suas atividades de intérprete virtuoso e, sobretudo, nas de compositor, que jamais se tornaram acessíveis a ele. Uma dimensão que ilustra bem essa condição é a escolha de tonalidades musicais, prática que tem sido objeto de sofisticadas e intermináveis discussões entre especialistas. O próprio Mozart, por contraste, quase nunca referiu, na lista sequencial de suas obras, as tonalidades musicais.[105] Na notável biografia de Wolfgang Hildesheimer, essa questão remete para situações emocionais e para uma lógica interna no surgimento de obras em concreto. O biógrafo chegou à conclusão de que, para Mozart, o ato de compor era "puramente técnico" e que, portanto, estava separado tanto das dimensões extramusicais quanto dos níveis de autorreflexão baseada na consciência.[106] Nos poucos casos em que Mozart tentou in-

---

104 Ibid., p.102-3. (Do Caderno de Anotações H, 150, 151).

105 Ver: Hildesheimer, op. cit., p.93.

106 "Por todo o lado, a mão de Mozart revela que a escrita das pautas era para ele algo de puramente técnico, algo como meia hora de concentração focada, mas descontraída, durante a qual somente importavam a clareza e a legibilidade. Obras-primas de caligrafia – nem uma única

ventar músicas que se adaptassem a textos preexistentes escritos por ele mesmo, nenhuma convergência entre as duas mídias pode ser identificada de fora.[107]

É, pois, notável – e talvez até potencialmente sugestivo para nosso entendimento de Diderot – que Hildesheimer descreva Mozart como alguém que nunca se viu a si mesmo como distante de seu mundo cotidiano e que, portanto, jamais pensou que necessitasse de "comunicar" ou de "revelar" coisas específicas para os outros.[108] Isso pode explicar a razão pela qual os

---

nota corrigida." "Überall ergibt die Handschrift den Beweis, dass der Akt der Niederschrift ein rein technischer war, der Vollzug von vielleicht nicht mehr als einer halben Stunde scharfer, doch entspannter Konzentration, in der es vor allem auf Klarheit und Leserlichkeit ankam: ein wunderbar aufrechtes und dabei bewegtes Notenbild, ohne auch nur eine winzigste Korrektur, auch dies ein kalligraphisches Meisterwerk. Auch hier also: Nichts verraten." Ibid., p.93-4. Tradução minha (adaptada).

107 "Ele sempre compôs contra seus próprios textos – contra os textos de suas cartas, as notas e, portanto, contra a aparência, sua aparência e comportamento. Ou vice-versa: sua linguagem real, a música, se nutre de fontes que nos são irreconhecíveis, ela vive de uma força sugestiva que se eleva tão acima do objeto de sua sugestão que nos escapa. Seu criador permanece para nós inacessível." "Gegen die eigenen Texte hat er immer komponiert– gegen die Texte seiner Briefe, der Aufzeichnungen, und damit gegen den Anschein, sein Auftreten und Gebaren. Oder umgekehrt: Seine wirkliche Sprache, die Musik, nährt sich aus uns unkenntlichen Quellen, sie lebt von einer suggestiven Kraft, die sich über den Gegenstand ihrer Suggestion so weit erhebt, dass er sich uns entzieht. Ihr Schöpfer bleibt uns unzugänglich." Ibid., p.59. Tradução minha (adaptada).

108 "Mozart nunca se projetou no mundo ao seu redor. [...] antes considerou, até tarde na vida, que era um membro normal do mundo social, um entre os outros, mas alguém que conseguia fazer mais do que os outros. Ele nunca teria tentado conscientemente transmitir algo de seu

Prosa do mundo

retratos que existem de Mozart não revelam semelhanças de um para o outro, nenhuma semelhança que nos permita imaginar Mozart como uma personalidade de contornos nítidos. Ao invés de atribuir essa falta de convergência entre os diferentes retratos a uma falta de talento ou de competência dos artistas, deveríamos nos questionar se Mozart, por jamais ter tentado sobressair no seu meio, alguma vez terá se preocupado em apresentar uma imagem pessoal coerente e constante. Por outras palavras: a divergência entre os retratos talvez refletisse — e reflita ainda, para nós — uma realidade centrífuga (assim como uma ausência de preocupação com o fato).

Aqui descobrimos uma outra afinidade interessante com o comentário de Diderot sobre as "cem fisionomias diferentes" — só que provavelmente nunca ocorreu a Mozart escrever a partir de uma igualmente complexa posição de autoobservação. Os dois personagens convergiam, porém, no sentido em que nenhum deles quis especialmente projetar uma imagem coerente. Ambos, de maneiras diferentes e com diferentes níveis de intensidade, viveram suas vidas como confronto permanente com a contingência do mundo, o que os obrigava a se envolverem constantemente em atos de ajuizamento. O ritmo dessa infindável sequência transformou os seus mundos, incluindo suas autoimagens, em esferas de singularidades.

*

mundo para esses outros, como Beethoven ou Goethe." "Mozart hat sich niemals in seine Mitwelt projiziert. [...] (Er) meinte vielmehr bis spät in seinem Leben, zu seiner Mitwelt zu gehören, einer unter anderen zu sein, freilich einer, der mehr konnte als die anderen. Niemals hätte er versucht, diesen anderen etwas aus seiner Welt bewusst zu vermitteln, wie Beethoven oder Goethe." Ibid., p.64. Tradução minha.

Por esta altura já compreendemos por que é tão particularmente difícil traçar formas discursivas e intelectuais estáveis na prática diderotiana de ajuizamento. Porque este emergia sobretudo como dimensão central da vivência de sua vida num mundo cujo rosto se tornara um rosto da contingência. Mais do que por desígnio, reflexão ou retrospecção, a prática do ajuizamento processava o mundo contingente em seu presente contínuo, o que explica a razão pela qual até os pensadores capazes de escrever sobre ele a partir de um ângulo filosófico, como Lichtenberg, enfatizavam a necessidade de simplesmente praticar o ajuizamento como uma função indispensável da vida. Mas também vimos como essa prática transformou o mundo contingente em um mundo de singularidade. Em última análise, o movimento em direção à singularidade teve de afetar até mesmo os agentes de ajuizamento cuja autoridade e reivindicação de objetividade foi sendo, assim, progressivamente enfraquecida e minada. Como sugeriam as reações autocríticas de Diderot aos seus *Salões* após 1767, uma consciência desse processo e de suas consequências pode ter se estabelecido desde cedo no caso do juízo estético — mas de forma alguma era exclusivo dele. Afinal, sua convicção de ser um homem de "cem fisionomias diferentes" vinha do próprio cotidiano de Diderot, e não das obras de arte, que, segundo ele, não faziam justiça a esta condição.

Ao apresentar o mundo como um conjunto de fenômenos sob a premissa da singularidade, a prática do ajuizamento contribuiu para uma abertura e para um engajamento em que autores e pensadores corriam o risco de se perder. Eles se tornaram, para usar uma das metáforas de Diderot, "cães de caça indisciplinados" (*chiens de chasse indisciplinés*). Muitos dos textos sobre obras de arte individuais dos *Salões* de Diderot se perdiam em detalhes, anedotas e digressões, de onde ele não regressava a uma perspectiva mais focada. O principal bônus relacionado com essa prática de julgar veio assim como uma onda de energia e como um aumento de intensidade existencial que pode ter estado tanto por trás do prazer precoce de Diderot como da sua euforia sobre a escrita crítica de arte, entendida como a "melhor atividade cultural de sua vida".

Mas ele ainda não era capaz de ver assim as coisas. Mais do que com energia e intensidade, ele associava sua euforia com uma "variedade de objetos e ideias" centrífuga, o que acabou se tornando uma frustração para ele.

VII
"Prosa do mundo" – Quem é Denis Diderot (E o que é a *Enciclopédia*)?

Nada era menos típico na obra de Denis Diderot do que distinções claras e decididas, tal como as que constituem os sistemas filosóficos. Se quisermos saber sobre seu "perfil" ou suas "posições", precisamos nos envolver com contornos movediços e com movimentos de pensamento que carecem de rumo previsível e inequívoco. O fato de o sobrinho de Rameau (o protagonista marcado no texto com o pronome "ELE") se tornar uma presença verdadeiramente instigante na conversa com "EU" (papel que se supõe próximo ao do autor enquanto *philosophe*) resulta de um processo de leitura surpreendente e potencialmente "bizarro" (como Diderot poderia ter dito). Estou plenamente ciente de que inúmeros detalhes e passagens em *Jacques, o fatalista* continuam a se posicionar contra minha sugestão de simpatizar mais com o fascínio cínico e a agência nítida do amo do que com o determinismo consequente de seu criado. Nenhum argumento hermenêutico coerente jamais será capaz de provar que o sonho febril do matemático e a conversa eroticamente impulsionada da senhorita de Lespinasse com o doutor

Bordeu fornecem a energia intelectual decisiva para a discussão de Materialismo em *O sonho de d'Alembert*. E os discursos que compõem os *Salões* de Diderot nos deixam na incerteza sobre sua apreciação pessoal de muitas pinturas e esculturas específicas.

Mas quem foi então Denis Diderot em sua presença viva e intensa, se reconhecermos que a presença de um autor distante de nós por dois séculos e meio somente pode emergir de seus textos, e que os textos em questão não nos dão contornos ou posições? Quem é Diderot, com o tempo presente nos lembrando da intuição de que uma afinidade pode existir entre seu estilo intelectual e algumas de nossas preocupações e inclinações no início do terceiro milênio? Essas questões trazem de volta o que considero ser o ponto crucial – e paradoxal – da crítica a Diderot. Por um lado, a própria falta de um "sistema" conceitual e de uma "identidade" intelectual abrangente muito provavelmente explica por que ele sempre foi o favorito dos leitores entre os grandes *philosophes* franceses do século XVIII; por outro lado, e ao contrário dos casos de Voltaire ou Rousseau, essa falta também tornou impossível para a obra de Diderot cumprir funções particulares ou abordar questões particulares em situações historicamente específicas. Seus textos provocaram um sem-fim de comentários e estudos sobre problemas microscópicos, existem várias biografias bem documentadas e até bem escritas, mas não temos conceitos abrangentes para descrever Diderot, nenhuma imagem bem aperfeiçoada, nenhuma *Anschauung* coerente. Herbert Dieckmann, indiscutivelmente o especialista mais eminente num bom século de estudos de Diderot, soube conter tais declarações e interpretações abrangentes; e até o grande Jean Starobinski deve ter sentido a impossibilidade de cumprir a tarefa quando, no ano

Prosa do mundo

do centenário do nascimento de Diderot, acabou republicando seus soberbos ensaios como coleção – em vez de reuni-los em uma nova monografia.

*

Mas, ainda assim, quem foi Denis Diderot? Em nossa linguagem contemporânea, tal questão pressupõe uma distinção entre identidade pessoal (individual) e identidade pública (social), distinção que podemos enfatizar e tornar visível reservando o pronome "quem" para a identidade pessoal (isto é, para todas aquelas características – frequentemente difíceis de distinguir – que parecem distinguir alguém), enquanto relacionamos a palavra "o que" com a identidade pública ou social (isto é, com a percepção de alguém no espaço público e com a imagem que esse alguém é capaz de projetar). Podemos então dizer que, com resultados muito diferentes, Voltaire e Rousseau viveram segundo a distinção entre identidade pessoal e pública, ao passo que isso não se aplica exatamente a Diderot, que, apenas para citar um exemplo, nunca escreveu cartas aparentemente "pessoais" com a intenção de vê-las circulando "publicamente" e sendo recitadas entre leitores que o admiravam (como acima de tudo Voltaire fazia, tantas vezes e com tanta perícia).

Quanto à identidade "pessoal" de Diderot, mencionei várias vezes a sua insistência numa forte divergência entre os diferentes retratos dele existentes, divergência essa que ele pretendia associar a uma fluidez pessoal, ou mesmo a uma agilidade específica, ou que dependia de ambientes diversos e impossíveis de interpretar, como a articulação de um verdadeiro eu: "Ao longo de um único dia, assumi cem fisionomias diferentes, de acordo com as coisas que me afetaram. Fui sereno, triste, sonhador, ternurento, violento, apaixonado, entusiasmado".[1] Ainda mais surpreendentemente, Diderot vislumbrou – e por vezes se preocupava com – uma fluidez semelhante em sua imagem e percepção pública. Sentia-se orgulhoso de sua reputação de presença indispensável no mundo dos Salons de Paris e gostava de associar esse estatuto, em uma metonímia distanciada, ao som específico de sua voz, para o qual usava a palavra *ramage*, normalmente aplicada às vozes dos pássaros.[2] Mas numa carta à senhora Necker, escrita em 6 de setembro de 1774, após o retorno de sua estada em São Petersburgo, ele expressou preocupação de que, no "aviário" (*volière*) da alta sociedade parisiense, esse talento (isto é, "seu som já não tão melodioso") pudesse parecer afetado pelo impacto de outras "vozes de pássaros, duras e bárbaras" que ele ia ouvindo:

> Vou regressar ao aviário de onde fugi há quinze meses. Minha *ramage*, que já não era muito melodiosa, não terá sofrido as duras e bárbaras ramificações dos pássaros morávios, helvéticos, belgas, prussianos, poloneses, eslavos e russos com quem convivi?[3]

---

1 Adaptado de Diderot, *Selected Writings on Art and Literature*, p.290. "J'avais en une journée cent physiognomies diverses, selon la chose dont j'étais affecté. J'étais sérain, triste, rêveur, tendre, violent, passionné, enthousiaste." Diderot, *Oeuvres esthétiques*, p.510.

2 Conforme vimos, Jean Starobinski escolheu essa autorreferência como título da sua coleção de ensaios sobre Diderot: *Diderot, un diable de ramage*. (Veja-se em particular o texto introdutório, "Le ramage et le cri" – "A chilrada e o grito").

3 "Je vais rentrer dans la volière dont je me suis échappé depuis quinze mois. Mon ramage, qui n'était pas déjà trop mélodieux, n'aurat-il point souffert des ramages durs et barbares des oiseaux moraves, helvétiens, belges, prussiens, polonais, esclavons et russes avec lesquels j'ai vécu?"

Prosa do mundo

Além da fluidez[4] dos lados "pessoal" e "público," várias outras características eram evidentes nessa forma de identidade ou autorreferência – e possivelmente mais excêntricas do que típicas no tempo e no mundo social de Diderot. Em suas duas potenciais dimensões, a identidade dele parecia inseparavelmente relacionada ao corpo, primeiro por um rosto que a cada instante exprimia seu estado de alma (mas sem ser a articulação de um verdadeiro eu interior); depois, pelo som de uma voz que lhe atribuía um papel específico no mundo social. Os ritmos da mudança nas duas dimensões parecem ter sido muito diferentes, pois Diderot falava de "cem fisionomias por dia", do lado pessoal, e de vários meses de exposição a novos ambientes sociais que provavelmente teriam alterado o som de sua "voz". O fato de esses dois lados da identidade incluírem uma dimensão corpórea impossibilitava que cada um deles fosse completamente exterior ao outro e o observasse, o que sobretudo significa que, do ponto de vista de sua identidade pessoal, Diderot não conseguia observar (ser o reflexo de) sua identidade social. Por fim, para alguém que se vivencia a si mesmo enquanto materialmente incorporado nas duas dimensões de identidade, não parecia plausível ocupar posições fora do mundo material.

Variação e fluidez não eram somente características da forma de identidade de Diderot; elas permeavam também sua vida social, seu trabalho e sua psique. Não havia uma única figura ou amigo que ele considerasse mais central ou mais amado que

---

Starobinski, op. cit., p.11. Tradução minha. (O destinatário da carta de Diderot era a mãe do autor de "De l'Allemagne").

4 Numa recensão da *New York Review of Books* (de 7 de março de 2019) dedicada a duas monografias sobre Diderot, Lynn Hunt descreve a personalidade e os textos de Diderot como "mercuriais".

todos os outros (exceto, provavelmente devido à matriz física de seus vínculos, sua filha Angélique e, mais tarde, seus netos). Certamente que houve intensos momentos eróticos na sua existência, mas esses dificilmente se transformaram em obsessões (apesar de Diderot ser autor de algumas narrativas iniciais que, segundo os padrões do século XVIII, podem se classificar como "pornográficas"). Após um começo terno, o afeto mútuo com Sophie Volland se manteve vivo, devido a paixões intelectuais compartilhadas, em uma troca de cartas ao longo de duas décadas e meia, e nunca interferiu verdadeiramente no mau humor mútuo que mantinha unidos Diderot e sua esposa Anne Toinette. Embora tivesse muitos amigos afetuosos a meia distância, em diferentes lugares e em diversos níveis sociais, Diderot investia tudo quanto era preciso para evitar que tais relacionamentos se desintegrassem. Como se considerava tímido, a ideia de perder amigos deveria ser-lhe insuportável. E, no entanto, também era notória sua falta de tato sempre que se deixava levar pelos ritmos animados de sua escrita – e isso talvez porque confiava demasiado em seus encantos. Uma de suas maiores admiradoras, Catarina da Rússia, tinha uma mesinha a separá-la de Diderot porque ele frequentemente lhe tocava nos braços e nas coxas durante suas longas conversas.

Com a exceção da viagem à Rússia (e sempre houve "exceções" nessa vida), Diderot viveu sempre no espaço de Paris e sua periferia, interrompendo com visitas ocasionais à província, à sua cidade natal de Langres. Em Paris, porém, falava, se correspondia e trabalhava com muitos colegas intelectuais (não só devido à empreitada da *Enciclopédia*), participava em múltiplos círculos sociais e sentia uma grande curiosidade pelo mundo das diferentes profissões (quem mais poderia ter se referido ao "jardineiro da Opéra Comique" como seu amigo?). Mas Diderot não era muito bom a perseguir objetivos e planos de longo prazo (sendo a exceção monumental o sucesso de ter conseguido concretizar o projeto da *Enciclopédia*). Desejos e sugestões de amigos facilmente o faziam descarrilar ("on fait de moi ce qu'on veut"), pois ele gostava de seguir o fluxo de suas associações. Passou assim mais de uma década a escrever *O sobrinho de Rameau*, com volúveis alterações de propósito e complexidade, ao passo que demorou poucos dias para terminar *O sonho de d'Alembert*, tratado de extensão idêntica. Não era apenas que nenhum de seus textos estivesse isento de contradições e passagens que pareciam montadas de maneira demasiado descuidada: acima de tudo, ele sentia dificuldade em inventar um processo estruturalmente convincente e, portanto, muitas vezes deixava seus leitores com uma impressão de incompletude e impaciência que ele próprio talvez nunca tivesse sentido.

Os interesses e projetos intelectuais de Diderot não tinham centro nem hierarquia clara — essa ausência pode ter contribuído para algumas mudanças surpreendentes na história da recepção de seus livros. Se o papel de editor da *Enciclopédia* ocupou o centro de sua vida ativa e deve, claro, contar como a maior contribuição de Diderot no processo do Iluminismo, foi também uma ocupação que agregou contribuições com temas e estilos infinitamente diversos, muitas vezes transformando-os em impulsos intelectuais centrífugos. Ao mesmo tempo, e como que para compensar a falta de clareza conceitual, Diderot vivia fascinado por nuances e detalhes, como Hegel várias vezes afirmou, com admiração. Embora gostasse, como vimos por exemplo em seus *Salões* de meados da década de 1760, de inventar narrativas sobre si mesmo, as formas de auto-observação sistemática, autorreflexão e autoanálise não faziam parte de seu repertório intelectual; e, enquanto seus conceitos e projetos políticos estavam longe de ser inovadores ou mesmo revolucionários, sua incessante prática de ajuizamento fez com que os fenômenos aparecessem em sua singularidade, o que lhe conferia uma aura de abertura ao mundo, de tolerância e generosidade. Mais do que precisão conceitual ou complexidade argumentativa, a produção e ativação do ritmo e da energia como fonte de vida parecem ter sido o ponto de fuga de todas as atividades intelectuais de Diderot.

Talvez o conceito de "metabolismo" seja aquele que melhor capta seu estilo intelectual.[5] Não apenas porque, fiel a um fascínio pelo Materialismo, Diderot pensasse sua existência corpórea como parte de e em intercâmbio com a natureza enquanto seu ambiente — tanto assim que vários objetos do mundo, sobretudo comida gostosa, vinho forte e música estimulavam sua imaginação, seu desejo e sua vontade de se apropriar fisicamente deles; ao mesmo tempo, a etimologia da palavra "metabolismo" e seu uso específico na biologia podem nos abrir outras conotações intelectuais pertinentes. Muito literalmente, o suposto sentido do grego antigo desse conceito é "atirar para além" (em alemão, *hinüberwerfen*) e parece se referir a um ato de atirar sem se preocupar com o lugar aonde o objeto atirado vai parar — por contraste com "projetar," palavra de étimo semelhante (e que deriva do latim *pro-iecere*), que significa uma imagem ou conceito bem circunscrito de uma situação futura para cuja concretização

---

5 Recebi a maioria das intuições que desenvolvo no próximo parágrafo durante uma intensa (e muito madrugadora) conversa que tive com Mareike Reisch e Björn Buschbeck em Stanford em março de 2019.

se deseja contribuir ativamente. Pelo contrário, no metabolismo a escolha deliberada não ocorre nem na absorção do ambiente através do corpo nem naquilo que o corpo processa e regressa ao ambiente. De igual modo, como vimos, Diderot foi simultaneamente entusiástico e negligente nas trocas e comunicações com o ambiente intelectual de seu tempo e do passado. Ele assimilava quaisquer que fossem as ideias ou imagens que atraíssem sua atenção, trabalhava sobre elas e as devolvia ao mundo em seus textos, alteradas, mas sem forma nem determinação específica. Tal como sucede nas operações bioquímicas do metabolismo, era muitas vezes pouco claro quais dos elementos processados e devolvidos "pertenciam" a ele ou aos autores que ele lera. Por outras palavras: a relação metabólica de Diderot com o mundo estava longe de ser centrada no sujeito e, como tal, era de fato particularmente generosa.

*

O conceito e a imagem do "metabolismo" podem nos ajudar a ir além da referência habitual – e descritivamente vazia – da *Enciclopédia ou Dicionário Razoado das Ciências, das Artes e dos Ofícios* como empreendimento de uma vida, só conseguido por um investimento ímpar de tempo de trabalho. Há cerca de meio século, Jacques Proust já se bateu contra essa ideia dos 25 anos da vida de Diderot, entre 1747 e 1772, dedicados a esse projeto:

De quantos "Sobrinhos," "Fatalistas," "Será bom? será ruim?" não terá sido privada a posteridade, por conta deste quarto de século ocupado com tarefas absolutamente mercenárias? Parece um parêntese longo, triste e cinzento. Portanto, salvamos Diderot como podemos: um exemplo de autossacrifício, dizem eles. Coragem acima de tudo, porque custava isso mesmo para manter a empresa como ele fez, às vezes sozinho contra todos e com risco de sua liberdade. A realidade não é tão simples.[6]

A simples "abnegação" e a concentração exclusiva em um único projeto durante tanto tempo não teriam se adaptado à personalidade nem ao estilo intelectual de Diderot. Proust, portanto, insistiu que foi o Chevalier de Jaucourt quem serviu de *factotum* para a empreitada, com uma contribuição de cerca de 17.000 de um total de 71.818 artigos, o que implica que Jaucourt chegou a terminar quatro textos por dia, sacrificando "seu tempo, sua fortuna e seu talento (se é que algum dia teve algum)". Enquanto coeditor e, após a saída de d'Alembert em 1758, seu único diretor, Diderot teve de tratar das conversas e da correspondência com cerca de quatrocentos autores recrutados. Em alguns casos (provavelmente não muitos), ele também editou, ou reescreveu mesmo, textos que não correspondiam às expectativas.

Quanto à "coragem" necessária para esta tarefa, diversa das publicações individuais, o desafio de Diderot foi sobretudo o de recorrer, contra as intervenções da censura oficial do Estado e da Igreja, à proteção de apoiadores de elevado estatuto, entre

---

6 "De combien de "Neveux," de "Fatalistes," de "Est-il bon? est-il méchant?" la postérité n'a-t-elle pas été privée à cause de ce quart de siècle occupé à des tàches sommes toutes mercenaires? On dirait une longue parenthèse, triste et grise. Alors on sauve Diderot comme on peut: un exemple d'abnégation, dit-on. De courage surtout, car il en fallait tout de même pour maintenir l'entreprise comme il l'a fait, quelques fois seul contre tous et au péril de sa liberté. La réalité n'est pas si simple." Proust, "L'Encyclopédie dans la pensée et dans la vie de Diderot", p.100. Tradução minha.

os quais a senhora de Pompadour se revelou a mais confiável. Ele também teve de decidir jogadas estratégicas para minimizar potenciais conflitos – por exemplo, substituindo Paris como local de publicação mencionado nos primeiros sete volumes por Neuchâtel (hoje na Suíça, mas àquela altura um município sob proteção prussiana) para os volumes restantes, que acabaram sendo impressos e vendidos entre 1765 e 1772. Como havia motivos para acreditar que nessa nova condição as autoridades no poder se dispunham a ignorar a continuação da obra (ato dissimulado de tolerância), podemos dizer que a inteligência diplomática, boas conexões sociais e, acima de tudo, contenção de reações exageradas em momentos de crise que se aproximavam eram mais vitais para Diderot do que a tão frequentemente invocada "coragem".

O nível intelectual de seu envolvimento se tornou visível pela primeira vez na autoria do "Prospectus" que circulou a título promocional desde outubro de 1750 (o artigo "Enciclopédia" é uma versão alargada desse texto) e, mais tarde e ainda mais importante, no seu compromisso, tanto como editor quanto como autor, dos verbetes que cobrem "As artes mecânicas" / "Les arts mécaniques" (o título da *Enciclopédia* se refere a eles como Ofícios, "Métiers"). Em paralelo com amplas informações sobre o conteúdo e ao lado daquilo que, segundo os padrões do Iluminismo, eram alguns lugares-comuns, sobre as possíveis funções do projeto, no "Prospectus" se apresentava e discutia a estrutura básica da *Enciclopédia* enquanto problema epistemológico. Para responder à questão – antes de mais nada prática – de saber como a totalidade do conhecimento disponível poderia e deveria ser estruturada, os editores adotaram a "árvore do conhecimento" do seu modelo e inspiração original, ou seja, da "Cyclopedia" inglesa de Ephraim Chambers, publicada pela primeira vez em 1728, que recorrera a um princípio histórico de diferenciação de conhecimento como projeto para seu esboço e estrutura básica. O que foi verdadeiramente surpreendente, no entanto, e em linha com o espírito de algumas conversas em *Jacques, o fatalista*, foi o ceticismo fundamental de Diderot em relação à possibilidade de esta (ou qualquer outra) estrutura de conhecimento corresponder a uma ordem inerente ao mundo. Ele parecia totalmente ciente de como era impossível evitar o caráter arbitrário de tal projeto:

> Essa árvore do conhecimento humano poderia ser formada de várias maneiras, fosse relacionando nossos diferentes conhecimentos às várias faculdades de nossa alma, fosse relacionando-as aos seres que têm como objetos. Mas era tanto mais constrangedora quanto mais arbitrária fosse. E quantas não deveria haver? A natureza nos oferece apenas coisas particulares, infinitas em número e sem qualquer divisão fixa e determinada. Tudo nela ocorre por nuances insensíveis. E neste mar de objetos que nos rodeiam, se há alguns, como pontas de rochas que parecem furar a superfície e dominar as outras, eles devem essa vantagem apenas a sistemas particulares, a convenções vagas e a certos eventos estranhos ao arranjo físico das coisas e às verdadeiras instituições da filosofia.[7]

---

7 "Cet arbre de la connaissance humaine pouvait être formé de plusieurs manières, soit en rapportant aux diverses facultés de notre âme nos differentes connaissances, soit en les rapportant aux êtres qu'ils ont pour objects. Mais l'embarras était d'autant plus grand, qu'il avait plus d'arbitraire. Et combien ne devait-il pas y avoir? La nature ne nous offre que des choses particulières, infinies en nombre, et sans aucune division fixe et determinée. Tout s'y succède par des nuances insensibles. Et sur cette mer d'objects qui nous environnent, s'il en paraît

Nessa citação há três conceitos especificamente importantes. Em primeiro lugar, Diderot usa a palavra "arbitrário" com o intuito de apontar uma condição fundamental comum a todas as estruturas do conhecimento que podem nos ocorrer – e, com isso, nega a existência de qual(is)quer estrutura(s) necessária(s) do mundo. Em segundo lugar, ele insiste que a Natureza apenas nos oferecerá coisas em sua singularidade ("A natureza nos oferece apenas coisas particulares" / "la nature ne nous offre que des choses particulières"). Por fim, ele fala de um "mar de objetos" em nosso redor, acrescentando assim mais uma metáfora ao repertório de expressões que evidenciam a complexidade do mundo.

Surpreendentemente, e em linha com seu ateísmo materialista, Diderot não faz qualquer concessão à possibilidade de uma estrutura inerente ao mundo entendido enquanto criação divina. A teologia, definida como "ciência (ou conhecimento) de Deus / cience de Dieu", só aparece ao lado de outras disciplinas do conhecimento, sem nenhuma atribuição de superioridade graças à revelação.[8] E enquanto em seu artigo mais

---

quelques-uns, comme des pointes de rochers qui semblent percer la surface et dominer les autres, ils ne doivent cet avantage qu'à des systêmes particuliers, qu'à des conventions vagues, et qu'à certains événements étrangers à l'arrangement physique des choses, et aux vraies institutions de la philosophie". Diderot, "Prospectus", p.133. Tradução minha.

8 A exceção – retoricamente motivada – é a primeira frase do parágrafo final no "Prospectus", em que Diderot se refere a um "sistema que existe no entendimento divino / système qui existe dans l'entendement divin" enquanto contraponto à infinidade de sistemas possíveis (e sempre arbitrários) de conhecimento baseados na compreensão humana: "Mas uma consideração que não é demais lembrar é que o número de sistemas possíveis de conhecimento humano é tão grande quanto

recente sobre a *Enciclopédia*, publicado em 1755, ele parece mais preocupado com os ritmos de crescimento do conhecimento, nenhuma delas conduz à ideia ou à imagem de uma certeza última, de base transcendente:

> Não se sabe até onde poderá ir um homem assim. Menos ainda se sabe até onde poderia ir a espécie humana, de que seria ela capaz, se não fosse travada em seu progresso. Mas as revoluções são necessárias; sempre existem e sempre existirão.[9]

Ora, se esta discussão epistemológica que Diderot abriu na sua apresentação da *Enciclopédia* — a saber, a discussão sobre a sistematização do conhecimento razoado e sobre as condições de futuro da continuidade de sua produção — cumpre de fato com as nossas expectativas historicistas em relação a um pensador "avançado" do século XVIII, creio que sua inovação decisiva, até hoje subestimada, veio com o impulso editorial e documental em direção a "les arts mécaniques", isto é, em direção àqueles mundos de produção de conhecimento orientada para a prática que estruturalmente se sobrepõem ao nosso atual conceito de "engenharia". Como se demonstra no "Prospectus", Diderot

---

o número de mentes, e que certamente há apenas o sistema que existe no entendimento divino do qual a arbitrariedade é excluída. / Mais une considération que nous ne pouvons trop rappeler, c'est que le nombre des systèmes possibles de la connaissance humaine est aussi grand que le nombre des esprits, et qu'il n'y a certainement que le système qui existe dans l'entendement divin d'où l'arbitraire soit exclu." Ibid. Tradução minha.

9 Diderot, "Encyclopedia". In: *The Encyclopedia of Diderot & d'Alembert Collaborative Translation Project*, p.9.

344

Prosa do mundo

estava totalmente ciente do estatuto intelectual de sua iniciativa e dos problemas logísticos que dela provinham:

> Eis o que tínhamos para apresentar ao público sobre as ciências e as belas artes. A parte das artes mecânicas não exigia menos detalhes nem menos atenção. Talvez nunca tivesse havido tantas dificuldades reunidas, nem tão pouca ajuda para superá-las. Muito já foi escrito sobre as ciências, não escrevemos bem o suficiente sobre a maioria das artes liberais, não escrevemos quase nada sobre as artes mecânicas; pois não é tão pouco o que encontramos nos autores, em comparação com o alcance e a fecundidade do assunto?[10]

Depois de explicar, de diferentes perspectivas, os insucessos dos esforços anteriores nesta direção, Diderot destacou muito claramente seus dois interesses específicos: "as operações dos artistas e a descrição de suas máquinas."[11] Ao lado de seus textos sobre as "artes mecânicas", a iniciativa também forneceu o núcleo do programa visual para os onze volumes com 3.129 ilustrações (*Planches*), que foram impressas entre 1762 e 1772 e

---

10 Essa tradução é retirada do *Discurso Preliminar* de d'Alembert no projeto da tradução da *Enciclopédia* feita pela Universidade do Michigan. D'Alembert incorporou muito do texto do "Prospectus" de Diderot nesse seu *Discurso Preliminar*. "Voilà ce que nous avions à exposer au public sur les sciences et les beaux arts. La partie des arts mécaniques ne demandait ni moins de details, ni moins de soins. Jamais peut-être il ne s'est trouvé tant de difficultés rassemblées, et si peu de secours pour les vaincre. On a trop écrit sur les sciences, on n'a pas assez bien écrit sur la plupart des arts libéraux, on n'a presque rien écrit sur les arts mécaniques; car qu'est-ce que le peu qu'on rencontre dans les auteurs, en comparaison de l'étendu et de la fécondité du sujet?" p.8.

11 "les opérations des artistes et la description de leurs machines." Ibid.

que, apesar de sua data de publicação posterior, haviam formado parte do projeto desde o seu início. Essas *Planches* constituíam uma espécie de "descrição" verdadeiramente revolucionária para os ofícios então existentes e, conforme mostra a referência aos trabalhadores como "artistas", elas estiveram no início de múltiplas mudanças em seu estatuto social e epistemológico durante o século XIX.

À semelhança de sua reação à encomenda de Grimm para fazer a cobertura dos Salons na *Correspondência literária*, quando Diderot começou a visitar os estúdios de vários pintores e escultores em Paris, seguia o impulso de estar em contato imediato com um mundo que até então lhe fora desconhecido:

> Tudo, então, nos determinava a recorrer aos artesãos. Dirigimo-nos aos mais hábeis de Paris e do reino. Esforçamo-nos por visitar seus ateliês, por interrogá-los, por escrever o que nos diziam, por desenvolver seus pensamentos, de obter os termos próprios de suas profissões, por desenhar tabelas, por defini-los, por conversar com aqueles que nos haviam providenciado seus escritos...[12]

Em cada uma das frases das respectivas passagens ao longo do "Prospectus", conseguimos sentir o *pathos* de uma iniciativa que de fato interessava à Diderot e para a qual, devido a sua

---

12 "Tout nous déterminait donc à recourir aux ouvriers. On s'est addressé aux plus habiles de Paris et du royaume. On s'est donné la peine d'aller dans leurs ateliers, de les intérroger, d'écrire sous leur dictée, de developer leurs pensées, d'en tirer les termes propres à leur professions, d'en dresser les tables, de les définer, de converser avec ceux dont on avait obtenu des mémoires..." Ibid. p.140.

Prosa do mundo

própria prática intelectual, e sem qualquer condescendência, ele estava convencido de poder autenticamente contribuir:

> Vimos artesãos que trabalham há quarenta anos sem nada conhecer de suas máquinas. Sentíamos a obrigação de exercer junto deles a função de que Sócrates se vangloriava, a dolorosa e delicada função de dar à luz os espíritos: *obstetrix animorum*.[13]

Essa intersecção entre, de um lado, a prática dos "artesãos" que não tinham conhecimento conceitual e, do outro, sua própria competência discursiva, destituída de toque físico com o mundo das "artes mecânicas", deverá ter dado forma ao estilo específico e à qualidade estética das *Planches*, nas quais os inúmeros detalhes da mais rigorosa precisão surgem imersos num espaço de sóbria luminosidade. Uma vez mais, Diderot experienciava uma de suas iniciativas e suas consequências como encontro metabólico com os objetos do mundo em sua singularidade:[14]

---

13 "Nous avons vu des ouvriers qui travaillaient depuis quarante années sans rien connaître à leurs machines. Il nous a fallu exercer avec eux la fonction dont se glorifiait Socrate, la function pénible et delicate de faire accoucher les esprits: *obstetrix animorum*". Ibid.

14 Seria uma tarefa filosófica complexa distinguir, não apenas na obra de Diderot, graus diferentes de "singularidade". A palavra é sempre usada como crítica e como uma mudança de enfoque vis-à-vis os níveis de abstração geralmente assumidos. Na citação a seguir, a expressão "métiers singuliers" insiste em analisar os diferentes ofícios individualmente – em vez de falar sobre eles em um nível geral. Já nos *Salões*, os movimentos de "singularização" por ajuizamento especificam pinturas e esculturas individuais dentro da obra de diferentes artistas individuais (por exemplo, aqueles quadros de Greuze que Diderot apreciava particularmente, por oposição àqueles de que não gostava).

Existem profissões singulares e trabalhadores tão ligados a elas que, a menos que você trabalhe você mesmo, faça mover uma máquina com suas próprias mãos e veja a obra se formando diante de seus próprios olhos, é difícil falar sobre isso com precisão. Foi necessário, pois, várias vezes adquirir as máquinas, construí-las, deitar mãos à obra, tornar-se, por assim dizer, aprendiz e fazer você mesmo obras ruins para ensinar os outros como se fazem as boas. Foi assim que nos convencemos da ignorância em que vivemos sobre a maioria dos objetos da vida e da necessidade de sair dessa ignorância.[15]

Porém, ele não foi mais além no belíssimo paradoxo das "obras ruins" (produzidas pelos *philosophes*), que ajudariam a ensinar cada um dos "outros" (isto é, os artesãos de competências práticas) como eles haveriam de "produzir realmente boas obras". Se envolver num discurso – já disponível desde a economia mercantilista – sobre a transferência do conhecimento na tentativa de acrescentar à qualidade prática e ao valor de mercado do emergente trabalho industrial em sentido lato talvez fosse uma estratégia demasiado a longo prazo para Diderot.

Ainda assim, concordo com a observação de Jacques Proust, de que foi através dessa sua insistência em incluir as "artes mecânicas" no programa e no trabalho ativo da *Enciclopédia* que

---

15 "Il est des métiers singuliers, et des manoeuvres si déliées qu'à moins de travailler soi-même, de mouvoir une machine de ses propres mains, et de voir l'ouvrage se former sous les propres yeux, il est difficile d'en parler avec précision. Il a donc fallu plusieurs fois se procurer les machines, les construire, mettre la main à l'oeuvre, se rendre, pour ainsi dire, apprenti, et de faire soi-même de mauvais ouvrages pour apprendre aux autres comment on en fait de bons. C'est ainsi que nous nous sommes convaincus de l'ignorance dans laquelle on est sur la plupart des objects de la vie, et de la nécessité de sortir de cette ignorance." Ibid.

Diderot "deu forma às grandes linhas" de uma abordagem inovadora à política,[16] mais do que através de seus textos sobre conceitos explicitamente políticos.[17] Em entradas como "Droit naturel" ("Direito Natural"), "Pouvoir" ("Poder"), "Puissance" ("Poder"/"Força"/"Potência"), "Représentants" ("Representantes") ou "Souverains" ("Soberanos"), ele desenvolveu uma concepção, convencional entre os autores iluministas e seus leitores, da política enquanto relação contratual baseada na boa vontade mútua entre os monarcas e seus súditos. Por oposição, as *Planches* e os artigos sobre "artes mecânicas" não apenas formavam parte de um avanço na direção da industrialização e da burguesia do século XIX, mas podem ser lidas também (assim como a atitude que lhes serviu de matriz) como fase inicial dentro de um estilo de produção de conhecimento e de epistemologia que era suficientemente "manual" para deixar para trás o paradigma Sujeito/Objeto, suficientemente aberta ao mundo para conceber-se a si mesma como forma de prática mundana, e

---

16 "Finalmente, na *Enciclopédia*, Diderot traçou as linhas gerais de uma política. E, aliás, não é tudo política em um empreendimento que não se apresenta como balanço das aquisições do espírito humano em uma conjuntura histórica precisa para dar força mais demonstrativa à demanda pelas mudanças necessárias e revolucionárias a fazer?" "Enfin Diderot a tracé dans l'*Encyclopédie* les grandes lignes d'une politique. Et d'ailleurs tout n'est-il pas politique dans une entreprise qui ne se présente comme un bilan des acquisitions de l'esprit humain dans une conjuncture historique précise pour donner une force plus demonstrative à l'exigence des changements nécessaires et révolutionnaires à faire?" Proust, op. cit., p.107. Tradução minha.

17 "Os artigos 'revolucionários' da *Enciclopédia*, em matéria política, não são de Diderot, como durante muito tempo se supôs." "Les articles 'révolutionnaires' de l'*Encyclopédie*, en matière politique, ne sont pas de Diderot comme l'on a cru longtemps." Ibid. Tradução minha.

bem-sucedida o suficiente para tornar-se revolucionária de um modo não tradicionalmente político.

*

Eu gostaria, porém, de resistir à tentação óbvia (que é uma opção plausível) de interpretar e apresentar Diderot como precursor da "engenharia", desse conjunto de práticas que durante as últimas décadas conseguiu superar todo tipo de preconceito e condescendência anteriormente destinados a mantê-lo em um nível, na melhor das hipóteses, modesto no mundo intelectual e acadêmico. Pela primeira vez, ele estava longe de todas as formas primitivas de pensamento histórico, especialmente de uma mentalidade de "progresso" que começou a se formar no final de sua vida e, portanto, ele não ambicionava "antecipar" nada. Ao mesmo tempo, e com fundamentos semelhantes, devemos evitar pensar nas possíveis afinidades entre o estilo intelectual de Diderot e alguns desafios do nosso século XXI como mediados por uma "continuidade genealógica" ou, mais inadequadamente ainda, pela trajetória de um "desenvolvimento histórico".

Por várias razões essenciais, não consigo imaginar uma verdadeira semelhança estrutural entre a nossa vida e a de Diderot. Uma comparação potencial entre as duas situações teria de ocorrer a um nível tal de abstração tipológica que a torna irrelevante para nossos propósitos. Abster-me-ei igualmente de discutir convergências entre possíveis configurações epistemológicas pertencentes ao século XVIII e ao século XXI que, entre outros problemas, nos obrigariam a regressar à questão de saber se realmente existiu algo como uma epistemologia coesa subjacente às obras de Diderot. Mais adequado e produtivo será perguntar, enquanto exercício e experimento de imaginação

Prosa do mundo

histórica, como "alguém como Denis Diderot", com seu estilo intelectual "metabólico" e sua atitude de "prosa do mundo", poderia se comportar sob os cotidianos desafios intelectuais de nosso presente – e com isso me refiro ao presente do já não tão jovem século XXI.[18] Das descrições potencialmente infinitas e, ao que parece, inevitavelmente entediantes desse presente global,[19] mencionarei apenas duas características. A partir de uma memória não tão distante de nosso cotidiano enquanto "campo de contingência", ou seja, enquanto barreira de escolha e liberdade cercada pelo horizonte de "necessidade" ou de "destino" (condições de vida e acontecimentos que não podemos determinar) e pelo horizonte da "impossibilidade" (condições de vida que podemos imaginar e às vezes desejar, sem que estejam ao alcance do ser humano), comparado ao cotidiano enquanto "campo de contingência", muitos de nós vivenciamos o dia a dia como um "universo de contingência" – em que nada permanece necessário e nada parece impossível. Isso implica uma bela conquista e um acréscimo de liberdade, mas representa igualmente o peso de ficar exposto a uma situação permanente de opressiva complexidade. Em segundo lugar, esse universo de contingência se tornou nosso novo presente, um presente que, contrariando o

---

18 Para sintomatologias mais elaboradas do nosso presente, veja-se a minha coleção de ensaios: *Brüchige Gegenwart. Reflexionen und Reaktionen*, Stuttgart 2019; meu livro *Nosso amplo presente*, São Paulo, 2015; além de meus ensaios "Humanism", em *The Bloomsbury Handbook of Posthumanism*, ed. Mads Rosendahl Thomsen and Jacob Wamberg, New York, 2020; e "Konservativ, utopisch, melancholisch: 'Nabelschnur zum Kosmos'", em *konservativ?!: Miniaturen aus Kultur, Politik und Wissenschaft*, ed. Michael Kühnlein, Berlin, 2019.

19 Quero dizer com "global" todos os seres humanos capazes de participar na (e com acesso fácil a) comunicação eletrônica.

da cosmovisão histórica descrita por Baudelaire como um "momento imperceptivelmente curto de transição", tende a conter tudo, não apenas toda a memória e conhecimento acumulados no passado (e agora preservados e disponibilizados pela tecnologia eletrônica), mas também um futuro aparentemente preenchido com perigos que parecem se mover em nossa direção (incluindo o do término autoinfligido da vida da humanidade em nosso planeta).

Alguém como Denis Diderot teria, acima de tudo, de parecer-se com um alienígena em nosso mundo, talvez como um Kasper Hauser, mas sem o charme transitório da juventude de Hauser. E os intelectuais contemporâneos que desejam tanto ser "políticos" ou "profissionais" podem achar as reações e opiniões dele escandalosas, ou que não merecem ser discutidas. Enquanto tentam, subjetiva e coletivamente, manter a complexidade do nosso universo de contingência sob o manto protetor do politicamente correto, com seu conjunto de normas de comportamento "eticamente" fundamentadas e suas regras de controlo da fala ("sinais de perigo"), um Diderot renascido pode se deleitar na mesma complexidade e talvez até sentir uma simpatia ligeiramente irônica por aqueles contemporâneos que a ela reagem com um anseio por valores "fundamentalistas" antiquados e por "líderes aparentemente fortes" a quem seguir. Se um tal Diderot do século XXI sobrevivesse, por milagre, a todas as tentativas de marginalizar, excluir e até silenciar seu possível entusiasmo por todos os novos fenômenos e potenciais de pensamento, ele poderia surpreender os seus pares do futuro (e de nosso presente) com um *staccato* de ajuizamentos deliberadamente arbitrários, que produzem uma mundivisão de singularidade, nuance e diferenciação generosa, ao invés de

Prosa do mundo

colocar entre colchetes aquilo que não pode ser rotulado como "globalmente humano".

Somente por pura falta de especialização e pela exigência de competência institucionalmente confirmada, Diderot-Hauser não encontraria emprego no mercado de trabalho hoje, especialmente no mundo acadêmico, onde transições e oscilações híbridas entre discursos e estilos de pensamento diferentes (são sempre elogiados, mas) criam confusão porque tornam impossível designar um candidato para um ou outro departamento e disciplina. Os comitês de avaliação de carreira e os comitês de pesquisa rapidamente diagnosticariam sua forma metabólica de processar o conhecimento como uma deplorável "falta de propósito claramente explicitado". Quanto à sua vida privada, e imagino que isso acontecesse tanto na classe média acadêmica quanto na não acadêmica, um apego vitalício a uma esposa religiosamente ortodoxa desencadearia tanto franzir de testa quanto um relacionamento amoroso extraconjugal que não buscasse nem satisfação sexual nem a excitação existencial de "experimentos" eróticos. Por falta de auto-observação e de autorreflexão sustentadas, Diderot não deixaria de parecer problematicamente pré-freudiano e sem qualquer tipo de "identidade" bem circunscrita, enquanto sua falta de tato o colocaria em problemas sérios, talvez até jurídicos, mais hoje do que no final do século XVIII. Por fim, sua procura insaciável de energia só poderia ser diagnosticada como um vício autodestrutivo.

Interrompo agora esse jogo de imaginação histórica (e anacrônica) – antes que comece a projetar a impressão de que estou usando Diderot para fazer uma sátira amarga da vida atual. Meu verdadeiro propósito, claro, foi o de sugerir, inventando algumas situações contemporâneas em que Diderot teria de parecer absolutamente desajustado, que existe uma afinidade específica entre o estilo, a energia e o ritmo dele e algumas necessidades intelectuais e existenciais do começo do século XXI. A obra de Diderot não oferece respostas práticas ou teóricas relevantes para nós, nem uma; mas como exemplo do passado, a figura dele pode ter o potencial de nos fazer recordar (ou de nos ajudar a reimaginar) o que pode ser, na sociedade de hoje, um intelectual no seu melhor. Não será alguém que possui, encontra e desenvolve soluções para serem seguidas. Mais do que nunca, hoje um intelectual deveria ser um pensador que proporciona aos pensamentos dos outros um excesso de energia e de possibilidades para debater e imaginar, em modos que ainda ninguém fez ou não se atreveu a fazer – especialmente, num ambiente cujos desafios específicos ameaçam produzir um feitiço de paralisia mental.

✻

Conforme vimos no segundo capítulo deste livro, Hegel sentiu um fascínio muito literal pelo pensamento e pela escrita de Diderot. Durante as duas décadas e meia em que a sua obra surgiu, ele se voltou repetidas vezes para textos de Diderot, textos de conteúdo e paladar muito diferente. Não que tivesse para esses textos um lugar estável ou uma função recorrente em seu sistema filosófico, mas porque Hegel deve ter sentido – mais do que se identificado e adotado – a presença de uma relação com o mundo que o seu próprio pensamento tinha dificuldade em explicar e que, portanto, o obrigava a complexificar seus conceitos e argumentos. "Prosa do mundo" serviu como noção única, entre o repertório hegeliano, sob a qual ele subsumiu Diderot e o seu próprio prazer em lê-lo:

Prosa do mundo

Essa é a prosa do mundo, tal como aparece à consciência tanto do próprio indivíduo quanto dos outros: — um mundo de finitude e de mutabilidade, de enredamento no relativo, de pressão de necessidade de que o indivíduo não está em posição de se retirar. Pois todo o ser vivo isolado permanece preso na contradição de ser ele mesmo aos seus próprios olhos esta unidade fechada e, no entanto, ser dependente de outra coisa, e a luta para resolver essa contradição não vai além de uma tentativa e da continuação dessa guerra eterna.[20]

Procurei ilustrar o modo como "finitude", "mutabilidade", "enredamento no relativo", "não estar em posição de se retirar" ou "seres vivos isolados" são de fato conceitos que captam o estilo de Diderot – precisamente porque eles não estão bem delineados e, por isso, correspondem à energia e às obsessões, à imprevisibilidade, à nuance e ao foco individualizante de sua escrita. No melhor dos casos, a nossa análise de alguns dos textos de Diderot deveria ter preenchido a descrição de Hegel com mais *Anschauung*. Do mesmo modo, podemos agora regressar àquilo que Hegel chamou de "pensamento comum" enquanto descrição da prática através da qual Diderot transformou o mundo contingente, com que lidava, em horizontes de objetos em sua singularidade:

O *pensamento comum* nada tem que ver com uma conexão interna, com a essência das coisas, com motivos, causas, objetivos etc., mas se satisfaz tomando o que existe e o que acontece enquanto somente essa simples coisa ou evento individual, i.e., enquanto algo acidental e insignificante. Neste caso, não há nada da dissecação do

---

20 Hegel, *Hegel's Aesthetics*, p.151.

Entendimento dessa unidade vivente em que a visão poética mantém unidas a interna razão das coisas e a sua expressão e existência; mas o que está faltando é uma compreensão dessa racionalidade e desse significado das coisas, que por isso, são insubstanciais para esse pensamento comum e não podem fazer mais nenhuma reivindicação de um interesse racional. Nessa circunstância, a visão que o entendimento tem do mundo e de suas relações como estando conectados por certas categorias é substituído por uma mera visão de um mundo de acidentes sequenciais ou justapostos, que pode ter grande alcance na vida externa, mas que é completamente incapaz de satisfazer uma mais profunda necessidade de razão.[21]

A ambiguidade de Hegel com relação a uma forma de prática intelectual que lhe era ao mesmo tempo tão estranha e tão fascinante fica visível no "grande alcance na vida externa" que ele atribui ao "pensamento comum" enquanto estilo pensado, de outro modo, como "totalmente incapaz de satisfazer uma mais profunda necessidade de razão" – e podemos imaginar que Diderot talvez não ficasse totalmente descontente com essa caracterização. É que aquilo que Hegel evoca e critica enquanto "mera visão de um mundo de acidentes sequenciais ou justapostos, que podem ter grande alcance na vida externa [mas são] totalmente incapazes de satisfazer uma mais profunda necessidade de razão" me parece inadequado como caracterização do estilo intelectual metabólico de Diderot e de uma consequente relação alterada, mas não necessariamente alterada do ponto de vista intelectual, com o mundo.

---

21 Ibid., p.976.

Prosa do mundo

Mais importante e paradoxal, no entanto, foi a inabilidade de Hegel de, em última análise, identificar com rigor o que o atraía nos textos de Diderot, e suas subsequentes reações a esses textos, sob uma premissa de negatividade produtiva que nos ajudou a desenhar um primeiro esboço da "prosa do mundo" enquanto matriz epistemológica possível – e certamente vaga – subjacente à obra de Diderot e de alguns outros eminentes protagonistas da cultura de seu tempo. É como se todos eles negassem, inadvertida e sistematicamente, algumas das negações centrais de Hegel. Se o "Sujeito" enquanto conceito hegeliano de autor-referência humana era, na maioria dos casos, exclusivamente espiritual (com algumas exceções evidentes, sobretudo na sua *Enzyklopädie*), vimos como ele sempre e invariavelmente incluía o corpo e seus sentimentos na visão de Diderot; se a História hegeliana processava a complexidade do mundo em formas "necessárias" de progresso ou decadência, para Diderot o mundo se mantinha assustadoramente – e por vezes alegremente – complexo; se os mundos espiritual e material estavam originalmente separados na narrativa hegeliana do amo, para ficarem reunidas, por fim, numa união autorreflexiva, o Materialismo de Diderot procurou desenvolver uma visão monista que não permitia essa divergência ontológica; e se o julgamento de Hegel foi uma ferramenta para descobrir regularidades e "leis" nas interações entre espírito e matéria, serviu a Diderot como prática permanente que abria o mundo enquanto universo de fenômenos em sua concretude e singularidade.

Também nesse aspecto profundamente distinto de Hegel, Diderot não se importava com "programas" abrangentes a longo prazo, nem com "posições" políticas e intelectuais. Se Hegel e o estilo de pensamento ao qual ele deu forma definitiva se tornaram decisivos para o modo como ainda hoje entendemos a influência modeladora do "Iluminismo" no "processo da Modernidade", o lugar que, em retrospectiva, podemos atribuir a Diderot e a sua obra terá de ser na periferia do Iluminismo (e é claro que insinuo que esta tem sido uma posição intelectualmente produtiva desde os tempos de Diderot). Ele estava ligado aos autores e aos pensadores mais centrais do Iluminismo, mas a tentativa acadêmica e o hábito de incluí-lo no conceito de "pensador do Iluminismo" colocou entre colchetes e neutralizou aquilo que pode ser mais atraente em sua obra. Talvez tenha chegado a hora de negar essa negação – sem, é claro, ignorar Hegel e seu legado. De fato, pode ser um privilégio produtivo da periferia eliminar totalmente os parênteses e as limitações institucionais, ou seja, não avançar para um ataque ao "pensamento dominante".

VIII
"Não faço nada"[1]
Os últimos três anos da vida de Diderot

No dia 28 de julho de 1781, três anos e três dias antes de morrer, Denis Diderot escreveu uma carta a Angélique de Vandeul, sua amada e única filha[2] – esse texto seria o derradeiro documento em que ele fala de si mesmo.[3] A educação moral e estética de Angélique, de acordo com os ideais do Iluminismo, fora tão importante para seu pai que ele temia a toda a hora expô-la aos conflitos com os rígidos valores religiosos da mãe.[4]

---

1 "je ne fais rien." Diderot, *Correspondance*, vol.15, p.256. Tradução minha. Carta à Senhora de Vandeul de 28 de julho de 1781.

2 Três filhos anteriores de Denis e Anne-Toinette Diderot haviam falecido prematuramente. A mãe tinha 43 anos de idade quando estava grávida de Angélique.

3 Ibid., p.259.

4 Ver a carta de Diderot a Sophie Volland de 22 de novembro de 1768, quando Angélique tinha 15 anos: "Ela me pareceu tão avançada que, no domingo passado, quando a mãe me mandou ir fazer um passeio com ela, decidi contar-lhe tudo quanto significa ser mulher, começando com a questão: 'Sabes qual a diferença entre os sexos?' [...] Perguntei a algumas pessoas sensatas o que pensavam dessa conversa, e todas me disseram que eu fizera bem. Será que não é necessário condenar

Em setembro de 1772, com 19 anos, Angélique casou-se com Abel-François-Nicolas Caroillon de Vandeul, filho de uma família abastada de Langres, graças a um bom dote que Diderot, tenaz, negociara com seu futuro genro e ao estipêndio que Catarina, a Grande, lhe oferecera. Pouco depois, o novo sogro recorreu aos seus contatos no mundo da política e dos negócios de Paris para promover o marido de Angélique, e em 1781 Abel estava lançado fazendo boa fortuna na indústria emergente do aço.[5] O casal veio a ter dois filhos, continuou a viajar com frequência entre Langres e Paris e gozou de uma vida com razoável conforto segundo os padrões da classe social e do tempo histórico em que viviam.

As palavras que iniciam a última carta pessoal de Diderot revelam que ela foi motivada por um pedido amoroso de Angélique e que seu pai estava tendo dificuldade em lhe correponder:

---

algo quando essa coisa não tem remédio? [...] Se eu perdesse essa filha, pereceria de desgosto. Amo-a mais do que consigo exprimir em palavras." Diderot, *Diderot's Letters to Sophie Volland: A Selection*, p.187-88. "Je l'ai trouvé si avancée, que dimanche passé, chargé par sa mère de la promener, je pris mon parti et lui révélai tout ce qui tient à l'état de femme, debutant par cette question: Sçavez-vous quelle est la différence des deux sexes? [...] J'ai consulté sur cet entretien quelques gens sensés. Ils m'ont tous dit que j'avois bien fait. Seroit-ce qu'il ne faut pas blâmer une chose à laquelle il n'y a plus de remède? [...] Si je perdois cet enfant, je crois que j'en périroit de douleur. Je l'aime plus que je ne sçaurois vous dire." Diderot, *Correspondance*, vol.15, p.231-33. O sentimento de Angélique em relação a seu pai parece ter correspondido a esse laço forte: "Estou sobremaneira encantado com minha filha. Ela diz que sua mamãe reza a Deus e que seu papai faz o bem." / "Je suis fou à lier de ma fille. Elle dit que maman prie Dieu, et que son papa fait le bien."

5 Ver: Wilson, op. cit., p.676-77.

Não sei, minha filha, se você tem grande prazer em me ler, mas não ignora que escrever é para mim uma tortura; e isso não a impede de exigir mais uma das minhas cartas; isso é o que se chama de personalidade pura, e dar-se a si mesmo decididamente a preferência em detrimento de outrem.[6]

Linha após linha, ficamos com a impressão de que os tópicos casuais e o correr de sua prosa já não eram fáceis para Diderot, e que ele tinha uma dolorosa consciência disso mesmo. A certa altura, ele escreveu sobre como suas conexões sociais estavam se "dissolvendo" – e que isso não o deixava muito infeliz: "Vejo com alguma satisfação como todas as minhas relações se descosem".[7] Mas, acrescentava, Angélique não haveria de perder nada com essa mudança: "Vous n'y perdrez pas". A abertura ao mundo que durante tantos anos entretivera, alimentara e animara Denis Diderot se fechava agora até o círculo estreito de sua família – e ele se resignava a esse processo.

Ao contrário do que Angélique supunha, nenhum novo interesse ou projeto lhe iluminava a vida: "Se trabalho com moderação? Eu não faço nada",[8] escreveu Diderot. Nessa situação, igual a tantas outras pessoas mais velhas, Diderot ocupava seu tempo lendo romances, descobrindo que eram bons para dissipar

---

6 "Je ne sçai, mon enfant, si tu as grand plaisir à me lire, mais tu n'ignores pas que c'est un supplice pour moi que d'écrire; et cela ne t'empêche pas d'exiger encore une de mes lettres; voilà ce qui s'appelle de la personnalité toute pure, et se donner à soi-même bien décidément la preference sur un autre." Ibid., p.252-53. Tradução minha.

7 "Je vois avec une certaine satisfaction toutes mes liaisons se découdre." Ibid., p.255. Tradução minha.

8 "Si je travaille modérément? Je ne fais rien." Ibid., p.256. Tradução minha.

ataques de mau humor (*vapeurs*) e, portanto, ele decidira "oferecer" a sua esposa leituras regulares de romances. Agora passava a maior parte do dia com ela – e parecia se aborrecer com
ela menos do que nos 40 anos anteriores:

> Administro-lhe três doses de *Gilblas* todos os dias; uma de manhã;
> uma após o jantar; uma à noite. Quando terminarmos *Gilblas*, começa-
> remos o *Diabo Manco*, o *Bacharel de Salamanca*; e outras obras assim desta
> natureza. Algumas centenas dessas leituras, durante alguns anos, ter-
> minarão a cura. Se eu estivesse certo do sucesso, é claro, a tarefa não
> me pareceria difícil. O engraçado é que ela fala a todas as visitas sobre
> o que aprendeu e a conversa duplica a eficácia do remédio. Sempre
> havia tratado os romances como produções um tanto frívolas; des-
> cobri, enfim, que são bons para os maus humores.[9]

Mas falar sobre os romances não inflamou propriamente a
carta, e por isso Diderot fechava com outra frígida referência a
sua esposa, que dera em preparar geleias de groselha e alperce
para a família de Angélique e queria que ele pagasse o açúcar.
Mas, acima de tudo, ele estava satisfeito por ter preenchido um
bom número de páginas:

---

9 "Je lui administre trois prises de *Gilblas* tous les jours; une le matin; une
l'après dìner; une le soir. Quand nous avons vu la fin de *Gilblas*, nous
prendrons le *Diable boîteux*, le *Bachelier de Salamanque*; et les autres ouvrages gais de cette nature. Quelques centaines et quelques années de ces
lectures finiront la guérison. Si j'etois bien sûr du success, la corvée
me sembleroit point dure. Ce qu'il y a de plaisant, c'est qu'elle régale
tous ceux qui la visitent de ce qu'elle a retenu, et que la conversation
redouble l'efficacité du remède. J'avois toujours traité les romans comme des productions assez frivoles; j'ai enfin découvert qu'ils étoient
bons pour les vapeurs." Ibid., p.253-54. Tradução minha.

Prosa do mundo

Vossa mãe vos prepara geleias de groselha e de alperce. Deram-
-lhe a fruta e ela me obriga a pagar o açúcar. Para um homem que
desespera por não escrever cartas de resposta, eis aqui uma suficientemente longa.[10]

Uns bons dois anos antes, desde Sèvres, onde ele gostava de
passar a Primavera na casa de campo de um amigo, o joalheiro
Belle,[11] Diderot ainda escrevia a Angélique num tom muito diferente, com o calor da afeição paternal e melancólico com a
distância que o separava de sua filha e netos:

Vossa ausência entristeceu a cidade e embelezou o campo, especialmente quando o céu se desfez em água e a campina esteve a ponto de
desaparecer entre os dois braços do Sena, embaixo de nosso terraço.
Como você, estou furioso com a perenidade deste bom tempo. À noite,
pensei ouvir as folhas das árvores estremecendo com as gotas de chuva.
Levantei-me de camisa, e vendo apenas um céu estrelado, ou o horizonte
de uma linda cor púrpura, fui entristecer-me entre os lençóis por aquilo
que aos outros fez levantar. Daí concluo que um bom pai costuma ser
um homem muito mau; e carreguei secretamente no fundo do meu coração este sentimento, honesto, manso e humano: pereçam todos os
outros, desde que meus filhos prosperem, e me persuadi de que este
é, porém, um daqueles casos em que se estima menos e se ama mais.[12]

10 "Votre mère vous fait des confitures de groseilles et d'apricots. On lui
    a donné le fruit, et elle me fait payer le sucre. Pour un homme dont le
    désespoir est de faire des réponses, en voilà une suffisamment longue."
    Ibid., p.257. Tradução minha.
11 Ver: Wilson, op. cit., p.575.
12 "Votre absence a attristé la ville et embelli la campagne, surtout lors-
    que le ciel fondoit en eau, et que la prairie étoit sur le point de dis-
    paroître entre les deux bras de la Seine, au-dessous de notre terrasse.

Poderão não ser as frases de maior brilho estilístico, jamais compostas por Diderot, desencadeadas sobre uma paisagem e um sentimento, mas são muito exuberantes em sua descrição detalhada da contiguidade fluida entre a chuva, as cores e as emoções complexas – assim, produzem uma impressão de vivacidade, que poucos meses mais tarde ele deixou de conseguir evocar. Além de relatar fatos sobre as atividades dela, Diderot costumava também conversar com amigável condescendência sobre a mãe de Angélique:

> A propósito, esqueci de lhe contar sobre os dois grandes infortúnios que aconteceram à senhora Diderot. A ingrata Bibi se foi; e o pérfido Collet, um gato marido de uma gata chamada Colette, estropiou um de seus canários e arrancou as costas de sua canária com uma garra. Não existe felicidade perfeita neste mundo.[13]

J'enrageois comme vous contre la pérennité de ce beau temps. La nuit, il me sembloit que j'entendois les feuilles des arbres frémir sous les gouttes de pluie. Je me levois en chemise, et ne voyant qu'un ciel bien étoilé, ou l'horizon coloré d'un beau pourpre, j'allois m'attrister entre mes draps, de ce qui enchantoit les autres à leur lever. D'où je concluois qu'un bon père est souvent très méchant homme; et je portois secrettemet au fond de mon coeur, ce sentiment, honnête, doux et humain: périssent tous les autres, pourvu que mes enfants prospèrent, et je me persuade que c'est là pourtant un de ces cas où l'on estime moins et l'on n'en aime davantage." Ibid., p147-48. Carta de 31 de maio de 1779. Diderot, *Correspondance*, vol.15.

13 "Apropos, j'oublios de vous parler des deux grands malheurs arrivés à Madame Diderot. L'ingrat Bibi s'est envolé; et le perfide Collet, c'est un chat mari d'une chatte appellée Colette, a estropié un de ses serins et dépouillé le dos de sa serine d'un coup de griffe. Il n'y a point de bonheur parfait dans ce monde." Ibid. Tradução minha.

Prosa do mundo

Acima de tudo, Diderot falava com ternura e com alguma autoironia sobre seus netos, e os saudava, assim como a seu pai – ao passo que na carta de julho de 1781 eles não recebem qualquer menção:

> Beije Caroillon por mim; amo loucamente seus pequenos, embora eles pensem que fui mal-educado por não poder contar para eles onde Carlos Magno morreu. Poupe seus cérebros e seus seios delicados, não encha nem suas cabeças nem seus estômagos.[14]

*

O que terá acontecido a Denis Diderot entre maio de 1779 e julho de 1781? Devem ter sido anos de progressiva deterioração de sua saúde, devido a hidropisia e enfisema,[15] que anulavam

---

14 "Embrassez Caroillon pour moi; j'aime vos petits enfants à la folie, quoiqu'ils me trouvent mal elevé, depuis que je n'ai pu leur dire où Charlemagne étoit mort. Ménagez leur petite cervelle et leur poitrine délicate, ne bourrez ni leur tête ni leur estomac." Ibid. Tradução minha.

15 Ver: Wilson, op. cit., p.698 e Diderot, *Correspondance*, vol.15, p.259, em que os editores afirmam que Diderot morreu de uma "síndrome cardiorrenal", e acrescentam a descrição que Angélique de Vandeul faz de sua situação durante o verão de 1781 (p.260): "Então, ele começou a reclamar bastante de sua saúde; sentia a cabeça gasta. Ele dizia que não tinha mais ideias; estava sempre cansado; era um trabalho para ele se vestir; seus dentes não o faziam sofrer, mas ele os removia suavemente como se solta um alfinete; comia menos, lia menos: durante três ou quatro anos sentiu uma destruição que os de fora não podiam notar, pois ele mantinha o ânimo na conversa, e a mesma doçura." "Il commença alors à se plaindre tout à fait de sa santé; il trouvait sa tête usée. Il disait qu'il n'avait plus d'idées; il était toujours las; c'était pour lui un travail de s'habiller; ses dents ne le faisaiet point souffrir, mais il les ôtait doucement comme on détache une épingle; il mangeait moins, lisait moins: pendant trois ou quatre ans il a senti une destruction

e dissolviam seu excepcional dom de transformar cada contato com o mundo material em energia e intensidade de vida. O mais provável é que ele tenha começado a respirar pesadamente e a ter de parar cada vez que caminhava cem metros. Também reclamava de não conseguir mais se concentrar à noite, nem trabalhar à luz da vela. E, por ter conhecimento especializado sobre os mais recentes entendimentos e descobertas médicas de seu tempo, Diderot não tinha tantas ilusões[16] sobre a imanência da morte quanto seus amigos e talvez mesmo seus médicos.

Como foi que sua vida mudou, sem aquela energia única que o havia voltado na direção do mundo, num constante prazer? Como ele imaginou que seria morrer? Para lá de uma confiança constantemente reiterada em que a posteridade e seus futuros leitores valorizassem e resgatassem plenamente sua obra, figura retórica que me parece bastante convencional,[17] Diderot nem evitou nem se dedicou a falar de sua morte. Talvez ele também se lembrasse de alguns debates materialistas que haviam problematizado o conceito em questão e extraísse deles alguma serenidade:

Vivo, ajo e reajo em massa... Morto, ajo e reajo em moléculas... Nunca morro, portanto?... Não, sem dúvida, não morro neste

---

dont les étrangers ne pouvaient s'apercevoir, ayant toujours le même feu dans la conversation et la même douceur." Ibid., p.260. Tradução minha.

16 Ver: Diderot, *Correspondance*, vol.15: "Graças ao conhecimento que tinha na área da fisiologia, Diderot sabia quanto tempo de vida lhe restava." "Grâce à ses connaissances physiologiques, Diderot savait quel temps il lui restait à vivre." Ibid. p.322. Tradução minha.

17 Wilson, pelo contrário, levou isso tão a sério que terminou sua biografia com um capítulo intitulado "The appeal to posterity" ["O apelo à posteridade"].

sentido, nem eu, nem quem quer que seja... Nascer, viver e passar é mudar de formas... E que importa uma forma ou outra?[18]

É certo que sabemos, pelo testemunho de vários de seus amigos, que Diderot esperava que a morte "viesse de repente" (ele se referia a *une mort subite*), sem grande antecipação nem sofrimento físico – e, sobretudo, sem dar tempo a sua mulher de chamar um padre que lhe ministrasse os últimos ritos.[19] Imaginar a sua própria morte como "súbita" pode ter acrescentado mais uma camada à dimensão existencial de contingência que tanto fascinava Diderot. Mas, se esses pensamentos não o incomodavam muito, a família e os amigos procuravam não lhe contar da morte de pessoas queridas. Talvez ele não tenha sabido da morte de Sophie Volland, em 22 fevereiro de 1784,[20] e a família do lado de Langres decidiu não lhe dar a notícia, quando sua neta Marie-Anne de Vandeul faleceu a 15 de março do mesmo ano.

O que alterou seu comportamento e, podemos dizer, alterou seus valores até mais profundamente do que as reflexões sobre a morte foi o desaparecimento progressivo de energia – que provavelmente afetou seu estado de despreocupação. Pela primeira vez desde que Catarina, a Grande, havia lhe garantido a base econômica de sua existência, Diderot voltou a se preocupar com a

---

18 "Vivant, j'agis et je réagis en masse... mort, j'agis et je réagis en molecules... je ne meurs donc point... Non, sans doute, je ne meurs point en se sens, ni moi, ni quoi qu'il soit... Naître, vivre et passer, c'est changer de forme. Et qu'importe une forme ou une autre?" Diderot, *O sonho de d'Alembert*, p.103-4.

19 Veja-se o apêndice ao *Diderot* de Starobinski, com o título "Note sur l'angine de poitrine et la mort subite," p.410-13.

20 Ver: Diderot, *Correspondance*, vol.15, p 322, com documentação detalhada sobre as circunstâncias da vida de Sophie durante seus últimos anos.

publicação, em 1782,[21] e com o sucesso de um texto, mais precisamente de sua última obra original, um ensaio intitulado "Sur les règnes de Claude e de Néron" ("Sobre os reinos de Claudio e de Nero"), dedicado a Sêneca, cujo estoicismo ele muito admirava.[22] Decepcionado com as reações menos que ambíguas, Diderot começou então a pensar na publicação de suas obras completas. Mas nunca foi além de algumas iniciativas financeiras preparatórias, como pedir de volta dinheiro que havia emprestado a amigos, assim desmentindo sua outrora reconhecida generosidade:[23]

Ouça, meu amigo; estou trabalhando numa edição completa das minhas obras. Tenho quatro copistas que me custam cerca de 1.20l por mês. Estou falido e suplico que me auxilie. Você me deve 3.49l. Se pudesse me entregar esse valor, se não fosse incômodo, tanto melhor. Se tiver de se incomodar, pois se incomode.[24]

---

21 Ver: Diderot, *Correspondance*, vol.15, p.283, como era habitual e tacitamente tolerado pela censura do Estado, referia-se como local de publicação uma cidade fora do reino da França [no caso, Londres].

22 Ver: Wilson, op. cit., p.704*ss*.

23 Essa generosidade foi descrita com grande entusiasmo e beleza pela filha Angélique, nas *Mémoires pour servir à l'histoire de la vie et des ouvrages de M. Diderot, par Mme de Vandeul, sa fille*. In: Diderot, *Oeuvres complètes*. p.25: "Ele trabalhou muito; entretanto, três quartos de sua vida foram ocupados em socorrer aqueles que precisavam de seu dinheiro, de seus talentos, de suas ações." "Il a beaucoup travaillé; cependant les trois quarts de sa vie ont été employés à secourir tous ceux qui avaient besoin de sa bourse, de ses talents et de ses demarches." Tradução minha.

24 "Ecoutez, mon ami; je travaille à une edition complète de mes ouvrages. J'ai quatre copistes qui me coûtent près de 120 l. par mois. Je suis épuisé, et je vous supplie de venir à mon secours. Vous me devez 349 l. Si vous pouvez me les rendre, sans vous gêner, tant mieux; s'il faut

Ao mesmo tempo, e ao contrário de seu hábito publicamente conhecido de envolver-se em conversas nas mais variadas posições, Diderot tornava-se cada vez mais sensível a situações de controvérsia e de tensão. Acusava seu amigo Grimm, por exemplo, de comportar-se como "um cortesão" por ele não acompanhar a aclamação pública em torno da *Histoire des deux Indes* de Raynal.[25] Quando, no final do verão de 1781, Diderot recebeu a notícia de ter sido eleito membro honorário da Sociedade Escocesa de Antiquários, respondeu em inglês e misturou a expressão de sua gratidão com amargor pelo tratamento que toda a vida recebera em França:

> Eu deveria ter tido a honra de responder a vocês antes, mas fui impedido de o fazer devido a uma desordem mais aborrecida que dolorosa, e da qual tenho pouca esperança de me libertar totalmente. A vossa carta chegou em bom tempo para emendar sofrimentos passados, e para dar-me firmeza contra os que hão de vir. Não consigo esquecer as perseguições que sofri em meu próprio país; mas, lado a lado com essa dolorosa lembrança, colocarei a dos sinais de estima que tenho recebido de nações estrangeiras.[26]

Diderot tinha certamente múltiplas razões para o ressentimento que sentia com relação às instituições e a alguns inimigos em França. Mas, se — fosse por considerações estratégicas, fosse por uma predisposição natural para não sentir paranoia — ele nunca fizera muito caso disso, nos últimos anos de vida — altura

---

que vous vous gêniez, gênez vous." Carta a Sédaine (secretário da *Académie d'Architecture*), 11 de outubro de 1781. Tradução minha.

25 Wilson, op. cit., p.700-01.

26 7 de outubro de 1781. Diderot, op. cit., p.272-73.

em que poderia ter gozado de respeito e admiração mais alargados — começou literalmente a se sentir perseguido.

*

Destituído de sua antiga vitalidade, porém, não restava muito que Diderot pudesse desfrutar, e podemos imaginar como ele esperava pela morte — permanentemente e algo impacientemente — como evento súbito. Acima de todas as outras modificações de caráter, talvez ele também quisesse, pela primeira vez em sua vida, acelerar o fluir do tempo. O tão esperado momento derradeiro parecia ter finalmente chegado em fevereiro de 1784, com uma grave crise de saúde, que Angélique recorda com detalhe:

> Em 19 de fevereiro de 1784, ele sofreu uma violenta crise, cuspindo sangue. "Eis quem aqui se fina, ele me disse, teremos de nos separar: eu sou forte, talvez não aconteça nos próximos dois dias, mas daqui a duas semanas, dois meses, um ano..." Eu estava tão acostumada a acreditar nele, que não duvidei da verdade nem um só momento; e durante todo o tempo de sua doença, eu chegava em casa dele tremendo, e saía com a ideia de que nunca mais o veria. [...] No oitavo dia da doença, conversou: estava perturbado; disse uma frase errada; apercebeu-se disso, começou de novo e errou outra vez. Então, ele se levantou: "Uma apoplexia", me disse, olhando-se no espelho, mostrando-me a boca um pouco torta e uma mão fria e inerte. Entra em seu quarto, senta-se na cama, beija minha mãe, se despede dela, me beija, se despede de mim, explica onde encontraríamos alguns livros que não eram dele e para de conversar. Só ele tinha sua cabeça; o resto do mundo a havia perdido.[27]

---

27 "Le 19 février 1784, il fut attaqué d'un violent crachement de sang. 'Voilà qui est fini, me dit-il, il faut nous séparer: je suis fort, ce sera peut-être pas dans deux jours, mais deux semaines, deux mois, un an...'

Prosa do mundo

Mas mesmo depois dessa performance de um passamento estóico, executado na perfeição, a morte não chegou. Diderot se recuperou e voltou a sentir apetite – talvez até demasiado, segundo diz sua filha. Apenas suas pernas continuaram "muito inchadas".[28] Foi então que seus amigos e médicos engendraram o projeto de pedir a Catarina, a Grande, que financiasse uma mudança do edifício onde Diderot vivera durante trinta anos com sua família no quarto piso (com sua biblioteca ainda mais acima) para um lugar de piso térreo. Numa nota de 19 de maio, Sua Majestade se mostrava preocupada e passava uma quase repreensão a Grimm por não lhe ter dito nada antes, dando instruções para que a Embaixada da Rússia procurasse um apartamento novo, com acesso direto desde a rua.[29]

J'étais si accoutumé à le croire, que je n'ai pas douté un instant la vérité; et pendant tout le temps de sa maladie, je n'arrivai pas chez lui qu'en tremblant, et je n'en sortais qu'avec l'idée que je ne le reverrais plus. [...] Le huitième jour de sa maladie, il causait: sa tête se troubla; il fit une frase à contresens; il s'en aperçut, la recommença et se trompa encore. Alors il se leva: 'Une apoplexie,' me dit-il en se regardant dans une glace, en me faisant voir sa bouche qui tournait un peu et une main froide et sans mouvement. Il passe dans sa chambre, set met sur son lit, embrasse ma mère, lui dit adieu, m'embrasse, me dit adieu, explique l'endroit où l'on trouverait quelques livres qui ne lui appartenaient pas, et cesse de parler. Lui seul avait sa tête; tout le monde l'avait perdue." Angélique, *Mémoires*, p.32. Tradução minha.

28 Veja-se a descrição da crise e da recuperação de fevereiro de 1784 em Wilson, op. cit., p.709-710, que termina com a frase: "O fluxo de sua energia quase cessou por completo."

29 Ver: Diderot, *Correspondance*, vol.15: "Estou muito irada por saber que Diderot está assim mal e por saber da extraordinária infelicidade que sucedeu a sua neta." "Je suis bien fâchée de ce que Diderot est si mal et du malheur inouï arrivé à sa petite-fille." Ibid., p.334-35. Tradução minha.

Encontraram uma habitação luxuosa, que alugaram, no nº 39 da Rue Richelieu, contra algum protesto de Grimm e de Holbach, preocupados porque o padre da paróquia local certamente recusaria a seu amigo um funeral cristão – o único funeral decente disponível. Diderot, pelo contrário, surpreendeu a todos quando, regressado de Sèvres, se mudou com grande satisfação para o novo apartamento – embora não esperasse viver ali mais do que uns poucos dias. Parecia ter recuperado energia e graça perante a presença iminente da morte:

> Desejava abandonar o campo e vir morar lá; desfrutou da casa doze dias; e ficou encantado com isso. Sempre tendo morado em uma espécie de favela, se achava agora em um palácio. Mas o corpo enfraquecia a cada dia. A cabeça não mudava: estava convencido do fim próximo, mas não falava sobre isso [...]. Na véspera de sua morte, lhe trouxeram uma cama mais confortável; foi um grande trabalho para montá-la. "Meus amigos", disse-lhes ele, "vocês estão se esforçando muito aqui por uma peça de mobiliário que não será usada mais de quatro dias".[30]

*

Nessa tarde, recebeu alguns amigos. Angélique quis recordar – talvez colocando "famosas últimas palavras" na boca de seu pai – que o tópico das conversas foi o estado da filosofia, e que Diderot

---

30 "Il désira quitter la champagne et venir y habiter; il en a joui douze jours; il en était enchanté. Ayant toujours logé dans un taudis, il se trouvait dans un palais. Mais le corps s'affaiblissait chaque jour. La tête ne s'altérait pas: il était bien persuadé de sa fin prochaine, mais il n'en parlait pas [...]. La veille de sa mort, on lui apporta un lit plus commode; les ouvriers se tourmentaient pour le placer. 'Mes amis, leur dit-il, vous prenez là bien de la peine pour un meuble qui ne servira que quatre jours'." Angélique, op. cit., p.32. Tradução minha.

Prosa do mundo

terminou sua vida intelectual relacionando essa "ciência" com a premissa central do ateísmo:

> Na conversa, se discorreu sobre a filosofia e os diferentes caminhos para chegar a essa ciência: "O primeiro passo", disse ele, "em direção à filosofia, é a incredulidade". Foi essa a última palavra que proferiu perante mim: era tarde, e deixei-o; esperava revê-lo.[31]

O dia seguinte era um sábado, 31 de julho de 1784.[32] Depois de se levantar, Diderot conversou com seu genro e com seu médico e se sentou à mesa com a família, para almoçar:

> Sentou-se à mesa. Comeu uma sopa, borrego cozido e chicória. Pegou um alperce; minha mãe quis impedi-lo de comer esse fruto. "Mas que diabo pensas que me fará?" Comeu-a, apoiou o cotovelo na mesa para comer algumas cerejas em compota, tossiu um pouco. Minha mãe lhe perguntou qualquer coisa; como ele não respondesse, ela ergueu a cabeça e olhou para ele: ele já não vivia.[33]

---

31 "La conversation s'engagea sur la filosofie et les différentes routes pour arriver à cette science: 'Le premier pas, dit-il, vers la filosofie, c'est l'incrédulité.' Ce mot est le dernier qu'il ait proféré devant moi: il était tard, je le quittai; j'espérai le revoir encore." Ibid., p.34. Tradução minha.

32 Angélique se enganou ao escrever "samedi, 30 juillet" (ver: Wilson, op. cit., p.883).

33 "Il se mit à table. Mangea une soupe, du mouton bouilli et de la chicorée. Il prit un abricot; ma mère voulut l'empêcher de manger ce fruit. 'Mais quel diable veux-tu que cela me fasse?' Il le mangea, appuya son coude sur la table pour manger quelques cerises en compote, toussa lègèrement. Ma mère lui fit une question; comme il gardait le silence, elle leva la tête, le regarda: il n'était plus." Angélique, op. cit., p.35. Tradução minha.

Esse momento final foi puro Diderot. Aguardada com impaciência durante muito tempo, a morte acabou por vir mesmo de súbito, como ele esperara. Suas derradeiras palavras começaram com a praga mais diretamente secular ("quel diable!") que ele tantas vezes usara.[34] Também pôde aproveitar a última oportunidade de não seguir um conselho de sua mulher, que provavelmente falou segundo a crença setecentista de que a fruta fazia mal a pessoas de saúde frágil. Acima de tudo, Diderot morreu comendo, nessa mais elementar e metabólica das relações com o mundo material.

Fiel a seus princípios materialistas e a seu fascínio pela medicina, ele deixou escrito que queria ser autopsiado. Sem surpresas:

> Meu pai acreditava que era avisado autopsiar aqueles que deixavam de existir; acreditava que essa operação seria útil aos vivos. Ele me pediu isso mais do que uma vez; e assim foi. A cabeça estava tão perfeita, tão bem conservada quanto a de um homem de vinte anos. Um dos pulmões estava cheio de água; seu coração, dois terços maior do que o das outras pessoas. A vesícula biliar estava completamente seca: não havia mais matéria biliosa, mas continha 21 pedras, a menor das quais do tamanho de uma noz.[35]

---

34 Ver: Starobinski, op. cit., p.10.

35 "Mon père croyait qu'il était sage d'ouvrir ceux qui n'existaient plus; il croyait cette opération utile aux vivants. Il me l'avait plus d'une fois demandé; il l'a donc été. La tête était aussi parfaite, aussi bien conservée que celle d'un homme de vingt ans. Un des poumons était plein d'eau; son coeur, les deux tiers plus gros que celui des autres personnes. Il avait la vésicule du fiel entièremet sèche: il n'y avait plus de la matière bilieuse, mais elle contenait vingt et une pierres dont la moindre était grosse comme une noisette." Angélique, op. cit. Tradução minha.

Prosa do mundo

Diderot parece ter se preocupado menos do que a maioria de seus amigos, ateístas como ele e cristãos não ortodoxos, crentes num qualquer ser divinal, com a questão do funeral. Mas tinha consciência do quanto isso era importante para Angélique e para sua mulher. Tudo se passou facilmente:

> Seu enterro teve apenas ligeiras dificuldades. O cura de Saint--Roch enviou um padre para o velar; este usou mais de pompa que de simplicidade nessa terrível cerimônia.[36]

A "pompa" que sua filha refere consistiu na presença de cinquenta padres durante a cerimônia religiosa da tarde de 31 de agosto. Angélique e seu marido receberam e pagaram uma larga fatura pelo serviço.[37] Talvez fosse o habitual não oficial que a paróquia de Saint-Roch cobrava pelo funeral de um ateísta com familiares ricos. Por outro lado, os Vandeuls tinham tendências religiosas mais conservadoras do que a filha de Diderot queria que seu pai soubesse. Apesar de toda sua cândida admiração, de todo o seu amor, havia também no comportamento e no tom estranhamente secular das *Mémoires* de Angélique um quê de levemente hipócrita.

Afinal, a educação jamais corresponde perfeitamente aos valores que pretende transmitir – assim se transformando em "prosa do mundo". Diderot não ficaria surpreso por vivenciar, uma vez mais, e para lá da morte, os limites de sua agência. Talvez preocupar-se menos com a perfeição e com a agência do que em desfrutar a energia da vida tenha sido seu derradeiro legado.

---

36 "Son enterrement n'a pas prouvé que de légères difficultés. Le curé de Saint-Roch lui envoya un prêtre pour le veiller; il mit plus de pompe que de la simplicité dans cette affreuse cérémonie." Ibid. Tradução minha.

37 Wilson, op. cit. p.712.

Estou grato a

Vittoria Borsò por ter sido tão irresponsavelmente generosa; Alfred Brendel por confundir-me com Diderot; Björn Buschbeck por ter trocado seu sono matinal pelo metabolismo; Andrea Capra pelas mais elegantes horas de atendimento; Vinicius de Castro por se deixar entusiasmar; Blanche Cerquiglini por uma aula sobre gramática de Francês (entre tantas outras coisas); Luiz Costa Lima pela perspicaz e generosa precisão; Foebus Alexander Cotsapas por ser meu mais próximo amigo-diderotiano na Califórnia (e por sua imersão decisiva); Dan Edelstein por não ser (desnecessariamente) complicado; Bill Eggington pela elegante concordância; Karl Ellerbrock por tentar apreciar um autor que não escreve seu tipo de literatura; Markus Gabriel por desconsiderar o que eu não entendi sobre Hegel; Hans Martin Gauger por preferir um Goya diferente; Söhnke Grothusen por dizer-me (tarde demais) quanto eu estava errado; Anne Hamilton por não mencionar o quadro de Vernet; Robert Harrison por ser minha medida de ouro de inteligência (e por reconhecer uma citação que eu não vi); Jochen

Hieber por proteger a amizade em detrimento da delicadeza; Alexander Honold por partilhar comigo a obsessão com Diderot; Lorenz Jäger por dizer que estava interessado; Ivan Jaksic por se envolver em contingência (a coisa que ele menos aprecia); Joshua Landy por expor seus pobres alunos de graduação à minha *suada*; Wolfgang Kaußen por cartas lindíssimas e por uma paciência angelical; Roger Köppel também por ter sido tão generoso (mas de um modo diferente); Doris Lindner por ser teimosa; Joachim Küpper por não ser exigente; Sergio Missana por ótimos momentos de leitura de romancista; Thomas Pavel por sempre recordar aquela luta; Ludwig Pfeiffer pela tenacidade atleticamente argumentativa (e por insistir com Hegel); Mareike Reisch por levantar-se desnecessariamente cedo; Ricky por não querer ver seu nome aqui (e por lembrar-me que o mundo sobrevivia); René por não deixar que as coisas ficassem demasiado fáceis; a falecida Ursula Schick por lecionar um "Proseminar" e por convidar-me a jantar (sem qualquer motivo); Clemens Schmalhorst por saber que eu sou "verrückt"; Boris Shoshitaishvili pela barriga; Peter Sloterdijk pelo paladar gargantuano; Jan Soeffner por ser mais um irmão maduro do que um irmão mais jovem; o falecido Jean Starobinski por não escrever o livro que eu não poderia jamais ter escrito; Miguel Tamen pelo julgamento final (e por lembrar Hume); José Luis Villacanas por não deixar que eu escapasse do Iluminismo; Romina Wainberg por sua lucidez de estilo argentino; Erica Wetter pela abertura arguta; Adam Wickberg por sua paciência com os *Salões*; Christian Wollin por entender tão bem;

e muitas instituições e colegas por quererem Diderot:

Prosa do mundo

em Berlim, o Wissenschaftskolleg; em Coimbra, Manuel Portela; em Copenhagen, Christian Benne; em Jerusalém, a Buber Society of Fellows na Universidade Hebraica; em Lisboa, Antonio M. Feijó, João Figueiredo e Miguel Tamen; em Princeton, Alexander Nehamas; no Rio de Janeiro, Flora, Herculano, Luiz, Maisa, Marcelo, Otavio e Tania; em Stanford, meus nove alunos; em Estocolmo, a falecida Sara Denius; em Weimar, o Deutsche Klassik Stiftung; de novo em Weimar, o IKKM (onde terminei o manuscrito);

e em tantos outros lugares, aqueles amigos que não consegui lembrar.

Referências bibliográficas

BERGER, Karol. *Bach's Cycle, Mozart's Arrow*: An Essay on the Origins of Musical Modernity. Berkeley, 2007.

DELON, Michel. *Album Diderot*. Paris, 2004.

DIDEROT, Denis. Prospectus. In: _____. *Oeuvres complètes*, t. XIII. Ed. J. Assézat; M. Tourneux. Paris, 1876.

_____. Le neveu de Rameau. In: _____. *Oeuvres romanesques*. Ed. Henri Bénac. Paris, 1951.

_____. Jacques le fataliste et son maître. In: _____. *Oeuvres romanesques*. Ed. Henri Bénac. Paris, 1951.

_____. *Jacques the fatalist and his master*. Trad. J. Robert Loy. New York, 1959.

_____. *Correspondance*, v.1. Paris, 1963.

_____. *Correspondance*, v.5. Paris, 1963.

_____. *Correspondance*, v.9. Paris, 1963.

_____. "L'aveugle-né du Puisieux" Lettre sur les aveugles à l'usage de ceux qui voient. In: _____. *Oeuvres philosophiques*. Ed. Paul Vernière. Paris, 1964.

_____. *Oeuvres esthétiques*. Ed. Paul Vernière. Paris, 1966.

_____. *Correspondance*, v.15. Paris, 1970.

_____. *Diderot's Letters to Sophie Volland*: A Selection. Trad. Peter France. London, 1972.

_____. *Oeuvres complètes*, v.1. Ed. Arthur M. Wilson et al. Paris, 1975.

_____. *Salons*. Ed. Jean Seznec. Oxford, 1975.

_____. *Rameau's Nephew and D'Alembert's Dream*. Trad. Leonard Tancock. Harmondworth/New York, 1976.

_____. O sonho de d'Alembert. In: _____. *Textos escolhidos*. Trad. Marilena de Souza Chaui; J. Guinsburg. São Paulo, 1979.

_____. *Selected Writings on Art and Literature*. Trad. Geoffrey Bremner. London, 1994.

_____. Encyclopedia. In: *The Encyclopedia of Diderot & d'Alembert Collaborative Translation Project*. Trad. Philip Stewart. Ann Arbor: Michigan Publishing, University of Michigan Library, 2002. Disponível em: http://hdl.handle.net/2027/spo.did2222.0000.004. Acesso em: 24 maio 2022.

_____. *Le rêve de d'Alembert*. Ed. Colas Duflo. Paris, 2002.

_____. *Jacques, o fatalista, e seu amo*. Trad. J. Guinsburg. São Paulo, 2006.

_____. Letter on the Blind for the Use of Those Who Can See. Trad. Kate E. Tunstall. In: TUNSTALL, Kate E. (Ed.). *Blindness and Enlightenment*: An Essay. New York, 2011.

_____. *On Art and Artists*: An Anthology of Diderot's Aesthetic Thought. Ed. Jean Seznec. Trad. Jean S. D. Glaus. Dordrecht, 2011.

_____; D'ALEMBERT, Jean Le Rond (Ed.). *Enciclopédia, ou Dicionário razoado das ciências, das artes e dos ofícios*. Org. Pedro Paulo Pimenta; Maria das Graças de Souza. São Paulo: Editora Unesp, 2015 (v.1 a v.5), 2017 (v.6).

_____. *Rameau's Nephew. Le neveu de Rameau*: A Bilingual Edition. Trad. Kate E. Tunstall; Caroline Warman. Cambridge, 2016.

_____. *O sobrinho de Rameau*. Trad. Daniel Garroux. São Paulo: Editora Unesp, 2019.

_____. *O sobrinho de Rameau*. Trad. Manuel de Freitas. Lisboa, 2021.

DIECKMANN, Herbert. Das Problem der Ausdrucksform des Denkens bei Diderot. In: SCHLOBACH, Jochen (Ed.). *Denis Diderot*. Darmstadt, 1992.

DUFLO, Colas. Introduction. In: DIDEROT, Denis. *Le rêve de d'Alembert*. Paris, 2002.

FISHER, Burton D. *Mozart's the Magic Flute*. Opera Classics Library Series, 2005.

FOUCAULT, Michel. *História da loucura na Idade Clássica*. Trad. José Teixeira Coelho Netto. 5.ed. São Paulo, 1991.

FRIED, Michael. *Absorption and Theatricality*: Painting and Beholder in the Age of Diderot. Chicago, 1980.

GOYA, Francisco de. *Caprichos – Desastres –Tauromaquia – Disparates*. Textos de Alfonso E. Pérez Sánchez. Madri, 1979.

GUMBRECHT, Hans Ulrich. Literarische Gegenwelten, Karneval und die Epochenschwelle zwischen Spätmittelalter und Renaissance. In: _____ (Ed.). *Literatur in der Gesellschaft des Spätmittelalters*. Heidelberg, 1980.

_____. Rhythm and Meaning. In: GUMBRECHT, Hans Ulrich; PFEIFFER, Karl Ludwig (Ed.). *Materialities of Communication*. Stanford, 1994.

_____. *Produção de presença*: o que o sentido não consegue transmitir. Rio de Janeiro, 2004.

_____. *Depois de 1945*: latência como origem do presente. São Paulo: Editora Unesp, 2014.

_____. *Nosso amplo presente*: o tempo e a cultura contemporânea. São Paulo: Editora Unesp, 2015.

_____. Zum Zeitbegriff in den Geisteswissenschaften. *Akademie im Dialog*, 10, 2017.

_____. *Brüchige Gegenwart*: Reflexionen und Reaktionen. Stuttgart, 2019.

_____. Konservativ, utopisch, melancholisch: "Nabelschnur zum Kosmos". In: KÜHNLEIN, Michael (Ed.). *konservativ?!* Miniaturen aus Kultur, Politik und Wissenschaft. Berlin, 2019.

_____. Humanism. In: THOMSEN, Mads Rosendahl; WAMBERG, Jacob (Ed.). *The Bloomsbury Handbook of Posthumanism*. New York, 2020.

_____. Three Notes on Contingency Today: Stress, Science – and Consolation from the Past? In: CLAVIEZ, Thomas; MARCHI, Viola (Ed.). *Throwing the Moral Dice: Ethics and the Problem of Contingency*. New York, 2022.

HEGEL, G. W. F. Quem pensa abstratamente? Trad. Charles Feitosa. *Síntese Nova Fase*, Belo Horizonte, v.22. n. 69, 1995.

_____. *Fenomenologia do espírito*. 7.ed. Trad. Paulo Meneses et al. Petrópolis, 2002.

_____. *Hegel's Aesthetics*. The Oxford University Press Translations. Electronic Edition. [S.d.]

_____. *Phenomenology of Spirit*. The Oxford University Press Translations. Electronic Edition. [S.d.]

HELMAN, Edith. *Trasmundo de Goya*. Madrid, 1963.

HENRICH, Dieter; BULUCZ, Alexandru. *Sterbliche Gedanken*. Munich, 2015.

HILDESHEIMER, Wolfgang. *Mozart*. Frankfurt am Main, 1993.

HULBERT, James. Diderot in Hegel's text: A Question of Intertextuality. *Studies in Romanticism*, v.22, 1983.

KLEIST, Heinrich von. Sobre o teatro de marionetes. Tradução, apresentação e notas de J. Guinsburg. *Revista USP*, n.17, 1993.

KLINGER, Florian. *Urteilen*. Berlin, 2011.

LAUFER, Roger. Structure et signification du *Neveu de Rameau* de Diderot. In: SCHLOBACH, Jochen (Ed.). *Denis Diderot*. Darmstadt, 1992.

LICHTENBERG, Georg Christof. *Sudelbücher*. Ed. Franz H. Mautner. Frankfurt am Main, 1984.

_____. *Philosophical Writings*. Ed. Steven Tester. New York, 2012.

PROUST, Jacques. L'*Encyclopédie* dans la pensée et dans la vie de Diderot (1963). In: SCHLOBACH, Jochen (Ed.). *Denis Diderot*. Darmstadt, 1992.

SCHLOBACH, Jochen (Ed.). *Denis Diderot*. Darmstadt, 1992 (Wege der Forschung, v.655).

SCHLOBACH, Jochen. Denis Diderot. In: _____ (Ed.). *Denis Diderot*. Darmstadt, 1992.

SCHMIDT, James. The Fool's Truth: Diderot, Goethe, and Hegel. *Journal of the History of Ideas*, v.57, 1996.

SELBY, Agnes. Mozart's Gambling. *The Classical Music Guides Forums*, August 2005-May 31, 2006.

SEZNEC, Jean. Introduction. In: DIDEROT, Denis. *Salons*. Ed. Jean Seznec. Oxford, 1975.

_____. Diderot critique d'art (1967). In: SCHLOBACH, Jochen (Ed.). *Denis Diderot*. Darmstadt, 1992.

SMITH, I. H. The Mme de la Pommeraye Tale and its Commentaries. *Journal of the Australian Universities Language and Literature Association*, 17:1, 1962.

SPITZER, Leo. Der Stil Diderots (1948). In: SCHLOBACH, Jochen (Ed.). *Denis Diderot*. Darmstadt, 1992.

STAROBINSKI, Jean. *Diderot, un diable de ramage*. Paris, 2012.

TOPAZIO, Virgil W. Diderot's Supposed Contribution to D'Holbach's Works. *Publications of the Modern Language Association*, v.69, 1954.

TRILLING, Lionel. *Sinceridade e autenticidade*. Lisboa, 2021.

WARNING, Rainer. *Illusion und Wirklichkeit in* Tristram Shandy *und* Jacques le fataliste. Munich, 1965.

WILSON, Arthur M. *Diderot*. New York, 1972.

SOBRE O LIVRO

Formato: 13,7 x 21 cm
Mancha: 23,5 x 39 paicas
Tipologia: Venetian 301 BT 12,5/16
Papel: Pólen Soft 80 g/m² (miolo)
Cartão Supremo 250 g/m² (capa)

1ª *edição Editora Unesp*: 2022

EQUIPE DE REALIZAÇÃO

Edição de texto
Edilson Dias de Moura (Copidesque)
Thomaz Kawauche (Revisão)

Capa
Marcelo Girard

Editoração eletrônica
Sergio Gzeschnik

Assistência editorial
Alberto Bononi
Gabriel Joppert

Impressão e Acabamento

Bartiragráfica

(011) 4393-2911